Gruppenpädagogik · Gruppendynamik 16

Schriftenreihe der International Society
for Group Activity in Education

Herausgegeben von Ernst Meyer

Gruppenpädagogik · Gruppendynamik

In dieser Reihe sind erschienen:

Ernst Meyer (Hrsg.): Gruppenpädagogik zwischen Moskau und New York

Ernst Meyer (Hrsg.): Gruppenaktivität durch Medien

Georg E. Becker: Optimierung schulischer Gruppenprozesse durch situatives Lehrtraining

Brigitte Eckstein/Peter Hrabowski: Gruppendynamische Arbeit an der Hochschule – Ein Report

David Warwick: Team Teaching

Hartwig Weber: Projektgruppen im Religionsunterricht

Arne Sjølund: Gruppenpsychologie für Erzieher, Lehrer und Gruppenleiter

Börje Forsberg/Ernst Meyer (Hrsg.): Einführung in die Praxis der schulischen Gruppenarbeit

Brigitte Eckstein: Gruppenzentrierter Unterricht

Franz Zöchbauer/Henk Hoekstra: Kommunikationstraining

Hermann Saterdag: Gruppenwahrnehmung in der Interaktion zwischen Professoren, Assistenten und Studenten

Harm Prior/Jürgen Oelkers: Sozialpädagogisches Training mit Lehrern

Weitere Bände in Vorbereitung

Gruppendynamisches Training in der Schule

Zur Theorie und Praxis der Interaktionspädagogik und des Sozialen Lernens

von Jürgen Fritz

Quelle & Meyer Heidelberg

Jürgen Fritz, 32 Hildesheim, Zierenbergstraße 122.
Studium der Pädagogik, Psychologie und Soziologie.
Diplom-Pädagoge und Lehrer an der Robert-Bosch-Gesamtschule, Hildesheim.

Satz und Druck: Schwetzinger Verlagsdruckerei GmbH, 6830 Schwetzingen
Umschlagmotiv: J. Keil-Brinkmann, Bergen-Enkheim.
ISBN 3-494-00823-X

Inhalt

Vorwort

Das Buch ist entstanden aus den Erfahrungen in meinem Beruf als Lehrer an der Robert-Bosch-Gesamtschule in Hildesheim. Gesichtspunkte und Methoden der außerschulischen Jugendarbeit haben meine Vorstellungen und mein Verhalten an der Schule stark beeinflußt. Das hat Vorzüge und Nachteile. Zum einen gelingt es so leichter, Schule mit neuen Methoden und Vorstellungen zu konfrontieren, die aus der institutionellen Verfangenheit und Erstarrung vielleicht herausführen können. Zum anderen aber steht man ständig in der Gefahr, die institutionellen Bedingungen und Möglichkeiten zu verkennen und Vorstellungen zu propagieren, die in der bestehenden Schule schlechthin nicht zu realisieren sind. In dem Buch ist der Versuch einer mühevollen Gratwanderung zwischen der Notwendigkeit einer Veränderung bestehender Unterrichtsstrukturen und der institutionellen Möglichkeit zu dieser Veränderung gemacht worden. Dabei wird man sich leicht den Vorwurf einhandeln, „Kosmetik" an institutionellen Strukturen zu betreiben, ohne „das Ganze" in Frage zu stellen und zu kritisieren. Ich sehe die Notwendigkeit einer umfassenden Kritik und meine, hierzu in dem Buch meinen Teil beigetragen zu haben. Aber Kritik und theoretische Reflexion allein reichen m. E. zu diesem Zeitpunkt nicht mehr aus. Lehrer stehen in einer Institution, in der Handeln notwendig ist. Dieses Handeln in seinen Zusammenhängen zu reflektieren und *zugleich* Möglichkeiten anzubieten, aus dieser Reflexion Verhaltensalternativen zu entwickeln, dazu soll dieses Buch Hilfe sein.

Diese Zielsetzung bedingt eine Gliederung des Buches in drei Teile. Im ersten Teil (Abschnitte 1 und 2) werden bestehende pädagogische Modelle beschrieben und diskutiert. Der zweite Teil (Abschnitt 3) versucht, das komplexe Bedingungsgefüge schulischer Interaktionsprozesse systematisiert darzustellen. Im dritten Teil (Abschnitte 4, 5 und 6) schließlich sollen curriculare Überlegungen und konkrete methodische Möglichkeiten den eher theoretischen Erörterungen Handlungsrelevanz geben. Dabei geht es mir u. a. auch darum, die bislang verstreuten Ansätze von Theaterpädagogik, Interaktionstraining, Rollenspiel, Selbsterfahrung und „Sozialem Lernen" miteinander zu verbinden und in eine curriculare Grundstruktur einzufügen, die ich „gruppendynamisches Training" genannt habe.

Dieses Buch ist nicht primär Ergebnis angestrengten Grübelns im stillen Kämmerlein. Es ist vielmehr entstanden aus Diskussionen und gemeinsamer Tätigkeit mit Freunden und Kollegen. Viele Anregungen habe ich durch die Lektüre von Büchern gewonnen. Die wesentlichen Erfahrungen, die den Inhalt des Buches bestimmt haben, entstammen meiner pädagogischen Praxis. Diese Praxis ist sowohl von meinen Schülern als auch von mir im Rahmen institutioneller Bedingungen gestaltet worden. Von daher enthält das Buch viel Subjektives, an die eigene Person und Lebenssituation gebundene Erfahrungen, Generalisierungen vielfach ausschließend. So habe ich mit diesem Buch nicht die abgeschlossene Form einer pädagogischen Theorie gefunden – im Gegenteil: die Vorstellungen, Auffassungen und Modelle haben alle Merkmale des Vorläufigen, Unabgeschlossenen. Das Buch ist eine Momentaufnahme dessen, was ich im ersten Halbjahr 1974 für richtig und angemessen gehalten und erfahren habe. Von daher soll dieses Buch für den Leser eher ein Diskussionsbeitrag sein, eine Möglichkeit, eigene Erfahrungen und Meinungen daran zu erproben.

Ich habe ein großes Interesse, an dieser Diskussion und Auseinandersetzung teilzunehmen. Bitte, schreiben Sie mir. Ich werde mich bemühen, jeden Brief zu beantworten. Ich habe einige Fragen und Antwortmöglichkeiten zusammengetragen. Auf der diesem Buch beigelegten Antwortkarte können Sie zu jeder Frage die entsprechenden Antworten durch Ankreuzen eines Buchstabens geben.

Beispiel: Wenn Sie meinen, daß die in dem Buch enthaltenen praxisbezogenen Auffassungen nur mit Einschränkungen für die Praxis relevant sind, müßten Sie auf der Postkarte bei der Frage 6 ein „c" ankreuzen.

Hier sind nun die Fragen und die Antwortmöglichkeiten:

(1) Hat das Buch Ihnen Anregungen für Ihr Studium oder Ihre Praxis gegeben?
- (a) keine Anregungen
- (b) nur in geringem Maße Anregungen
- (c) ausreichend Anregungen
- (d) ziemlich viele Anregungen
- (e) sehr viele Anregungen

(2) Brachte das Buch für Sie interessante neue Gesichtspunkte?
- (a) Das Buch brachte mir nichts Neues
- (b) Das Buch brachte mir nur in geringem Ausmaß interessantes Neues
- (c) Das Buch brachte zwar nur in geringem Ausmaß interessantes Neues, bot aber gute und systematisierte Zusammenfassungen
- (d) In einigen Bereichen habe ich neue interessante Gesichtspunkte kennengelernt
- (e) Viele neue und interessante Gesichtspunkte habe ich durch das Buch kennengelernt

(3) War der Inhalt des Buches für Sie verständlich, oder wurde durch den Stil und die Fachbegriffe der Zugang zum Buch erschwert?
- (a) Stil und Sprachgebrauch waren sehr häufig hinderlich für das Verständnis des Buches
- (b) Der Zugang zum Buch ist durch Stil und Fachbegriffe für mich nicht immer leicht gewesen
- (c) Im großen und ganzen konnte ich den Inhalt des Buches gut verstehen
- (d) Ich hatte keine Schwierigkeiten beim Verständnis des Buches

(4) Welche Teile des Buches waren für Sie besonders wichtig, interessant, instruktiv?
- (a) Abschnitte 1 und 2 (Darstellung der Gruppendynamik und der Institutionellen Pädagogik)
- (b) Abschnitt 3 (theoretischer Bezugsrahmen)
- (c) Abschnitte 4, 5 und 6 (praktischer Teil)
- (d) lexikalischer Anhang

(5) Welche Teile des Buches würden Sie eher für entbehrlich, relativ unwichtig, uninteressant halten?
- (a) Abschnitte 1 und 2 (Darstellung der Gruppendynamik und der Institutionellen Pädagogik)
- (b) Abschnitt 3 (theoretischer Bezugsrahmen)

(c) Abschnitte 4, 5 und 6 (praktischer Teil)
(d) lexikalischer Anhang

(6) Wie beurteilen Sie die im Buch enthaltenen praxisbezogenen Auffassungen und methodischen Vorstellungen?
(a) idealistisch, wirklichkeitsfremd, nicht praktikabel
(b) im großen und ganzen unrealistisch und im Rahmen der gegebenen Bedingungen nicht durchführbar
(c) nur mit Einschränkungen für die Praxis relevant
(d) im großen und ganzen recht realistisch; im Rahmen der bestehenden Bedingungen gibt es Realisierungschancen
(e) wirklichkeitsnah und praktikabel

(7) Wie beurteilen Sie die theoretischen Auffassungen insbesondere im 3. Abschnitt des Buches?
(a) Die Analysen sind weitgehend unzutreffend, das angebotene Bezugssystem ist nicht brauchbar für das Verständnis schulischer Interaktionsprozesse
(b) Den Analysen kann man nur mit erheblichen Einschränkungen folgen; das dargestellte Bezugssystem verhilft zwar im großen und ganzen zu einem vertieften Verständnis für schulische Interaktionsprozesse, hat aber erhebliche Mängel
(c) Die Analysen sind weitgehend zutreffend; das dargestellte Bezugssystem bietet einen möglichen Zugang zum Verständnis schulischer Interaktionsprozesse
(d) Die Analysen sind zutreffend, das Bezugssystem bietet einen guten Zugang zum Verständnis schulischer Interaktionsprozesse
(e) Die Analysen sind zutreffend, interessant und wichtig; das dargestellte Bezugssystem ermöglicht es, die schulischen Interaktionsprozesse besser und umfassend zu verstehen.

Danken möchte ich meinen Kolleginnen und Kollegen an der Robert-Bosch-Gesamtschule in Hildesheim für zahlreiche Gespräche, Anregungen, Diskussionen und Hilfen, die ihren Niederschlag in diesem Buch gefunden haben. Der gemeinsamen Arbeit mit Helmut Quitmann im Rahmen gruppendynamischer Seminare verdanke ich viele Erfahrungen, Kenntnisse und Anregungen für die Tätigkeit in der Schule. Frau Ursula Cillien hat mich auch bei diesem Buch mit ihrem Rat, ihrer Kritik und ihren Anregungen hilfreich unterstützt. Danken möchte ich auch dem Herausgeber dieser Reihe, Herrn Professor Ernst Meyer, für seine nützliche Kritik. Nicht zuletzt gilt mein Dank auch meinen Schülern an der Robert-Bosch-Gesamtschule, die durch ihre Vorschläge, Kritik und Meinungen Wesentliches zum Buch beigetragen haben.

Hildesheim, im September 1974 — Jürgen Fritz

Zur Einstimmung

Groß tritt dem jungen Menschen in der Schule in unvergeßlichen Gestaltungen der Unmensch gegenüber. Dieser besitzt eine fast schrankenlose Gewalt. Ausgestattet mit pädagogischen Kenntnissen und langjähriger Erfahrung erzieht er den Schüler zu seinem Ebenbild.

Der Schüler lernt alles, was nötig ist, um im Leben vorwärts zu kommen. Es ist dasselbe, was nötig ist, um in der Schule vorwärts zu kommen. Es handelt sich um Unterschleif, Vortäuschung von Kenntnissen, Fähigkeit, sich ungestraft zu rächen, schnelle Aneignung von Gemeinplätzen, Schmeichelei, Unterwürfigkeit, Bereitschaft, seinesgleichen an die Höherstehenden zu verraten usw. usw. Das Wichtigste ist doch die Menschenkenntnis. Sie wird in Form von Lehrerkenntnis erworben. Der Schüler muß die Schwächen des Lehrers erkennen und sie auszunützen verstehen, sonst wird er sich niemals dagegen wehren können, einen ganzen Rattenkönig völlig wertlosen Bildungsgutes hineingestopft zu bekommen. Unser bester Lehrer war ein großer, erstaunlich häßlicher Mann, der in seiner Jugend, wie es hieß, eine Professur angestrebt hatte, mit diesem Versuch aber gescheitert war. Diese Enttäuschung brachte alle in ihm schlummernden Kräfte zu voller Entfaltung. Er liebte es, uns unvorbereitet einem Examen zu unterwerfen, und stieß kleine Schreie der Wollust aus, wenn wir keine Antworten wußten. Beinahe noch mehr verhaßt machte er sich durch seine Gewohnheit, zwei bis drei Mal in der Stunde hinter die große Tafel zu gehen und aus der Rocktasche ein Stück nicht eingewickelten Käses zu fischen, den er dann, weiter lehrend, zermummelte. Er unterrichtete in Chemie, aber es hätte keinen Unterschied ausgemacht, wenn es Garnknäuelauflösen gewesen wäre. Er brauchte den Unterrichtsstoff, wie die Schauspieler eine Fabel brauchen, um sich zu zeigen. Seine Aufgabe war es, aus uns Menschen zu machen. Das gelang ihm nicht schlecht. Wir lernten keine Chemie bei ihm, wohl aber, wie man sich rächt. Alljährlich kam ein Schulkommissar, und es hieß, er wolle sehen, wie wir lernten. Aber wir wußten, daß er sehen wollte, wie die Lehrer lehrten. Als er wieder einmal kam, benützten wir die Gelegenheit, unsern Lehrer zu brechen. Wir beantworteten keine einzige Frage und saßen wie Idioten. An diesem Tage zeigte der Mensch keine Wollust bei unserem Versagen. Er bekam die Gelbsucht, lag lange krank und wurde, zurückgekehrt, nie wieder der alte, wollüstige Käsemummler. Der Lehrer der französischen Sprache hatte eine andere Schwäche. Er huldigte einer bösartigen Göttin, die schreckliche Opfer verlangt, der Gerechtigkeit. Am geschicktesten zog daraus mein Mitschüler B. Nutzen. Bei der Korrektur der schriftlichen Arbeiten, von deren Güte das Aufrücken in die nächste Klasse abhing, pflegte der Lehrer auf einem besonderen Bogen die Anzahl der Fehler hinter jedem Namen zu notieren. Rechts davon stand dann auf seinem Blatt die Note, so daß er einen guten Überblick hatte. Sagen wir, 0 Fehler ergab eine 1, die beste Note, 10 Fehler ergaben eine 2 usw. In den Arbeiten selber waren die Fehler rot unterstrichen. Nun versuchten die Unbegabten mitunter, mit Federmessern ein paar rote Striche auszuradieren, nach vorn zu gehen und den Lehrer darauf aufmerksam zu machen, daß die Gesamtfehlerzahl nicht stimmte, sondern zu groß angegeben war. Der Lehrer nahm dann einfach das Papier auf, hielt es seitwärts und bemerkte die glatten Stellen, die durch die

Politur mit dem Daumennagel auf der radierten Fläche entstanden waren. B. ging anders vor. Er unterstrich in seiner schon korrigierten Arbeit mit roter Tusche einige vollkommen richtige Passagen und ging gekränkt nach vorn, zu fragen, was denn da falsch sei. Der Lehrer mußte zugeben, daß da nichts falsch sei, selber seine roten Striche ausradieren und auf seinem Blatt die Gesamtfehlerzahl herabsetzen. Dadurch änderte sich dann natürlich auch die Note. Man wird zugeben, daß dieser Schüler in der Schule denken gelernt hatte.

Der Staat sicherte die Lebendigkeit des Unterrichts auf eine sehr einfache Weise. Dadurch, daß jeder Lehrer nur ein ganz bestimmtes Quantum Wissen vorzutragen hatte, und dies jahraus, jahrein, wurde er gegen den Stoff selber völlig abgestumpft und durch ihn nicht mehr vom Hauptziel abgelenkt: dem sich Ausleben vor den Schülern. Alle seine privaten Enttäuschungen, finanziellen Sorgen, familiären Mißgeschicke erledigte er im Unterricht, seine Schüler so daran beteiligend. Von keinerlei stofflichem Interesse fortgerissen, vermochte er sich darauf zu konzentrieren, die Seelen der jungen Leute auszubilden und ihnen alle Formen des Unterschleifs beizubringen. So bereitete er sie auf den Eintritt in eine Welt vor, wo ihnen gerade solche Leute wie er entgegentreten, verkrüppelte, beschädigte, mit allen Wassern gewaschene. Ich höre, daß die Schulen oder wenigstens einige von ihnen heute auf anderen Prinzipien aufgebaut seien als zu meiner Schulzeit. Die Kinder würden in ihnen gerecht und verständig behandelt. Wenn dem so wäre, würde ich es sehr bedauern. Wir lernten noch in der Schule solche Dinge wie Standesunterschiede, das gehörte zu den Lehrfächern. Die Kinder der besseren Leute wurden besser behandelt als die der Leute, welche arbeiteten. Sollte dieses Lehrfach aus den Schulplänen der heutigen Schulen entfernt worden sein, würden die jungen Menschen diesen Unterschied in der Behandlung, der so unendlich wichtig ist, also erst im Leben kennenlernen. Alles, was sie in der Schule, im Verkehr mit den Lehrern, gelernt hätten, müßte sie draußen im Leben, das so sehr anders ist, zu den lächerlichsten Handlungen verleiten. Sie wären kunstvoll darüber getäuscht, wie sich die Welt ihnen gegenüber benehmen wird. Sie würden fair play, Wohlwollen, Interesse erwarten und ganz und gar unerzogen, ungerüstet, hilflos der Gesellschaft ausgeliefert sein.

Da wurde ich doch ganz anders vorbereitet! Ich trat ausgerüstet mit soliden Kenntnissen über die Natur der Menschen ins Leben ein.

Ich hatte, nachdem meine Erziehung einigermaßen abgeschlossen war, Grund zu der Erwartung, daß ich, mit einigen mittleren Untugenden ausgestattet und nicht allzu schwere Scheußlichkeiten noch erlernend, halbwegs passabel durchs Leben kommen würde. Das war eine Täuschung. Eines Tages wurden plötzlich Tugenden verlangt. Und damit schließ ich für heut, weil ich Sie jetzt gespannt habe.

Aus: Bertolt Brecht, Flüchtlingsgespräche. Gesammelte Werke in 20 Bd., Bd. 14, S. 1401–1407. Suhrkamp-Verlag Frankfurt, 1967.

1. Möglichkeiten und Methoden gruppendynamischen Trainings

1.1. Gruppen und Gruppendynamik

Man kann die Gruppe als das vermittelnde Bindeglied zwischen gesellschaftlichen und individuellen Interessen ansehen. Die Gruppe ist der Ort, an dem gesellschaftliche Anforderungen und individuelle Bedürfnisse miteinander konfrontiert werden. Sie ist prägende Kraft in der Entwicklung des Individuums, aber auch Faktor der Leistungserhöhung. Die 1924 von Elton Mayo begonnenen Untersuchungen zeigen, daß gute zwischenmenschliche Beziehungen unter Arbeiterinnen zur Steigerung der Leistung beizutragen vermögen. Die von Moreno begründete Soziometrie brachte Erkenntnisse über komplexe Systeme „informeller Gruppenbeziehungen", die als die tatsächlichen psychosoziologischen Grundlagen einer Gruppe oder eines Systems von Gruppen anzusehen sind. Wissenschaftler und Psychiater wie Bateson, Jackson, Laing erforschten die krankmachenden Wirkungen von Familiensystemen und formulierten Ansätze zu einer Schizophrenie-Theorie. Im deutschsprachigen Raum ist vor allem Richter mit dem Aufzeigen pathogener Familiendynamik bekannt geworden. Zunächst in der Sozialarbeit, dann im Bereich der Schule sind Möglichkeiten der Arbeit mit Gruppen erkannt und genutzt worden.

In dem Maße, wie das Interesse an der Gruppe wuchs, entstand die Notwendigkeit, Erkenntnisse über die „Gesetzmäßigkeiten" von Gruppen zu erlangen und diese Erkenntnisse zur gezielten Veränderung von Gruppen zu verwenden. Die Erforschung dieser „Gesetzmäßigkeiten" war eine der Hauptaufgaben Lewins ab 1938. Die von Lewin hierbei vertretene Forschungsrichtung verstand sich als „action-research", d. h. als sozialwissenschaftliche Forschung, die den Schwerpunkt auf die Verbindung von Theorie und Praxis legt. Eine Erkenntnis des „action-research" bestand darin, daß neues Wissen und neue Einsichten, die eine veränderte Einschätzung früherer Einstellungen und Gefühle ermöglichen, sich nur durch *eigene neue Erfahrungen* gewinnen lassen.

Der Begriff „Gruppendynamik" ist von Lewin 1944 geprägt worden. Kurt Lewin nannte die systematische und wissenschaftliche Analyse der allgemeinen Grundzüge des Lebens der Gruppen „Gruppendynamik". Durch die im „action-research" enthaltene Verbindung von Theorie und

Praxis wurden auch der Forschungsprozeß selbst und später auch Methoden der Anwendung als „Gruppendynamik" bezeichnet.

„Im ursprünglichen Sinne also bildet die Gruppendynamik das Forschungsgebiet, das Kurt Lewin und seine Mitarbeiter in den Jahren 1938 und 1939 erschlossen haben. In einem weiteren und gebräuchlicheren Sinne bezeichnet derselbe Ausdruck mehr und mehr sowohl den Komplex der experimentellen Forschungen über Kleingruppen als auch alle *Gruppentechniken*, die Methoden der Anwendung. Diese Techniken sind Ausbildungs-, Therapie-, Trainings- und Interventionsinstrumente, deren gemeinsamer Nenner darin liegt, daß sie bei der *Gruppe* ansetzen" (Lapassade 1972, S. 56).

Man könnte so zwei verschiedene Bedeutungen des Begriffs „Gruppendynamik" herausstellen: (1) Gruppendynamik als Wissenschaft und (2) Gruppendynamik als Methode.

1.2. Gruppendynamische Erkenntnisse und gruppendynamisches Training

(1) Gruppendynamik als Wissenschaft, als interdiziplinärer Forschungsbereich versucht Erkenntnisse über die „Natur" von Gruppen, über ihre Entwicklungsprozesse und über die wechselseitigen Abhängigkeiten zwischen einzelnen Menschen und über Beziehungen zwischen Individuum und Gruppe zu gewinnen. Die Gruppenforschung beschäftigt sich hauptsächlich mit face-to-face-Gruppen, also mit Gruppen, deren Mitglieder sich von Angesicht zu Angesicht kennen. Im Rahmen dieser „Kleingruppenforschung" geht es um Fragen der Erfassung von Gruppenstrukturen und ihren Wandlungen, Entstehung und Wandlung von Gruppennormen, Probleme der Rollenstruktur (z. B. Führerrolle und Außenseiterrolle), Erfassung und Bedeutung der Kommunikationsstruktur, Zusammenhänge von Gruppenproduktivität mit Gruppengröße und Gruppenstruktur usw. Die Erkenntnisse werden empirisch gewonnen. Dabei überwiegen insgesamt die Laboratoriumsuntersuchungen. Auch bei Felduntersuchungen wird zumeist unter ziemlich reduzierten Bedingungen gearbeitet. Übergreifende theoretische Ansätze sind selten, und auf das wenige Vorhandene wird in den Einzelarbeiten kaum Bezug genommen (vgl. Sader 1972, S. 112/113). Die Folge ist, daß sich die Erkenntnisse der Kleingruppenforschung nicht oder kaum auf die konkreten Bedingungen des Alltags übertragen lassen.

(2) Gruppendynamik als Methode, als gruppendynamisches Training verweist auf eine Reihe von Techniken und Methoden, um *Selbsterfah-*

rungen zu machen. Bei den Methoden handelt es sich z. B. um Prozeßanalysen, Soziogramm, Brainstorming, Rollenspiele, „Body Movement“, Interaktionsspiele. Diese gruppendynamischen Methoden dienen zum Sichtbarmachen von gruppendynamischen Prozessen für die Beteiligten, zur Erfassung oder zur Steuerung von Gruppenverhalten und Gruppenprozessen. Sie bilden die Grundlage gruppendynamischer Seminare. Wenn man Gruppendynamik nicht nur als eine Reihe von Methoden, sondern als gruppendynamisches Training versteht, müßten auch Fragen pädagogischen Gehalts thematisiert werden: z. B. Planung und Zielsetzung, Art und Zusammensetzung der Lerngruppen, Aufgaben und Funktionen der Trainer.

Ein Zusammenhang zwischen den gruppendynamischen Methoden und den Erkenntnissen der Kleingruppenforschung ist kaum noch festzustellen. Die Erkenntnisse lassen sich nicht auf konkrete Situationen beziehen, die Methoden sind meist pragmatisch orientierte Ad-hoc-Erfindungen gruppendynamischer Praktiker. Von einer Übertragung gesicherter Erkenntnisse der Kleingruppenforschung kann nicht die Rede sein. Je unsicherer das theoretische Fundament der gruppendynamischen Praktiker wird, um so stärker orientiert man sich an empirischen Erfolgskontrollen. Das läßt sich jedoch nur dann durchführen, wenn die Zielvorstellungen des Trainings operational definiert werden. Damit würde man sich jedoch eine Beschränkung auf jene Lernergebnisse einhandeln, die meßbar sind. Das kann letztlich dazu führen, daß im Interesse des kalkulierbaren outputs allein *die* Teilziele das allgemeine Trainingsziel ausmachen, die sich messen lassen. Der Vorrang des Technischen hätte zur Folge, daß nach der Vernunft der Ziele gar nicht mehr gefragt würde. Nicht die Vernunft würde die Ziele bestimmen, sondern die Meßbarkeit der Ziele würde diese durch ihre „technische Qualität“ schon vernünftig machen.

1.3. Sensitivitätstraining und T-Gruppe

Die repräsentative Organisation, die gruppendynamisches Training aufgebaut und weiterentwickelt hat, sind die „National Training Laboratories“ (NTL). Längere Zeit waren die NTL der einzige Organisator von gruppendynamischen Seminaren. Heute gibt es sowohl in den USA als auch in Europa (insbesondere England und Frankreich) eine ganze Reihe von Institutionen, die höchst unterschiedliche Trainingsmethoden anwenden. Wir wollen uns zunächst mit der „klassischen“ Form des gruppendynamischen Trainings beschäftigen, wie sie von den Mitarbeitern der NTL in Bethel zuerst entwickelt wurde.

Die gruppendynamischen Lernmöglichkeiten werden in einem Laboratoriumstraining vermittelt. Das Laboratorium ist ein mehrwöchiger Fortbildungskursus für Erwachsene. Im Zentrum der Laboratoriumsveranstaltungen stehen jedoch nicht Vorträge, Diskussionen und Arbeitskreise, sondern die Lernerfahrungen der Teilnehmer in „Trainingsgruppen“ (T-Gruppen). Diese T-Gruppen sind Kleingruppen von ca. 6–15 Teilnehmern. Sie werden in der Regel von Experten (Trainer, Co-Trainer, geschulte Beobachter) begleitet. Die T-Gruppe hat die Aufgabe, sich über die Situation, so wie sie sich gerade in der Gruppe darstellt (hier-und-jetzt), klar zu werden, die laufenden Gruppenprozesse zu reflektieren und neue Formen sozialen Verhaltens zu üben. Die T-Gruppe ist minimal vorstrukturiert. „Den Mitgliedern wird gewöhnlich gesagt, daß sie aus der ständigen Beobachtung und Analyse ihrer Erfahrungen in der Gruppe viel über ihr eigenes Verhalten sowie das Verhalten anderer und der Gruppe lernen können“ (Bradford, Gibb, Benne 1972, S. 64). Es wird eine Art soziales Vakuum erzeugt. Führung, Tagesordnung, Verfahrensweisen und Erwartungen, wie sie gewöhnlich von irgendeiner Autorität vorgegeben werden, sind unklar oder fehlen ganz. Die Mitglieder bemühen sich, die fehlenden Elemente zu ergänzen, da das Vakuum Spannungen hervorruft. Dadurch steigt der „Verhaltensausstoß“ der Mitglieder. Die T-Gruppe ließe sich aus dieser Sicht als eine Methode zur Erzeugung eines hohen „Verhaltensausstoßes“, der anschließend analysiert und zum Lernen genutzt werden kann, bezeichnen. Die T-Gruppe ist also „eine heterogene Ansammlung von Individuen, die sich zusammenfinden, um die interpersonalen Beziehungen und die Gruppendynamik zu untersuchen, die sie selbst durch ihre Interaktionen erzeugen“ (Bradford, Gibb, Benne 1972, S. 337).

Wir wollen uns jetzt mit einigen wichtigen Kennzeichen der T-Gruppe und des Laboratoriumstrainings beschäftigen.

1.4. Selbstbestimmung

Im Rahmen der T-Gruppe entscheiden die Mitglieder, was sie sich als Ziel setzen wollen und welcher Weg hierbei am günstigsten ist. Der Trainer verweigert die Führungsrolle. Er legt keine Aufgaben fest, belehrt und informiert nicht. Er regelt auch keine Konflikte innerhalb der Gruppe. Dadurch sollen Lernprozesse in Gang gebracht, die Sensitivität für soziale Konfliktsituationen geschärft, die Notwendigkeit der Verhaltensänderung einsichtig gemacht werden. Die Ausgangsbedingungen des T-Gruppen-Trainings führen zu einer Labilisierung der Situation in der Gruppe. Führungslosigkeit, Projektlosigkeit, Ungewißheit und Angst, Identitätsstreß und unzureichendes Verhaltensrepertoire der Teilnehmer, um mit dieser Situation fertigzuwerden, können zwar das Erfordernis der Selbstbestimmung den Teilnehmern dramatisch bewußt machen. Ist aber die Möglichkeit der Selbstbestimmung der Teilnehmer real gegeben oder wird sie nur vorgetäuscht?

In vielen gruppendynamischen Seminaren (z. B. auch im NTL-Institut) wird die Initiative von den Teilnehmern nicht ergriffen, sondern von den Trainern gewährt. Diese „Quasi-Selbstbestimmung" kann zu bestimmten Zeiten hervortreten, über die die Trainer im Rahmen ihrer Seminarplanung (ihres „Designs") bereits entschieden haben. Die auf Selbstbestimmung hin gerichteten Initiativen der Teilnehmer werden zumeist in die von den Trainern bereitgestellten Verfahrensweisen kanalisiert (z. B. Verhandlungen zwischen den Gruppen, gemeinsamer Ausschuß von Trainern und Teilnehmern, Einsetzung der Gesamtgruppe als formeller Machtträger). Die Trainer lehren die Teilnehmer Demokratie, indem sie eine bestimmte Sozialstruktur installieren. Ökonomisch behalten sie die letzte Kontrolle über das „Design" insgesamt, auf Kosten geringfügiger „Opfer" bezogen auf die Aufgabenstruktur. Dem Augenschein der Rationalisierungen zum Trotz werden die Macht- und Autoritätsstrukturen nicht geändert, die Selbstbestimmung ist vorgetäuscht, zumindest stark verkürzt (vgl. Pagès 1973, S. 23).

Die Motivation für das Training meint man aus dem durch die Labilisierung bedingten Identitätsstreß gewinnen zu können. Es kommt darauf an, einen „optimalen Angstzustand" zu erreichen:

> „Zu viel Angst wirkt auf den Organismus desintegrierend. Bei zu wenig Angst ist ein Mensch nicht bereit, sein gewohntes Verhalten aufzugeben. Das Konzept des optimalen Angstzustandes schließt einen gewissen Grad von Unbehagen zwischen diesen beiden Extremen ein; etwas Angst oder Unbehagen ist für eine Veränderung notwendig. (...) Wenn die Mitglieder in ihrer Bestürztheit über das anomale Schweigen oder die Zurückhaltung des Trainers so sehr leiden, daß sie anfangen, desintegriert zu werden, so besteht eine gewisse Notwendigkeit, daß der Trainer entweder diese Verwirrung interpretiert oder daß er nun doch mehr von sich preisgibt, um die Angst zu vermindern" (Bradford, Gibb, Benne 1972, S. 340).

Durch die Labilisierung der Trainingssituation (dem Teilnehmer werden weitgehend alle Informationen, die sein Wahrnehmungsfeld stabilisieren könnten, vorenthalten) muß der Teilnehmer auf die Trainerinterventionen als einzige stabilisierende Information wie nach einem Strohhalm greifen, damit er aus dem durch die Labilisierung bedingten Zustand der Unsicherheit herausfindet, damit er sich also einigermaßen sicher entscheiden kann, was er eigentlich machen soll. Unter diesen Umständen wird der Trainer (insbesondere zu Beginn des Trainings) durch seinen Modell- und Verstärkungseffekt, durch seine Deutungen und Normsetzungen verhaltensregulierend wirken und damit auch die Möglichkeit der Selbstbestimmung durch die Teilnehmer relativieren.

1.5. hier-und-jetzt

Die erkennbare Dynamik des Verhaltens der Gruppenmitglieder zueinander, so wie sie sich im aktuellen Hier-und-Jetzt zeigt, ist Gegenstand (oder Thema) gruppendynamischen Trainings. Diese Dynamik aktualisiert sich im Versuch der Gruppe, eine befriedigende Organisation herzustellen, Fortschritte zu machen in dem Bemühen um eine Integration der widersprüchlichen Anforderungen, die sich aus den multiplen Gruppenzugehörigkeiten der Teilnehmer innerhalb und außerhalb des Laboratoriums ergeben. Ein Hauptschwerpunkt jedes Laboratoriumsprogramms liegt in der Freisetzung wesentlicher Erfahrungen im Hier-und-Jetzt für die Analyse, Konzeptualisierung, praktische Erprobung und Verallgemeinerung. Die Teilnehmer nehmen mit einer in der Sozialisation erworbenen Struktur von Annahmen, Konzepten, Einstellungen und Bewertungen das Geschehen in der Gruppe wahr. Diese Strukturen, die sich aus Erfahrungen mit anderen Menschen, anderen Gruppen und Organisationen herleiten, werden also auf die Situation in der T-Gruppe übertragen. Durch die Trennung des hier und jetzt Gegenwärtigen von den Importen aus der Sozialisationsgeschichte und den bestehenden Sozialbeziehungen sowie der Konzentration auf das Hier-und-Jetzt wird eine Rationalität erlangt, die sich z. B. als eine Verminderung der Differenz zwischen Selbst- und Fremdbild auszuweisen vermag. Durch die Beschränkung auf das Hier-und-Jetzt wird jedoch das komplexe Bedingungsgefüge menschlichen Verhaltens auf herausdestillierbare sozialpsychologische „Gesetzmäßigkeiten“ und auf dysfunktionale Interaktionssequenzen reduziert.

1.6. Rückspiegelung von Verhaltensweisen (feedback)

In der Interaktion stimmen die Menschen ständig ihr Verhalten oft spontan, manchmal notgedrungen und in der Regel ohne viel nachzudenken „automatisch“ aufeinander ab. Die „Aktion“ des einen ruft eine „Reaktion“ beim anderen hervor, auf die der erste wiederum seine „Aktion“ abstimmt usw. Das „Warum“ von Aktion und Reaktion entzieht sich aber meist der bewußten Kontrolle. Feedback eröffnet diese Möglichkeit, indem durch das feedback die unbewußten Elemente der Wahrnehmung und des Verhaltens für notwendige Änderungen von Einstellungen und Verhaltensweisen fruchtbar gemacht werden können.

Wie geschieht dies? Die Teilnehmer der T-Gruppe berichten einander, wie sie den Partner gesehen haben, welche Reaktionen er bei ihnen auslöst bzw. ausgelöst hat. Das erfordert einen allmählichen Lernfortschritt der Gruppe, der damit beginnt, die Informationen des anderen richtig zu verstehen. Aus dem allgemeinen Pauschalurteil über den anderen (z. B. „Du bist ängstlich und zurückhaltend“) wird Subjektivität („*Ich* empfinde Dich so“). Die Aussage wird im Hier-und-Jetzt gemacht („Ich empfinde Dich *jetzt* ängstlich und zurückhaltend“). In einer weiteren Stufe bezieht sich der feedback-Spender auf scharf umrissene, begrenzte Handlungen („Ich empfinde Dich jetzt als ängstlich und zurückhaltend, *wie Du Dich zurücklehnst, Deinen Kopf aufstützt und zur Seite blickst*“). Die eigenen Gefühle werden in das feedback mit einbezogen *(„Ich fühle mich dann nicht wohl und denke, daß ich mich nicht richtig verhalte“)* und auch die eigene Reaktion mitgeteilt *(„Am liebsten möchte ich Dich deswegen ansprechen, aber ich traute mich bislang nicht, weil ich nicht wußte, ob Du das als Angriff oder Hilfe auffassen würdest“).*

Feedback kann also „als ein interaktionelles Geschehen betrachtet werden, in dem die Beteiligten auf sozialemotionalem Niveau einander Informationen darüber vermitteln, wie sie ihr gegenseitiges Verhalten erfahren, um einander so gut wie möglich zu verstehen und aufgrund dieses Verständnisses so bewußt wie möglich die eigene Position auch in bezug zu anderen in dieser Interaktionssituation zu wählen“ (Wieringa 1973, S. 47).

Im feedback-Prozeß wird der Unterschied zwischen Selbstbild und Fremdbild bewußt gemacht: Die Teilnehmer merken, daß sie für die anderen etwas anderes sind als in ihrer Selbsterfahrung. Feedback kann so zu einem korrektiven Mechanismus für denjenigen werden, der erfahren will, ob und inwieweit sein Verhalten seinen Absichten entspricht. Damit ist feedback ein Mittel, die eigene *Identität* zu begründen, sie stets aufs neue zu untersuchen, aber auch, sie zu verändern, weil der Einzelne seine Identität nur in Bezug zu den Identitäten anderer Mitglieder seiner gesellschaftlichen Gruppe gewinnen kann. Zu welcher Identität transformieren nun die feedback-Prozesse im gruppendynamischen Training? In dem Bemühen, eigene und fremde Verhaltensweisen aufeinander abzustimmen und in der Beschränkung auf das Hier-und-Jetzt (ohne konkret-lebensgeschichtliche und gesellschaftliche Gesichtspunkte einzubeziehen), steht gruppendynamisches Training in der Gefahr, stromlinienförmig-funktionale Anpassung an auf „Organismen" reduzierte Individuen zu betreiben. Das Erlernen der Rückmeldungen wird zu einem kybernetischen System, das sofort eingeschaltet wird, sobald „Sand im Getriebe" ist. Das feedback dringt jedoch bis zur Schicht der Ursachen für funktionale Störungen nicht vor.

1.7. Vertrauen

Um ein reibungsloses feedback-System zu errichten ist das Problem des Vertrauens in der T-Gruppe zu lösen. Erst durch eine Vertrauensbasis zwischen den Teilnehmern erhöht sich die Aussprachefähigkeit in der Gruppe, erst dann gehen die Teilnehmer das Risiko ein, offenes und aufrichtiges feedback zu geben und ruhig anzunehmen, bedeutende Einzelheiten über sich zu erzählen, ihre Interessen der Gruppe mitzuteilen und Verhaltensweisen über ihre starren Interaktionsmuster hinaus zu verwirklichen, mit neuen Verhaltensweisen zu experimentieren. Der funktionale Stellenwert des Vertrauens ist im Verlaufe der Laboratoriumsbewegung „aufgeweicht" worden. Vertrauen als Selbstzweck dient einer oberflächlichen Beruhigung der Teilnehmer, wird zu einer emotionalen Gratifikation für organismisches Verhalten. Vertrauen als Selbstenthüllung wird grundsätzlich prämiert, wobei nicht der Prozeß und die Schwierigkeiten beurteilt werden, sondern ausschließlich das Produkt. Selbstdarstellungen als verkäufliche Güter zerstören den Bezug zur individuellen Lebenssituation und entdifferenzieren konkrete Verankerungspunkte für die Orientierung der Individuen. „Vertrauen" im gruppendynamischen Training gewinnt für die Individuen eine kompensatorische Bedeutung insoweit, als in den Lebensbereichen die Verwirklichung einer vertrauensvollen Beziehung für viele nicht mehr möglich erscheint. Die Bildung von Vertrauen als primäres Ziel gruppendynamischen Trainings, das zwischenmenschliche Schwierigkeiten und Barrieren abbauen soll, enthält die Voraussetzung, daß hauptsächlich persönliche Fehlentwicklungen für die Beziehungsproblematik verantwortlich sind und lenkt die Subjekte ab von ihrer Fragmentierung und ihren atomisierten Beziehungsformen in der „wirklichen“ Welt.

1.8. Auflockerung von Verhaltensweisen (unfreezing)

Um in der T-Gruppe lernen zu können, ist es notwendig, die „gefrorenen“ Verhaltensstrukturen und die vom Konkurrenzdenken bestimmten inhumanen Beziehungsformen „aufzutauen“ und neue Formen des Miteinander-Umgehens zu finden und in der T-Gruppe zu realisieren. Wie sehen diese „neuen“ Beziehungsformen aus?

Eine wichtige Bedingung für befriedigende Beziehungen ist eine möglichst *offene Kommunikation*, die auch – wenn nötig – peinliche und aggressive Inhalte umfaßt. Auch Wünsche sollten offen geäußert werden, in der Ich-Form, ohne Bagatellisierung, so konkret und anschaulich wie möglich. Die Gruppenmitglieder sollten diese Mitteilungen akzeptieren, ohne sie als Ausdruck von Aggression, Dominanz usw. mißzuverstehen.

Gefühlsäußerungen sind unerläßlich für befriedigende Beziehungen in der Gruppe. Daher kommt dem *Beachten und Respektieren der Gefühle* der anderen eine wichtige Bedeutung zu. Die Bedingungen des Sozialisationsprozesses bringen es jedoch meist mit sich, daß die Individuen zu Taktiken und Verleugnungen gezwungen werden, z. B. sich unklar, d. h. dementierbar auszudrücken, um nicht so verletzbar zu sein. Es ist eine Aufgabe des unfreezing, diese „automatischen Verpanzerungen“ abzubauen.

Für die Arbeit in der T-Gruppe ist es wichtig, daß *demokratische Entscheidungsprozesse* zustande kommen. Häufig kommt es vor, daß Gruppen dabei von unzutreffenden Auffassungen ausgehen wie etwa der, daß „Schweigen“ Zustimmung bedeutet. Diese Fehleinschätzungen gilt es, bewußt zu machen.

Herrschaftsfreie Kommunikation, also die Abwesenheit von Zwang, kennzeichnet „neue“ Beziehungsformen. Die Ausübung von Zwang zwischen den Menschen ist jedoch so häufig, daß sich viele Menschen eine auf Gegenseitigkeit beruhende Beziehung gar nicht vorstellen können. Im Sozialisationsprozeß ist meist nicht gelernt worden, wie man mit anderen als Gleichberechtigten in gegenseitigem Respekt und Vertrauen zusammensein kann, wie man Probleme gemeinsam, d. h. ohne Sieger und Verlierer löst.

Wichtig ist es letztlich auch, daß Teilnehmer lernen, sich wechselseitig *Wertschätzung* entgegenzubringen. Selbstwertbestätigung bildet auch in der T-Gruppe eines der wichtigsten zwischenmenschlichen Bedürfnisse. Kommt in der Gruppe ein Zusammenarbeiten zustande, das durch gegenseitige positive Verstärkung gekennzeichnet ist und vom anderen keine Verhaltensweisen erzwingt, dann nehmen gegenseitige Anziehung, gegenseitiges Vertrauen und weitere gegenseitige Verstärkungen zu. Bei gegenseitiger Bestätigung durch ausdrückliche und echte Wertschätzung fällt es leichter, feedback ertragen zu können und Verhaltensänderungen zu versuchen. Im Rahmen des unfreezing kann es möglich werden, den anderen angemessen anzuerkennen.

Welche Methoden stehen zur Auflockerung der „erstarrten" Verhaltensweisen zur Verfügung? Neben dem feedback als eine Form des Aufmerksammachens tritt das Modell- und das Verstärkungslernen. Der Trainer oder Gruppenmitglieder bieten den anderen durch ihr Verhalten ein nachzuahmendes Modell (z. B. für Offenheit, Gefühlsbezogenheit, Verständnis). „Positive" Verhaltensweisen werden benannt und die Wirkungen beschrieben (z. B. „Du hast mir damit sehr geholfen"; „ich fühle mich jetzt viel wohler"). Neue Verhaltensweisen können auch aktiv übend erlernt werden, etwa durch Anregungen des Trainers oder der Gruppenmitglieder und durch Kommunikationsübungen.

Das unfreezing, wenn als Wert „an sich" angesehen, entwickelt sich zu einer „Ersatzaktivität", die Beziehungsformen, die von der gesellschaftlichen Struktur her nur schwer zu realisieren sind, künstlich einrichtet, um das Kommunikationsbedürfnis zu befriedigen. Die weitgehende Zerstörung der Privatheit, persönlichen Würde und Identitätssicherheit hat zur Folge, daß T-Gruppen (und noch stärker Marathon-Gruppen) die gesellschaftlich für wichtig gehaltene Aufgabe, Emotionales für den bestehenden zweckrationalen Zusammenhang verfügbar zu machen, übernehmen. Für Kompensation (anstelle „sozialen Lernens") spricht z. B., daß häufig selbst der Versuch fehlt, das Zutreffen oder die Rationalität emotionaler Reaktionen einer Prüfung auszusetzen. Statt die Sensibilität für zwischenmenschliche Beziehungen zu fördern, entwickeln sich regressive Formen der Kompensation und Abreaktion. So kann eine zufriedenstellende Kommunikation unmöglich werden, weil dann völlig davon abgesehen wird, ob der andere empfänglich für die Mitteilung ist. Durch die Absolutsetzung z. B. der „offenen Kommunikation“ kann die T-Gruppe „Pseudo-Echtheit“ und „Pseudo-Realität“ fördern, die den Teilnehmern als die „eigentliche“ Realität erscheint. Dabei mag diese „Realität“ nur darin bestehen, daß die Teilnehmer sich erlauben können, in einer Weise zu handeln, die die Realität ignoriert, weil sie nicht mit den Folgen ihrer Verhaltensweisen leben müssen.

1.9. Ergänzende Veranstaltungsformen

Die T-Gruppe wird in vielen gruppendynamischen Laboratorien als Beginn des Trainings angesehen, als Schutz gegen Schock und Gefährdung der Teilnehmer, um die daran anschließenden Erfahrungen überhaupt bestehen und wahrnehmen zu können. Welche ergänzenden Veranstaltungsformen können im Rahmen des Designs eines gruppendynamischen Laboratoriums vorgesehen sein?

In *Großgruppenveranstaltungen,* die aus allen Seminarteilnehmern bestehen, können Situationen kennengelernt werden, die sich erheblich von den Erfahrungen in den T-Gruppen unterscheiden. Die *Intergruppenveranstaltung* bietet allen Teilnehmern Gelegenheit, Beziehungen zwischen Gruppen zu studieren. Diese beiden Veranstaltungstypen sind meist ebenso unstrukturiert wie die Arbeit in T-Gruppen, d. h. es wird keine konkrete Ausgangslage ausgegeben, Rollen und Rollengefüge werden nicht im vorherein bestimmt. Damit wird es kaum möglich, Simulationen gesellschaftlicher Realität aus dem Erfahrungsbereich der Teilnehmer in das Training einzubringen.

Vorträge, die regelmäßig oder ad hoc während eines gruppendynamischen Laboratoriums von den Trainern gehalten werden können, sollen dem Lernprozeß in anderen Veranstaltungen intellektuelle Substanz geben, sollen ein Bezugssystem für die Artikulation aus dem Seminar schaffen.

Die *Plenumsbesprechungen* haben die Aufgabe, Erfahrungen auszutauschen und zu diskutieren und ggf. den weiteren Verlauf des Seminars zu planen.

In den *Paarinterviews* sollen die in Zweiergruppen eingeteilten Mitglieder einer T-Gruppe oder des gesamten Seminars einander Fragen stellen z. B. darüber, welche Schwierigkeiten der jeweilige Partner hat und was zur Abhilfe zu tun sei.

Die *Anwendungsgruppen*, die am Ende des gruppendynamischen Laboratoriums gebildet werden und die sich aus 5–10 Teilnehmern mit ähnlichen Berufen zusammensetzen, diskutieren Probleme, die im Seminar nicht gelöst worden sind, beurteilen die Bedeutung des Seminars für die Tätigkeit der Teilnehmer und überlegen, wie die Erfahrungen auf dem Seminar in der „Außenwelt" anzuwenden sind. Zur Erleichterung dieser Übertragung (des „Transfers") können *Rollenspieltechniken* verwendet werden, wenn dauerhafte Verhaltens- und Einstellungsänderungen erzielt werden sollen. Eine Vorerfahrung gesellschaftlicher Realität auf der politischen und soziologischen Problemebene vermittelt das *Planspiel.* Auf eine genaue Darstellung dieser Methode muß hier verzichtet werden. Es wird auf die umfangreiche Literatur verwiesen (z. B. Ruhloff 1970; Prim und Reckmann 1974).

1.10. Rolle und Funktion des Trainers

Der Trainer nimmt schwierige, scheinbar auch widersprüchliche Funktionen wahr. Er ist weder ein Lehrer im gewöhnlichen Sinne noch ein Diskussionsleiter; er bestimmt nicht die Lerninhalte und lenkt nicht die Arbeit der Gruppe; er ist aber auch nicht passiv und ohne Verantwortung dafür, daß ein Lernen stattfindet. Man könnte vier Trainerfunktionen unterscheiden: (1) Beobachter und Analytiker, (2) Sprachkritiker und „Facharzt für Kommunikationspathologie", (3) Modell und Verstärker, (4) Berater und Helfer. Diese Funktionen überlappen sich; sie stellen Aspekte des möglichen Verhaltensgesamt des Trainers dar. Welche Funktionen mit welcher Akzentuierung vom Trainer konkret wahrgenommen werden, hängen sowohl vom Entwicklungsprozeß der Gruppe und der Ausbildung des Trainers, als auch von dem Laboratoriumsdesign und die in ihm formulierten Ziele ab.

(1) Als Beobachter und Analytiker hat der Trainer die Aufgabe, der Gruppe zu helfen, angemessene und gesicherte Daten über den Gruppenprozeß zu finden, um so den Selbsterkenntnisprozeß der Gruppe voranzutreiben. Psychoanalytisch orientierte Trainer sehen sich in der Gruppe als „Projektionsschirm" und enthüllen in den Projektionen die Tendenz der Mitglieder zu Entstellungen, indem sie von den Vorfällen und Geschehnissen ein Bild projizieren, das mit ihren Bedürfnissen und Annahmen übereinstimmt. Diese Entstellungen kann der Trainer mit Hilfe

der Gruppe deuten und analysieren und so ein höheres Maß an Realitätsorientierung bei den Mitgliedern erreichen.

(2) Die Hauptverantwortung des Trainers wird in vielen Trainingskonzepten darin gesehen, der Gruppe zu helfen, die Kräfte zu überwinden, die einer „gültigen Kommunikation“ zwischen den Gruppenmitgliedern entgegenstehen. Diese Kräfte verzerren die Selbstwahrnehmung eines Mitgliedes in seiner Beziehung zu anderen oder hemmen den Ausdruck seiner Wahrnehmung. Was sind dies für Kräfte? Die Kommunikation ist z. B. oft durch „selektive Unaufmerksamkeit“ charakterisiert, d. h. es werden bestimmte Aspekte des Geschehens beharrlich übersehen, etwa weil sie unangenehm sind.

(3) Wichtig ist, daß die Gruppenmitglieder in dem Trainer ein Modell finden, das sich zur Nachahmung eignet. So wird es z. B. für notwendig gehalten, daß der Trainer seine Gefühle und Wahrnehmungen offen und spontan der Gruppe anvertraut. Der Trainer wird auch für die Gruppe insoweit Modell, als er die Mitglieder der Gruppe sozial verstärkt, ihre positiven Qualitäten entdeckt und angemessen kommuniziert, ohne die Mitglieder damit in Abhängigkeit zu halten.

(4) Die Aufgaben des Trainers unter dem Aspekt des Beraters sind vielfältiger Art. So soll er z. B. den Teilnehmern helfen,
eine Gruppe zu werden,
Hindernisse gegen ein Lernen über das Selbst, über andere und über die Gruppe zu entfernen,
ein für das Lernen förderliches Gruppenklima zu schaffen, das Gelernte zu internalisieren, zu generalisieren und es auf andere Situationen anzuwenden,
daß die Realitäten nicht ignoriert, verleugnet oder übermäßig simplifiziert, sondern anerkannt, benannt und analysiert werden.

1.11. Ziele des gruppendynamischen Trainings

Die Funktionen des Trainers weisen auf zwei sich wechselseitig bedingende Zielbereiche hin: Bewußtseinsveränderung und Verhaltensänderung. Als Teilziele der *Bewußtseinsveränderung* werden z. B. angegeben: gesteigerte Bewußtheit und Sensitivität für emotionale Reaktionen und Ausdrucksweisen bei sich selbst und bei anderen – größere Fähigkeit, die Folgen seiner Handlungen durch Beachtung eigener und fremder Gefühle wahrzunehmen und aus ihnen zu lernen – Klärung und Entwicklung persönlicher Wert- und Zielvorstellungen – Ausbildung von Begriffen und theoretischen Einsichten. Zu den *Verhaltensänderungen* zählen: z. B. Erzielung effektiveren Verhaltens gegenüber der Umwelt der Teilnehmer – Fähigkeit zur Anwendung des Gelernten in der Arbeitssituation – lernen wie man lernt, indem man zum Analytiker seiner eigenen Lernprozesse wird. Andere Autoren setzen den Schwerpunkt der Zielsetzung nicht so sehr beim einzelnen Individuum, sondern bei der Veränderung der Gruppe. In anderen Fällen wird das eine oder andere dieser Ziele herausgegriffen und in den Mittelpunkt gestellt, z. B. bei Rioch (1971, S. 145) das Hauptziel, ernsthafte Arbeitsgruppen bilden zu können.

Die verschiedenen Vorstellungen haben ein recht unterschiedliches Abstraktionsniveau, verschiedene inhaltliche Bereiche werden angesprochen. Der Zusammenhang zwischen den Teilzielen ist sowohl inhaltlich als auch formal und begrifflich zumeist gering. Teils soll es um Einstellungs-, teils um Persönlichkeits-, teils um Verhaltensänderungen gehen, teils liegen diese auf der Ebene des Einzelnen, teils auf der Ebene der Gruppe.

„Die Unklarheit und Verschwommenheit auf dem Gebiet der Zielvorstellungen gruppendynamischen Trainings ist sicher in erster Linie darauf zurückzuführen, daß es heute eine verwirrende Vielfalt gruppendynamischer Unternehmungen verschiedenster Provenienz gibt und schon von daher eine Einheitlichkeit der Zielvorstellungen kaum zu erwarten ist. Zweitens fällt aber auch auf, daß bei den einzelnen Autoren die Zielvorstellungen nur in den seltensten Fällen – und auch dann nur mangelhaft – aus Theorien abgeleitet sind“ (Sader und Schäuble 1972, S. 425).

Hier wollen wir den Abriß über die Praxis des gruppendynamischen Trainings abbrechen. Wir werden uns zu fragen haben, welche Möglichkeiten diese Gruppendynamik bietet für eine gruppenpädagogisch orientierte Praxis in Schulen und welche Zielvorstellungen mit dieser Methode zu erreichen sind.

1.12. Gruppendynamik und Emanzipation

Im gruppendynamischen Training besteht die Möglichkeit der Selbsterfahrung; das praktische Erleben, das eigene Handeln in sozialen Situationen sind der wesentliche Teil des Trainings. Diese methodische Besonderheit ermöglicht *Selbstreflexion.* Bei einem entsprechenden Laboratoriumsdesign vermag sich der Teilnehmer in seinen ihn bestimmenden

Abhängigkeiten zu erkennen. Er ist damit potentiell in der Lage, sich aus Abhängigkeiten (z. B. verdinglichten „Gesetzmäßigkeiten") zu lösen.

Neben die Selbstreflexion tritt das aktive Erlernen von Verhaltensweisen, die über die Struktur der bestehenden Gesellschaft hinausweisen. Die Verwirklichung befriedigender Kommunikation, demokratische Entscheidungsprozesse, Offenheit und Vertrauen, wechselseitiges feedback lassen eine, wenngleich notwendig gebrochene *Antizipation* einer vernünftigen Gesellschaft in der Organisation und Gemeinschaft der Gruppe erkennen. Diese „Vorwegnahme" schafft erst Bedingungen für Selbstreflexion. Andererseits steuert und befreit die Selbstreflexion die eingefrorenen, erstarrten, verpanzerten Interaktionsmuster und ermöglicht Antizipationen.

Noch ein drittes könnte über gruppendynamische Methoden möglich werden: das Training von Verhaltensweisen, um die konkrete gesellschaftliche Situation hin zu humanen Alternativen zu verändern, also ein Training der *Aktion*, des politischen Kampfes selbst.

Selbstreflexion, Antizipation und Aktion in ihren wechselseitigen Bedingungsverhältnissen verweisen auf Emanzipation des Individuums und der Gesellschaft. Unter *Emanzipation* verstehe ich eine individuelle und gesellschaftliche Veränderung zur Befreiung von asymmetrischer gesellschaftlicher, d. h. ökonomisch-technologisch-politischer Abhängigkeit – und von gesellschaftlich vermittelten psychischen Einengungen, Beschränkungen und Determinierungen von Wahrnehmungen, Bewußtsein und Handlungen. Emanzipation erscheint damit in den Mitteln ihrer Verwirklichung, d. h. in der Strategie derjenigen, die in der bestehenden Gesellschaft für die neue arbeiten. Da gruppendynamisches Training potentiell befähigen kann zur Selbstreflexion, also zum Durchschauen von Deformierungen der Wahrnehmung, des Bewußtseins und der Handlungen, zur Antizipation, also zur Herstellung einer (wenngleich notwendig gebrochenen) Vorwegnahme einer vernünftigen Gesellschaft in den Kommunikationsformen der Gruppe und zur Aktion, also zur Durchsetzung legitimer aber unterdrückter Interessen mittels politischen Kampfes, können gruppendynamische Methoden zur Emanzipation beitragen.

Zwischen dieser Möglichkeit und der konkreten Realisierung liegt ein nicht ganz einfacher Weg. Es kommt nicht nur darauf an, die Teilziele gruppendynamischen Trainings so aufeinander abzustimmen, daß die beschriebenen antiemanzipatorischen Tendenzen nicht entstehen, sondern die einzelnen Methoden müssen so modifiziert werden, daß sie für mögliche Praxisbereiche (z. B. Schule, Jugendarbeit) angemessen sind. Ferner steht man vor der schwierigen Aufgabe, eine auf diese Praxisbereiche abgestimmte „Erkenntnistherorie" gruppendynamischen Trainings zumindest in Ansätzen zu entwickeln; d. h., es muß herausgearbeitet werden, *was* z. B. Schüler im Rahmen des Trainings erfahren und erkennen können, *wie* sie diese Erkenntnisse in konkrete Handlungen umsetzen können, welche Handlungsbereitschaften überhaupt im Rahmen des Praxisbereichs im Hinblick auf Antizipationen und Aktionen möglich und sinnvoll sind. Letztlich sind auch die Reaktionsstrukturen der Institutionen und die institutionellen Realisierungschancen eines Konzepts emanzipatorischer Gruppendynamik zu untersuchen und mit den vorhergehenden Problemkreisen abzustimmen. Die Erprobung der für dieses komplexe Bedingungsgefüge angemessenen Methoden würde sich anschließen. Damit ist das Konzept dieses Buches in etwa umrissen.

Es erscheint zunächst reizvoll, einen konkreten Versuch in dieser Richtung zu untersuchen: die „Institutionelle Pädagogik" in Frankreich.

2. Gruppendynamik und „Institutionelle Pädagogik"

2.1. Gruppendynamik und Schule – Ziele der „Institutionellen Pädagogik"

(1) Zwischen der Kritik an der Institution Schule und der Modifizierung gruppendynamischer Verfahren und Methoden hat sich die „Institutionelle Pädagogik" entwickelt. Ausgangspunkt ist die Kritik an den entfremdenden Wirkungen der Bürokratie, speziell der bürokratischen Institution Schule.

Lapassade sieht in der Bürokratie eine der Herrschaft des Kapitals zumindest ebenbürtige Herrschaftsform, die sich allmählich auf alle menschlichen Bereiche ausbreitet, die Entscheidungsfreiheit und Initiative von immer mehr Menschen immer drastischer kürzt und dies alles verbirgt unter dem Deckmantel der Verantwortung und Fürsorge für das Wohl des Menschen als Individuum und als Mitglied einer Gruppe:

„Was man der Bürokratie und den Bürokraten vorwerfen muß, ist vor allem, daß sie die Menschen zutiefst entfremden, indem sie ihnen Entscheidungskraft, Initiative, die Verantwortung für ihr eigenes Tun und die Kommunikation nehmen; *daß sie, anders gesagt, sie ihrer eigentlich menschlichen Tätigkeiten berauben.* Dieser Diebstahl auf psychologischer Ebene, diese Aneignung der menschlichen Fähigkeit anderer, diese Ausklammerung der wirklichen gesellschaftlichen Gruppen übertrifft an Schädlichkeit bei weitem alles, was der Kapitalismus hat tun können und jemals getan hat" (Lapassade 1972, S. 180).

Bürokratische Herrschaft und pädagogische Herrschaft bedingen einander, weisen Gemeinsamkeiten auf:

„Das Modell der pädagogischen Herrschaft zeichnet das Modell der bürokratischen Herrschaft vor und schließt es ein, es ist dessen tiefe Rechtfertigung: Hätten die Menschen nicht während ihrer ganzen Kindheit die pädagogische Herrschaftsform an sich selbst erfahren, so würden sie die bürokratische Herrschaftsform niemals hinnehmen, sie erschiene ihnen als die schlimmste aller Entfremdungen. Das Gemeinsame der pädagogischen und bürokratischen Herrschaftsform liegt darin, daß beide vorgeben, das „Beste zu wollen" für das geführte oder verwaltete Subjekt, wenn nötig gegen dieses selbst; die Menschen werden so umfassend wie möglich verwaltet und dem gemeinsamen Zweck geopfert" (Lapassade 1972, S. 184).

Der maßlose Wille, das Wohl des anderen zu fördern, wird begleitet von einem ebenso maßlosen Willen, den Entscheidungen, Wünschen, Sehnsüchten und Bestrebungen des anderen keine Rechnung zu tragen. Es schwebt in der Pädagogik vielmehr eine Vorstellung von den für ein

Kind wünschenswerten Zielen vor, und es muß daher versucht werden, das Kind dahin zu bringen, daß es die Handlungen ausführt, die diesen Zielen entsprechen. Den Grund für diese Fremdbestimmung sieht Lapassade in einem institutionell eingebundenen Identifikationsmechanismus:

„Der Pädagoge identifiziert sich mehr oder weniger mit dem Kind, sei es in der Gegenwart, sei es in der Zukunft. Der Erfolg des Kindes ist sein eigener Erfolg, dessen Mißerfolg sein eigener Mißerfolg“ (Lapassade 1972, S. 186).

Lapassade findet den Grund dieser Identifikation in den bürokratisierten hierarchischen Beziehungen des Lehrers, die sich scheinheilig als Erfordernisse der Erziehung und Bildung rechtfertigen:

„Er (der Lehrer) rechtfertigt seine Stellung und sichert seine Karriere in der Beamtenhierarchie nur in dem Maße, wie er diese Art von Arbeit verrichtet und sie gut verrichtet, weil er sich den Lehrplänen unterwirft, indem er den Schulrat zufriedenstellt. (...) Die Prüfung ist vor allem ein Anhaltspunkt, ein Kriterium, ein Meßsystem für den Lehrer. Dieser braucht als Bürokrat ein Wissen um seine Arbeitsnormen, und diese dürfen auf keinen Fall in der tatsächlichen Entfaltung der ihm anvertrauten Individuen liegen. Die fraglichen Normen sollen materiell und materialisiert sein, sie müssen sich in Quantitäten, in angebotenen Kenntnissen, in Erfüllung oder Nichterfüllung eines Lehrplanes, in Erfolgsquoten bei Prüfungen ausdrücken lassen“ (Lapassade 1972, S. 186 und 187).

(2) Die Fremdbestimmung des pädagogischen Verhältnisses im Bereich der Schule durch bürokratische Überformungsprozesse möchte die „Institutionelle Pädagogik“ beseitigen. Es reicht aber nicht, die bürokratischen Beziehungsformen zu zerstören. Es kommt vielmehr darauf an, sie durch neue Beziehungen zu ersetzen.

„Die Bewegung der ‚Institutionellen Pädagogik' bemüht sich, innerhalb der wirklichen Schule eine neue Art des Arbeitens und unbürokratische menschliche Beziehungen auszubreiten. Das Kind wird zum Mittelpunkt von Entscheidungen, oder vielmehr, die Gruppe nimmt ihre eigenen Angelegenheiten in die Hand und versucht, sich selbst zu regieren. Der durch die ‚äußere Institution' inthronisierte Pädagoge behält natürlich diesen Thron, hört in Wirklichkeit aber auf, das seinem Amt gemäße Spiel mitzuspielen. Er negiert sich selbst als Machtträger und Bürokrat. Er weigert sich, anstelle der Gruppe die Entscheidungen zu fällen“ (Lapassade 1972, S. 189/190).

Im Gegensatz zum gruppendynamischen Laboratoriumskonzept kommt es der „Institutionellen Pädagogik“ darauf an, nicht nur vorübergehende und unbeständige Institutionen zu schaffen, die ihren Wert nur für die teilnehmenden Individuen haben, sondern echte, d. h. wirklich mit den Institutionen der Gesamtgesellschaft interferierende Institutionen zu erfinden.

Der Fortschritt gegenüber den „radikalen“ Schulkritikern (wie z. B. Illich) besteht m. E. darin, daß nicht einfach eine Veränderung des institutionellen Rahmens gefordert oder versucht wird, sondern daß im Prozeß der Veränderung die Beteiligten als aktive selbstverantwortliche Individuen einbezogen sind. Die Betroffenen werden also nicht einfach einer Veränderung der Institution „unterworfen“ – dies stände im Widerspruch zum Ziel der „Befreiung“ des Individuums von institutionellen Zwängen –, sondern sie wirken an der Veränderung selbst mit. Die befreiende Wirkung einer Systemveränderung geht für die „Institutionelle Pädagogik“ nicht in erster Linie von einem neuen, wie auch immer eingeführten System mit geringeren Zwängen aus, sondern vom Akt der Selbstbefreiung der Unterdrückten selbst.

„Jedes auch noch so ‚menschenfreundlich‘ gedachte System unterdrückt Menschen, bestimmt sie von außen, wenn es ihnen ohne eigene Beteiligung übergestülpt wird. (...) Der Akt der Selbstbefreiung dagegen wirkt zweifach: Einmal werden durch ihn Verhältnisse verändert; zum anderen bereichert er den Unterdrückten um die Erfahrung der Freiheit einer Entscheidung und einer Handlung, die wichtigste Erfahrung, die ihm Vorstellungen von einer befreiten Gesellschaft ermöglicht und begründet“ (Schäfer 1973, S. 29 und S. 30).

In welcher Weise versucht nun die „Institutionelle Pädagogik“ diese Zielvorstellungen zu verwirklichen? Welchen Stellenwert haben dabei die gruppendynamischen Methoden?

(3) In den Strukturen einer T-Gruppe sieht die „Institutionelle Pädagogik“ das Modell einer neuen pädagogischen Beziehung zwischen Lehrer und Schüler. Neben den Möglichkeiten der Selbstbestimmung bewirkt die T-Gruppe eine neue Form der affektiven Erfahrung. Den T-Gruppen fehlen jedoch eine Reihe von Merkmalen, so daß das Modell der T-Gruppe nicht ohne weiteres in den Bereich der Schule eingefügt werden kann.

(a) Das Laboratoriumstraining ist die Idee der Erziehung von Menschen „abseits“ der offiziellen Strukturen. Dies hindert die Strukturen jedoch nicht, zu bestehen. Es kommt aber der „Institutionellen Pädagogik“ darauf an, die Schüler auf den Widerspruch gegen das bürokratische System vorzubereiten, ein Feld des Widerspruchs zu schaffen, Institutionen zu erfinden, die Modellcharakter haben.

„Man kann nicht so tun, *als ob* die Institutionen nicht existierten oder keine Bedeutung hätten. Der Mensch wird zunächst durch die Gesellschaft, in der er lebt, und aus der seine Fantasien, Gefühle und Ängste stammen, determiniert. Daher haben die Lehrer, die sich dieser Unzulänglichkeiten bewußt geworden sind, ihre Bewegung „Institutionelle Pädagogik“ genannt, um zu demonstrieren, daß sie sich in erster Linie gegen die Institutionen wenden und neue Institutionen schaffen wollten" (Lobrot 1971, S. 180).

(b) Die T-Gruppe kann den Teilnehmern nicht den Zugang zur Arbeit, zur Akkulturation, zum Wissenserwerb und zur intellektuellen Ausbildung eröffnen. Ideen, theoretische Überzeugungen, intellektuelle Prozesse, Urteils- und Kritikmöglichkeiten im Gesamtgleichgewicht einer Persönlichkeit sind nicht nur für das intellektuelle und berufliche, sondern auch für das Gefühlsleben wichtig.

„Wir halten die Intervention eines Lehrers, der von außen her die Arbeit seiner Schüler organisiert, sicherlich nicht für sinnvoll. Doch der Kontakt und die Diskussion mit Menschen, die sich theoretischer Forschung widmen, mit Menschen, die über eine längere intellektuelle Erfahrung verfügen, sind für den Jüngeren, der sich bilden und Kultur erwerben will, unerläßlich. (...) Man muß daher für die besagten Theoretiker, Wissenschaftler und Forscher annehmbare pädagogische Lösungen finden, damit sie innerhalb der öffentlichen Erziehung einen sinnvollen Beitrag leisten können" (Lobrot 1971, S. 175).

(c) Da es das Ziel der „Institutionellen Pädagogik" ist, das staatliche Erziehungswesen von innen her zu verändern, läßt sich die T-Gruppe, wie sie ist, nicht in die staatliche Erziehung übertragen. Das staatliche Erziehungswesen wird – sofern es nicht völlig und bis zur Spitze hin verändert ist – weiterhin Programme vorschreiben, Prüfungen organisieren, die Lehrer kontrollieren usw. Die T-Gruppe hat aber gerade die Abwesenheit solcher Zwänge zur Voraussetzung. Die „Institutionelle Pädagogik" nimmt daher solche Zwänge (zumindest zeitweilig) in Kauf und ist auch von daher zur Modifikation des T-Gruppenkonzepts gezwungen. Die schulischen Gruppen der „Institutionellen Pädagogik" sind wie der Wurm in der Frucht, sie verwirklichen ein neues Prinzip im alten System. Die Verfechter der „Institutionellen Pädagogik" konnten nicht die Verwaltung der Schulen noch die staatliche Erziehung konkret in Frage stellen, da sie keine Verwaltungsleute, sondern Lehrer waren.

„Daher haben sie beschlossen, dort, wo es ihnen möglich war, d. h. in ihren Klassen, eine neue Lehrer-Schüler-Beziehung als Voraussetzung der pädagogischen Selbstbestimmung der Klasse herzustellen" (Lobrot 1971, S. 180).

Welche Prinzipien und Methoden der „Institutionellen Pädagogik" haben sich aus diesen Zielvorstellungen entwickelt?

2.2. Nichtdirektivität und Selbstbestimmung

Das Prinzip der Nichtdirektivität steht im Mittelpunkt der „Institutionellen Pädagogik". Der Aspekt der Selbsterfahrung, der Aufklärung mitmenschlicher Beziehungen – wie er im ursprünglichen T-Gruppenkonzept enthalten ist – hat dagegen an Bedeutung verloren.

„Mit Nicht-Direktivität ist die Tatsache gemeint, daß die konstituierte oder potentielle Autorität einer Gruppe auf ihre Macht verzichtet, – d. h. auf die Anwendung von Zwang, und sich damit begnügt, ihre Unterstützung, Kräfte und Fähigkeiten im Rahmen der von der Gruppe bestimmten Funktionsweise anzubieten" (Lobrot 1971, S. 176).

Das hat die Konsequenz, daß der Lehrer sich weigert, anstelle der Gruppe die Entscheidungen zu fällen. Er stellt sich damit aber nicht außerhalb der Gruppe, sondern „er erhält vielmehr ganz im Gegenteil von der Gruppe einen neuen Status zugeteilt, der es ihm ermöglicht, wirklich am Gespräch teilzunehmen, zu sagen, was er weiß, Informationen, die er besitzt, weiterzugeben. Er kann anfangen, wirklich in Interaktionen mit den anderen Mitgliedern der Gruppe zu treten, was er zuvor nicht konnte" (Lapassade 1972, S. 190).

Der durch das Prinzip der Nichtdirektivität geschaffene „Freiraum" wird ausgefüllt durch das Prinzip der Selbstbestimmung. Was ist pädagogische Selbstbestimmung für die „Institutionelle Pädagogik"?

„Das Prinzip besteht darin, den Schülern alles, was möglich ist, zu überantworten, also nicht die Ausarbeitung der Lehrpläne und Entscheidungen über Prüfungen, die (in Frankreich J. F.) weder vom Lehrer noch von den Schülern abhängig sind, aber die Gesamtheit des Lebens, der Aktivitäten und der Organisation der Arbeit innerhalb dieses Rahmens. Die Schüler können nicht nur arbeiten oder nicht arbeiten, sondern darüber hinaus selbst Entscheidungen über ihre Beziehungen treffen, d. h. ihre Beziehungen ‚hier und jetzt', ihre gemeinsamen Aktivitäten, die Organisation ihrer Arbeit und die Ziele, die sie verfolgen wollen. Sie haben daher die Institutionen ihrer Klasse in der Hand, die sie je nach Umständen in der Schwebe lassen, nach neuen oder nach traditionellen Modellen usw. begründen können" (Lobrot 1971, S. 180).

Nichtdirektivität und Selbstbestimmung erfordern eine Neubestimmung der Lehrerfunktionen.

2.3. Rolle des Lehrers

Das Prinzip der *Nachfrage* bestimmt generell die Funktion des Lehrers in der „Institutionellen Pädagogik", weil man auf diese Weise glaubt, eine totale Nicht-Direktivität innerhalb der Gruppe einzuhalten.

„Wenn der Lehrer aus eigener Initiative zu intervenieren beginnt, so läßt es sich nicht vermeiden, daß er als Autorität wahrgenommen wird, die Tätigkeiten anordnet oder die Arbeit organisiert; er führt wieder die bürokratische Autorität ein, mit der ihn die ‚äußere Institution' ausgestattet hat, und die er doch gerade aufgeben bzw. deren Abwesenheit er die Schüler spüren lassen will" (Lobrot 1971, S. 181).

Die von der „Institutionellen Pädagogik" anvisierten Zielvorstellungen scheinen nur dann erreichbar zu sein, wenn der Lehrer ausschließlich in dem von den Schülern gesteckten Rahmen und den von ihnen bestimmten Modalitäten eingreift. Dann steht er den Schülern als ausführendes Organ zur Verfügung, die ihn je nach Fall kaum beanspruchen oder aber ihn auffordern können, Referate zu halten, bestimmte Punkte zu klären, in eine Diskussion mit ihnen einzutreten. Das Prinzip, auf Verlangen der Schüler zu reagieren, umfaßt drei Kategorien von Interventionen:

(1) Der Lehrer interveniert wie ein Trainer in der T-Gruppe, der sich um eine Rückspiegelung oder eine Analyse bemüht. Er „vermeidet es (jedoch), das Leben der Schüler zu „interpretieren", sondern begnügt sich damit, der Gruppe das Bild ihrer eigenen Funktionsweise zurückzuübermitteln, Botschaften zu klären, Gefühle explizit zu machen usw." (Lobrot 1971, S. 181).

„Eine der wichtigsten Rollen des Klassenleiters besteht darin, beständig die Informationen, die er gewinnt, an die Gruppe weiterzugeben und diese in jedem Augenblick sich ihrer Situation bewußt werden zu lassen" (Le Bon 1972, S. 359).

Auf dieser Ebene der Interventionen scheint das starre Prinzip der Nachfrage durchbrochen zu sein, was wohl auch sinnvoll erscheint, damit die Desintegrationserscheinungen nicht überhand nehmen.

(2) Der Lehrer kann, wenn es gewünscht wird, organisatorische Ratschläge geben, Funktionsmodelle vorschlagen usw.

„Die Organisationsvorschläge des Pädagogen, zu denen er aufgefordert sein muß, sollen wirklich Vorschläge sein. Sie müssen darin bestehen, daß Alternativen, mögliche Funktionsweisen aufgezeigt werden. Man muß vermeiden, mehr oder weniger bewertete oder emotional gestützte Vorschläge zu machen, die automatisch als Befehle oder Drohungen erscheinen" (Lapassade 1972, S. 197).

(3) Nach Aufforderung kann der Lehrer seine Ideen vorbringen, Informationen liefern, Zusammenfassungen geben, Vorstellungen klären. Er greift dann wie ein Wissenschaftler ein, an dem man sich um Aufklärung oder um Unterweisung wendet. Diese Intervention sollte so diskret, genau und kurz sein wie nur möglich.

„Oft ist es nützlicher, Arbeitsmittel an die Hand zu geben (vervielfältigte Exposés, bibliographische Angaben, Material, Anleitungen zur Selbstkorrektur), als improvisierte Vorträge zu halten. Die letzteren können leicht ein solches Gewicht erhalten, daß sie die Arbeit der Gruppe lähmen. Es bedarf seitens des Pädagogen einer langen Erfahrung, um zu wissen, wo er mit seinen direkten Interventionen aufhören und wie er sie vornehmen muß" (Lapassade 1972, S. 197).

Durch die Verwirklichung dieser Prinzipien wird der Lehrer in die Klassengruppe integriert, jedoch mit einem von dem der Schüler unterschiedenen Status:

„Die Initiativen kommen notwendigerweise einzig und allein von den Schülern. Im Leben der Klasse, im Bereich der Aussprache, bei der Definition von Zielen oder im eigentlichen Arbeitsprozeß selbst interveniert der Lehrer nur in dem Maße, wie er von den Schülern dazu aufgefordert wird" (Lobrot 1971, S. 181).

Das Prinzip der Nachfrage findet seine Begrenzung darin, daß der Lehrer nicht jenen Forderungen entsprechen darf, die darauf zielen, ihn wieder in seine ehemalige Position zu versetzen.

„Das ist keine dem Prinzip der Nachfrage von vornherein gesetzte Beschränkung, sondern die Anwendung eines anderen Prinzips, das der Selbstbestimmung natürlicherweise zugrunde liegt: daß der Lehrer Herr seiner Entscheidungen ist und insbesondere selbst bestimmen kann, ob und wie er auf eine Nachfrage eingeht. Anders ausgedrückt: Der Lehrer darf nur auf Nachfrage reagieren, aber auf jede Nachfrage geht er nicht notwendig ein. In diesem Fall würde er seinerseits die Freiheit verlieren und zur bloßen Maschine in den Händen der Schüler werden" (Lobrot 1971, S. 182).

2.4. Zur Praxis „Institutioneller Pädagogik"

Unterricht, der die Prinzipien von Nichtdirektivität und Selbstbestimmung realisieren will, durchläuft in der Regel drei Phasen:

(1) Wie in einem gruppendynamischen Laboratorium bestimmen Labilisierung und Identitätsstreß den Beginn der Arbeit. Hinzu kommt die von außen gesetzte Forderung, eine Sachaufgabe zu lösen, z. B. eine Prüfung zu bestehen. Le Bon (1972, S. 344ff.) beschreibt die Situation der initialen Unstrukturiertheit und die Möglichkeiten, die der Pädagoge zu deren produktiver Bewältigung hat. Die angemessene Beteiligung ist ein Problem dieser ersten Phase. Den meisten Schülern stehen kaum angemessene Verhaltensweisen zur Verfügung, das durch das Schweigen des Pädagogen entstandene Vakuum auszufüllen; sie greifen nicht ein und ziehen sich in ihr Schweigen zurück. Die Passiven hätten gerne, daß der Lehrer an ihrer Stelle entscheidet, die Dominanten, daß er ihnen hilft, die anderen zur Mitarbeit zu zwingen. Diese Phase ist ziemlich mühselig, sie kann ziemlich lange dauern, bis die Schüler angemessene Organisationsformen finden, die ihr Bedürfnis nach Tätigkeit befriedigen und ihre Angst beruhigen.

(2) Die zweite Phase ist gekennzeichnet durch den Versuch, eine Organisation zu finden, die in der Lage wäre, die Wünsche aller zu befriedigen.

„Abstimmungen, wie sie zu Anfang oft vorgenommen werden, meist um die Beschlüsse einer künstlichen Mehrheit zu stützen, werden seltener; man bemüht sich nun um Einstimmigkeit, d. h. nicht um eine Verfahrensweise, die von allen akzeptiert würde, sondern um eine so vielschichtige Verfahrensweise, daß bei ihr jeder zu seinem Recht kommt. Erst dann können genaue Anfragen hinsichtlich einer möglichen Organisation an den Pädagogen gerichtet werden. Dieser antwortet kurz und diskret wie ein Organisationstechniker" (Lapassade 1972, S. 198).

(3) In der dritten Phase schließlich wendet sich die Gruppe der „eigentlichen" Arbeit zu. Dies kann in sehr verschiedenen Formen geschehen: in spezialisierten und nach Funktionen gegliederten Gruppen, in Einzelarbeit usw. Der Pädagoge kann sagen, was er zu sagen hat, sein Wissen und seine Erfahrungen mitteilen.

„Die ganze in den beiden vorhergehenden Phasen scheinbar verlorene Zeit wird jetzt sehr schnell wieder eingeholt, und die Gruppe macht im Hinblick auf den Wissenserwerb große und spektakuläre Fortschritte. Hier könnten genaue Beispiele gegeben werden. Wir haben gesehen, wie Gruppen eine außergewöhnliche Arbeit bewältigen, die sie unter anderen Umständen niemals geschafft hätten. Dinge, die, wenn sie ein Pädagoge im alten System sagte, nicht einmal gehört wurden, werden jetzt verstanden und assimiliert" (Lapassade 1972, S. 198). Als Pädagoge „gewinnt man die wunderbare Ungezwungenheit und die außergewöhnliche Solidarität innerhalb eines echten Arbeitsteams, die Aufrichtigkeit der Beziehungen und vor allem die Gewißheit, an den Wurzeln zu arbeiten, an der Erziehung authentischer Persönlichkeiten mitzuwirken" (Le Bon 1972, S. 351).

Bei diesem Enthusiasmus (der gewiß auch seine Berechtigung hat) gilt es, die Grenzen des Modells der „Institutionellen Pädagogik" klar aufzuzeigen und auf seine verborgenen Implikationen hinzuweisen, um aus dieser Kritik zu pragmatischen Orientierungen zu gelangen.

2.5. Grenzen des Modells – Kritik der Implikationen

(1) Die Übernahme der Methoden der T-Gruppe auf schulische Gruppen und die damit verbundene Vorstellung eines nichtdirektiven Lehrerverhaltens erfordert Klassen, die sich gerade noch als „face-to-face-Gruppen" verstehen können, d. h. ihre Größe sollte 15 Mitglieder nicht überschreiten. Diese Zahl ist niedriger als die der meisten Schulklassen, so daß die Realisierungschancen des Modells auf breiter Ebene in der BRD als sehr gering einzuschätzen sind. Möglich wäre eine Verwirklichung vielleicht noch in Arbeitsgemeinschaften, die von der zur Verfügung

stehenden Zeit her (zwei bis maximal vier Wochenstunden) die Entwicklung zu einer funktionsfähigen Gruppe erschweren.

(2) Zum Prinzip der Nichtdirektivität müßte kritisch angemerkt werden, daß die Schüler von ihrer Reife und ihren Fähigkeiten her in der Lage sein müßten, die Phase initialer Unstrukturiertheit produktiv zu bewältigen. Die initiale Unstrukturiertheit (Führungslosigkeit und Projektlosigkeit) hat den Sinn, möglichst schnell psychische und soziale Prozesse in Gang zu setzen, die zu einer Ablösung der Gruppe vom Leiter führen sollen. Die Bewältigung dieser Unstrukturiertheit ist nur ziemlich reifen und älteren Schülergruppen zuzumuten und führt auch dort zu heftigen Identitätskonflikten, massiven Ängsten, Aggressionen. Diese Phase zu überwinden und zu hinlänglich sachlicher Arbeit zu gelangen ist sehr mühselig und erfordert ein hohes Geschick des Trainers und dessen häufigen Kontakt mit den Teilnehmern auch außerhalb der üblichen Trainingszeit. Am ehesten würden Möglichkeiten bei mehrtägigen Veranstaltungen (etwa Projektwochen oder auf Fahrten) bestehen. Schäfer (1973, S. 32) hat recht, wenn er behauptet, daß die Anwendung der nichtdirektiven Prinzipien beim gruppendynamischen Training Personen voraussetzt, die bereits eine gewisse Stabilität ihrer Ich-Strukturen erreicht haben. Dies ist bei Schülern im Primar- und Sekundarbereich I in der Regel nicht der Fall. Diese Schülergruppen sind kaum in der Lage, derartige massive Schwierigkeiten und Ängste, die durch die Verwirklichung des nichtdirektiven Prinzips in der Schulsituation entstehen, selbständig zu bewältigen. Sie haben den Lehrer als eine feste Bezugsperson kennengelernt, den sie erst in einem allmählichen Lernprozeß zu relativieren vermögen. Die abrupte Trennung und Verselbständigung werfen sie in einen kindlichen Zustand der Verlassenheit und Angst zurück oder die Schüler definieren die Situationen so, daß sie mit einem Lehrer zu tun haben, der sich „nicht durchsetzen" kann. Auch sicherheitsspendende Faktoren (Erklären der Situation, Einbringen eigener Gefühle, selbst massive Verstärkungen positiver Art) helfen nicht viel. Zu sehr schlagen die festgefügten und eingeschliffenen Rollenerwartungen der Schüler durch, zu stark „wehren" sie sich gegen einen nichtdirektiven Lehrer, zu wenig haben sie gelernt, die Verantwortung in der Schule für sich selbst zu übernehmen.

Man darf – so meine ich – das nichtdirektive Prinzip nicht absolut setzen. Gruppendynamische Methoden und Techniken müßten vielmehr so modifiziert werden, daß sie (zunächst) den Möglichkeiten der Institutionen und der beteiligten Schüler angepaßt sind. Man sollte die Schüler von dem Bahnhof abholen, an dem sie stehen – nicht drei Bahnhöfe weiter. Es hilft auch nicht viel, nur darüber zu hadern, daß es sich um einen Kleinstadtbahnhof handelt mit Bummelzugverkehr, bei dem der Bahnhofsvorsteher mit Kelle und Pfeife die Kommandos gibt. Die „Institutionelle Pädagogik" bleibt damit beschränkt auf die letzten Klassen der gymnasialen Oberstufe. Auch die Berichte aus der Praxis beziehen sich auf diesen Personenkreis.

„Das Konzept der ‚Institutionellen Pädagogik' (ist) eher für diejenigen entwickelt, die sowieso von den gröbsten Schädigungen unserer Gesellschaftsstruktur verschont blieben. Für die Opfer gesellschaftlich bedingter, schädigender Sozialisationsprozesse, die dafür auch noch von der Gesellschaft ausgeschieden und in Heime abgeschoben werden, ist dieses Konzept geradezu gefährlich" (Schäfer 1973, S. 32).

(3) Das Prinzip der Nichtdirektivität und die Beschränkung des Lehrers, „der Gruppe das Bild ihrer eigenen Funktionsweise zurückzuübermitteln, Botschaften zu klären, Gefühle explizit zu machen usw." (Lobrot 1971, S. 181), eröffnet nicht die Möglichkeit, Selbsterfahrungen zu machen, in der Selbstreflexion sich in seinen gesellschaftlichen und psychischen Abhängigkeiten zu erkennen. Das System der Rückkopplungen (feedback) gerinnt zu einem Mechanismus, das funktionale Anpassung erzeugt, Anpassung an Normen wie Leistung, Prüfungserfolg, die die „reifen" Schüler bereits internalisiert haben und die entgegen aller Berufung auf Selbstbestimmung von außen gesetzt die Schüler bestimmen:

„Ich vernahm ein Murmeln: ‚Aber was sollen wir denn tun?' – Ich hatte es ihnen deutlich gesagt: die vierte Stufe (eine Abschlußprüfung J. F.) bestehen" (Le Bon 1972, S. 345).

Das „permissive" Klima einer nichtdirektiven Schülergruppe erhöht den Lerneffekt beträchtlich:

„Durch den Austausch in der Gruppe schafft und bestätigt sich die Persönlichkeit jedes einzelnen Mitglieds und nimmt die Informationen gemäß den Bedürfnissen der Gruppe auf (...). Durch die Information in der Gruppe erhalten selbst diejenigen Schemata des Wissens, die uns andressiert wurden (Multiplikationstabellen, Orthographie, Vokabeln, algebraische Formeln, konventionelle Art des Gefühlsausdrucks usw.) Verbindung zur Persönlichkeit, Sinn und Bedeutung. (...) Dank des permissiven Klimas einer nichtdirektiven Gruppe, eines Klimas, das zur provisorischen Regression in kindliche Entwicklungsstadien ermutigt, finden die

Individuen nach und nach zu einer verlorenen Spontaneität zurück" (Le Bon 1972, S. 358).

Dennoch: „Die Drohung der fernen oder nahe bevorstehenden Prüfung verfälscht das Lernen zutiefst: Wenn die Spannung verschwindet, die mich zwingt, eine Information zu behalten, so verschwindet die Information mit ihr. Und da der Stoff nun einmal behalten werden muß, ist damit nicht alles entschieden? Ich fürchte, ja: ohne ein globales Neu-Erfinden des ganzen pädagogischen Systems werden wir nur halbe Arbeit leisten; auch dies ist aber immer noch besser als die gegenwärtige Verkümmerung der Intelligenz und der Gefühle" (Le Bon 1972, S. 357/358).

Es entsteht das Dilemma, daß der systemtranszendierende methodische Ansatz in der Folge das System bestätigt, das er in Frage stellen soll, er zum „Kern" und nicht zum „Wurm" in der Frucht werden kann. Feste Richtpunkte bleiben Leistungen und Prüfungen; die vom Erziehungssystem vorgegebenen curricularen Entscheidungen werden „nachvollzogen" ohne mit dem Mangel überlagernder Folgeprobleme (Disziplinmängel, Lernunwilligkeit usw.) belastet zu sein. Und dennoch: Die „Institutionelle Pädagogik" ist ein Fortschritt, ist eine Etappe auf dem Weg zur Veränderung des Systems. Das Dilemma jedoch bleibt; es verschärft sich noch, wenn wir die Motivationsquellen und Anstöße für das Lernen näher untersuchen.

(4) Da ist zunächst der institutionelle Zwang, Leistungen zu zeigen, Prüfungen zu bestehen. Dieser Zwang, über die Rolle des Lehrers vermittelt, führt zu Entfremdungserscheinungen, Lernhemmungen usw. Durch den „Trick" der Nichtdirektivität wird dieser lehrervermittelte Zwang „weggezaubert". Es entsteht eine Situation „initialer Unstrukturiertheit". Durch die Labilisierung der Lernsituation (dem Schüler werden weitgehend alle Informationen vorenthalten, die sein Wahrnehmungsfeld stabilisieren könnten) ist der Schüler auf seine internalisierten Normen zurückgeworfen, nach denen er wie nach einem Strohhalm greift, damit er aus dem durch die Labilisierung bedingten Zustand der Unsicherheit und Angst herausfindet, damit er sich einigermaßen sicher entscheiden kann, was er eigentlich machen soll. Das funktionale feedback des Pädagogen und die äußeren Zwänge (Prüfungen usw.) konvergieren mit seinem Normenfeld und geben dem Schüler die Sicherheit, die seinen Normen angemessene Organisation als „selbstbestimmte" in der Gruppe zu etablieren. Damit ist der „alte" Zustand wieder erreicht, nur viel effektiver, weil nicht mehr als von außen bestimmt erlebt

und weil die gefundenen Organisationsformen die eigenen Bedürfnisse besser zu befriedigen vermögen.

Bei aller Kritik darf jedoch nicht verkannt werden, daß die geringste Verbesserung der menschlichen Beziehungen im System der Schule voraussetzt, daß die hierarchische (und also kapitalistische) Beziehung in Frage gestellt wird, und daß die höheren zugunsten der nachgeordneten Instanzen zu dem einen oder anderen Zeitpunkt (in wie geringem Maße auch immer) an souveräner Macht einbüßen. Mit anderen Worten: Der Fortschritt der „Institutionellen Pädagogik" gegenüber der herkömmlichen bürokratischen Schule soll nicht bestritten werden; im Gegenteil: Nur durch das Verwirklichen menschlicher Beziehungen im System wird das System als solches transzendiert, nur in den – notwendig gebrochenen – Antizipationen vermag das Neue Gestalt anzunehmen. Das System vermag jedoch Innovationen aufzusaugen, sie als Bestätigungen ihrer selbst zu verwenden. Aber nur durch diese Fähigkeit (und Bereitwilligkeit) des Systems werden Änderungen überhaupt möglich. Es gilt, diese Dialektik der Veränderung zu begreifen und pädagogisch umzusetzen, so daß bei den gesellschaftlich notwendigen Modifikationen des Systems der antizipatorische Anteil nicht verschüttet wird. Dazu bedarf es in entscheidendem Maße der Selbstreflexion, deren Realisierung durch die „Institutionelle Pädagogik" zu mindest tendenziell ein Stückchen weitergebracht wurde.

(5) Bei dem Stellenwert der Selbstreflexion (neben der Antizipation und Aktion) kommt es bei einer emanzipatorischen Pädagogik entscheidend auf den Erkenntnisrahmen an, der durch die Selbstreflexion in seinen subjektiven „Brechungen" thematisiert wird. Ganz abgesehen davon, daß in der „Institutionellen Pädagogik" selbstreflexive Erkenntnisse, wenn überhaupt, nur auf der funktionalen Ebene gewonnen werden, erscheint der Erkenntnisrahmen auf eine Kritik bürokratischer Gerinnungserscheinungen begrenzt. Diese Gerinnungserscheinungen stellen m. E. nur Epiphänomene übergreifender Strukturprinzipien des gesellschaftlichen Systems dar. In der Beschränkung auf diese gesellschaftlichen Erscheinungen ist die Zielsetzung der „Institutionellen Pädagogik" (Infragestellen bürokratischer Institutionen) nicht tiefgreifend genug, um emanzipatorischen Zielsetzungen voll zu genügen. Der Emanzipationsbegriff verweist auf einen Erkenntnisrahmen, der selbstreflexiv eingeholt werden kann. Im folgenden Abschnitt soll dieser Erkenntnisrahmen thematisiert werden.

3. Erkenntnismöglichkeiten gruppendynamischen Trainings in der Schule

3.1. Vorbemerkungen

Wir stehen vor der schwierigen Aufgabe, das komplexe Bedingungsgefüge der Lehrer-Schüler-Interaktion zu einem (sowohl von den Schülern als auch von den Lehrern) selbstreflexiv einholbaren Erkenntnisrahmen zu entwickeln, der den objektiven Einflüssen und Determinierungen des Kommunikationssystems Lehrer-Schüler nachgeht und die subjektiven Daten, d. h. die durch lebensgeschichtliche Einflüsse geprägten Interaktionsmuster, die als „Übertragung" die konkrete Interaktion Lehrer-Schüler überlagern, dazu in Beziehung setzt. Bei der Darstellung dieses Erkenntnisrahmens werden wir – ausgehend von der konkreten Interaktion Lehrer-Schüler – auf einer „horizontalen Ebene" die objektiv-systemspezifischen Determinanten und auf einer „vertikalen Ebene" die subjektiv-lebensgeschichtlichen Einflüsse beschreiben. Die Vermittlungen zwischen der „horizontalen Ebene" und der „vertikalen Ebene" sollen dabei nicht aus dem Auge verloren werden. Im vierten Abschnitt wird dieser Erkenntnisrahmen methodisch durchdrungen, d. h. es wird dargestellt, wie Selbstreflexion mit Blick auf diesen Erkenntnisrahmen in der Schule realisiert werden kann und wie diese Selbstreflexion sich in Beziehung setzen läßt zur Antizipation und Aktion.

3.2. Lehrer-Schüler-Interaktionen im Hier-und-Jetzt

Ausgangspunkt und Richtpunkt aller Selbstreflexionsprozesse ist das Geschehen, wie es sich konkret in den Interaktionen zwischen Lehrer und Schülern abspielt. Diese konkret vorfindliche Interaktion ist der Erkenntnisgegenstand, an dem sich sowohl lebensgeschichtliche Vorprägungen und Systemeinflüsse aus der Sphäre des Lehrers und der Schüler, Determinierungen durch das System Schule und der damit verbundenen gesellschaftlichen Organisationen und Institutionen, Einengungen durch sozialpsychologisch-gruppendynamische „Gesetzmäßigkeiten" als auch – direkt und vermittelt durch die verschiedenen Determinierungsmöglichkeiten – Bedingungen und Steuerungsmechanismen des gesellschaftlichen Ganzen selbstreflexiv nachweisen lassen. Wir werden zunächst die auf der Ebene des Hier-und-Jetzt sich unmittelbar auswirkenden Einflüsse erörtern und im Gang der weiteren Untersuchung in einer immer komplexer werdenden Zusammenschau den Determinierungsmechanismen in der horizontalen und vertikalen Ebene folgen.

3.2.1. Wahrnehmung der Kommunikation

Der erste (für viele Schüler bereits schwierige) Schritt des Selbstreflexionsprozesses besteht darin, andere Menschen in der Gruppe zu beobachten, dem Gruppenprozeß aufmerksam zu folgen, die Wirkungen des eigenen Verhaltens auf andere kennenzulernen, d. h., Kommunikation überhaupt hinreichend wahrzunehmen. Der Selbstreflexionsprozeß setzt also mit einem Training sinnlicher Wahrnehmungsfähigkeit ein.

Welche Wahrnehmungen können Schüler in der Schulklasse machen? In vielen Klassen mangelt es an der Fähigkeit, Bereitschaft (und auch strukturellen Möglichkeit), einander zuzuhören und das Gesagte zu verstehen. Dies könnte man ändern, z. B. durch gezieltes feedback oder Übungen.

Schüler können feststellen, wieviel der Lehrer sagt und welche Chancen dem einzelnen Schüler bleiben, etwas zum Gespräch beizutragen. Gesprächsunfähigkeit und starke Lehrerzentrierung sind Phänomene, die nicht nur in einer Klasse mit 30 Schülern auftreten, sondern ihren Platz sowohl in schulischen Arbeitsgemeinschaften, in Projektwochen oder in schulisch organisierten Freizeitgruppen und Arbeitsgruppen haben. Gruppenarbeit und freie Diskussionen, sofern sie Möglichkeiten zur interaktionsdynamischen Reflexion bieten, können erste Ansätze sein, diese Defizite auszugleichen.

Um das Training sinnlicher Wahrnehmungsfähigkeit effektiv zu gestalten, können verschiedene „Instrumente“ der Beobachtung eingesetzt werden.

(1) Bei der Video-Aufzeichnung besteht die Möglichkeit einer guten – wenngleich aufwendigen – Registrierung der Interaktionen. In der Analyse lassen sich verbale und ausschnittweise auch averbale Interaktionen herausgreifen. Die Schüler können erfahren, welche Wirkung ihr Verhalten auf andere gehabt hat. Über Ursachen des Verhaltens und notwendige Modifikationen könnte man in ein Gespräch eintreten.

(2) In eingeschränktem Maße gilt dies auch für Tonband-Aufnahmen. Die verbalen Interaktionen reichen in vielen Fällen aus, um Reflexionsprozesse einzuleiten.

(3) Eine stärkere Eingrenzung der Wahrnehmungen tritt bei Verwendung von Beobachter-Protokollen auf. Meist werden Beobachtungen nach vorgegebenen standardisierten Kategorien quantifiziert. Das Kategoriensystem von Bales (1968) teilt den Bereich möglicher Interaktionen in zwölf voneinander zu unterscheidende Verhaltensweisen ein. Diese Kategorien sind vier Bereichen zugeordnet: (A) positive Reaktionen, (B) Versuche der Beantwortung, (C) Fragen, (D) negative Reaktionen. Bei Beobachtungen durch Schüler reicht es aus, sich zunächst auf diese vier Bereiche zu beschränken. Meyer (1973, S. 75) hat im Zuge einer systematischen Telebeobachtung schulischer Kleingruppen ein Kategoriensystem erstellt, das den Interaktionsprozessen themenzentrierter Kleingruppenarbeit in der Schule angemessen ist. Ein modifiziertes Kategoriensystem, das auf die Interaktionen in T-Gruppen hin entwickelt wurde, enthält ein Aufsatz von Nellesen und Syensson (1972, S. 93f.).

Der wesentliche Nachteil dieser Kategoriensysteme besteht darin, daß die feedback-Daten durch das jeweilige System gefiltert werden und die quantifizierten Daten kaum mehr als ein erstes, oberflächliches Bild der Interaktionen widerspiegeln. In den Reflexionsprozessen gilt es, nicht bei diesem vorläufigen Bild stehenzubleiben, sondern man müßte in den erhobenen Daten eine Möglichkeit zur Erweiterung der sinnlichen Wahrnehmungen sehen, die der Schlüssel zu einem tiefergehenden Verständnis der Subjekte ist. Würde man sich auf die „objektivierten" Daten beschränken, käme es – wie im ersten Abschnitt ausgeführt – leicht zu einer lediglich funktionalen Anpassung an auf „Organismen" reduzierte Individuen.

(4) Verfahren zur Einschätzung des Gruppenprozesses bedeuten einen Schritt von „objektiver" Verhaltensregistrierung zu subjektiv zusammenfassender Interpretation des Gruppengeschehens. „Der Vorteil dieser Verfahren liegt in der Möglichkeit, sehr komplexe, subjektiv wichtige soziale Informationen integriert zum Ausdruck zu bringen; der Nachteil liegt darin, daß die objektiven Verhaltensgrundlagen für bestimmte Einschätzungen verlorengehen. (...) Die Einschätzungen sind Ausdruck der Auswirkung des Gruppengeschehens auf den Einschätzenden. Sie beinhalten also immer gleichzeitig zwei Komponenten: das objektive Gruppengeschehen und den subjektiven Erfahrungshintergrund des Beobachters" (Fittkau 1973, S. 88).

Eingeschätzt werden kann von den Teilnehmern der Gruppenprozeß in Form einer persönlichen Bewertung des Gruppengeschehens zu verschiedenen Zeitpunkten des Trainings nach verschiedenen Kriterien, etwa: (a) wie fühle ich mich in der Gruppe? (von „sehr unbehaglich" bis „sehr wohl"), (b) wieweit waren heute die Gruppenziele klar? (von „völlig unklar" bis „völlig klar"). Weitere Einschätzungskriterien sind enthalten bei Brocher (1967, S. 128ff.) und Antons (1973, S. 200ff.). Möglich ist auch die Einschätzung der Rollenfunktionen in der Gruppe. Brocher (1967, S. 137ff.) hat eine Reihe von Rollenfunktionen herauskristallisiert, die sich aus der Bemühung des einzelnen ergeben, die Gruppe weiterzuentwickeln, z. B.: „Initiative und Aktivität", „Informationssuche", „Meinungserkundung", „Informationen geben". Hier lassen sich unschwer Parallelen zur Interaktionsanalyse von Bales finden.

Im Rahmen der Schule besteht die Möglichkeit, Lehrerfunktionen und Schülerverhalten auf Skalen einzuschätzen (vgl. Meyer 1973, S. 74). Die Einschätzungsmöglichkeiten verschiedenster Verhaltensmerkmale von Lehrern finden sich bei Tausch und Tausch (S. 204ff.). Die Schätzskalen ermöglichen eine Klassifizierung des Lehrerverhaltens z. B. in den Dimensionen „Lenkung-Dirigierung", „Wertschätzung-Wärme-Zuneigung vs. Geringschätzung-Kälte-Abneigung", „Verständnis vs. Verständnislosigkeit", Reversibilität vs. Irreversibilität", „Ermutigung vs. Entmutigung", „Echtheit-Kongruenz vs. Unechtheit-Inkongruenz", „Klarheit vs. Unklarheit".

Welchen Stellenwert haben die Ergebnisse solcher Schätzskalen für die Selbstreflexionsprozesse? Im Rahmen des Lehrertrainings können die quantitativen Daten als feedback-Elemente eingebracht und zur Verhaltensmodifikation eingesetzt werden (zum unterrichtlichen Verhaltenstraining vgl. Becker 1973 und Sjølund 1972, S. 173ff.). Aber auch für die Einleitung von Selbstreflexionsprozessen bei Schülern können die Daten aus Verfahren zur Einschätzung des Verhaltens und des Gruppenprozesses Anstöße bieten und die Sensibilität für soziale Wahrnehmungen erhöhen. Es genügt nun aber nicht, diese Daten als gegeben hinzunehmen oder sich lediglich auf funktionale Modifikationen einzulassen. Es müßten vielmehr Bewußtseinsprozesse eingeleitet werden, die die Ursachen der Interaktionen zum Gegenstand haben.

(5) Eine besondere Form des Einschätzungsverfahrens stellen soziometrische Befragungen dar. Durch Fragen wie „Wer ist mir sympathisch?" „Wer ist tüchtig, bringt gute Beiträge?" „Mit wem möchte ich in einer Gruppe zusammenarbeiten?" lassen sich Daten über die sozio-emotionale Struktur von Schulklassen bzw. schulischen Gruppen gewinnen. Diese

Daten lassen sich als Soziogramm zusammenfassen. Durch Verwendung von verschiedenartigen Karten (für jedes Wahlkriterium eine bestimmte Farbe) lassen sich soziometrische Wahlen visualisieren (jeder Schüler verteilt seine Karten an die Mitschüler). Sowohl das Soziogramm als auch visualisierte Formen können Möglichkeiten sein, die Beziehungsstruktur als Auslöser für weitere Selbstreflexionsprozesse einzusetzen. Voraussetzung ist jedoch, daß in der Klasse bzw. in der schulischen Gruppe ein Klima der Hilfsbereitschaft, des Verständnisses und des Vertrauens vorherrscht. Die Probleme des Soziogramms sind so komplex, daß dem Leser empfohlen wird sich der einschlägigen Literatur zu bedienen.

Technische Geräte (Video, TB), Beobachtungs- und Einschätzungsverfahren, soziometrische Techniken und feedback (vgl. 1.6.) können die Wahrnehmungsmöglichkeiten erweitern, die Sensibilität für andere und den Gruppenprozeß entwickeln helfen sowie ermöglichen, sich selbst in seinen Absichten und Wirkungen auf andere besser kennenzulernen. Damit wird es möglich, die Basis des Erkenntnisgegenstandes „Interaktionsprozeß" zu erweitern. Es können ferner die dysfunktionalen Verhaltensweisen im Interaktionsprozeß benannt und auf die Ursachen hin befragt werden. Die unterschiedlichen Methoden geben einen Zugang zu den verschiedenen Schichten der in einer Schulklasse auftretenden Interaktionsstruktur. Beobachtungsverfahren während des Unterrichts können die *Beziehungsstruktur Schulklasse-Lehrer* deutlich werden lassen. Soziometrische Verfahren zielen eher auf die *zwischen den Schülern bestehenden Beziehungsstrukturen*, obwohl nicht verkannt werden soll, daß zwischen beiden Strukturen Wechselwirkungen bestehen. Die vielfältigen *Beziehungen des Lehrers zu den einzelnen Schülern* lassen sich z. B. durch Einschätzungsverfahren genauer fassen.

Das Training sinnlicher Wahrnehmungsfähigkeit bedeutet für die Teilnehmer, daß sie lernen, ihr Wahrnehmungsfeld in bestimmter Weise zu strukturieren, d. h. bestimmte Wahrnehmungsdaten als bedeutungsvoll aufzufassen. Es geht also nicht primär darum, die Gesamtheit der erlebbaren Eindrücke zu vergrößern, sondern die Fähigkeit der Auswahl aus diesen Eindrücken und deren Strukturierung zu trainieren. Bewußtseinsveränderung als Teilziel des Trainings setzt die Umstrukturierung der Art der Bewältigung von Umwelterfahrungen voraus. Welche Wahrnehmungsdaten sind nun so bedeutungsvoll, als daß es sich verlohnte, Trainingsbemühungen darauf zu verwenden? Wir werden hier zunächst zwei Ansätze vorstellen, die sich bei der Strukturierung des Wahrnehmungsfeldes fast ausschließlich auf die Ebene des Hier-und-Jetzt konzentrieren: den abstrakt-funktional-empirischen Ansatz und den systemfunktional-sprachpragmatischen Ansatz.

3.2.2. *Empirische „Gesetzmäßigkeiten" der Kommunikation*

Der abstraktfunktional-empirische Ansatz findet zum einen als Kleingruppenforschung (vgl. Unterabschnitt 1.2.) und zum anderen als Unterrichtsforschung (vgl. z. B. Tausch, R. und A. 1970) seine Ausprägung. Man könnte die durch empirische Untersuchungen gefundenen „Gesetzmäßigkeiten" selbstreflexiv einholen. Möglich wäre es z. B., „Gesetzmäßigkeiten" bei entsprechender Strukturierung des Wahrnehmungsfeldes im aktuellen Gruppenprozeß zu identifizieren. Welche „Gesetzmäßigkeiten" könnten für solche Erfahrungen in Betracht kommen? Aus dem Gebiet der Kleingruppenforschung wären z. B. zu nennen: Auswirkungen unterschiedlichen Führungsverhaltens auf die Leistungsfähigkeiten der Gruppe, Zusammenhänge zwischen Kommunikationsstruktur und subjektiver Zufriedenheit der Mitglieder, Auswirkungen demokratischer Entscheidungsprozesse auf Zufriedenheit und Leistungsfähigkeit der Mitglieder. Auch die Lernpsychologie/Erziehungspsychologie hält eine Fülle von „Gesetzen" bereit, die selbstreflexiv erfahrbar sein können, d. h. es sind Situationen möglich und teilweise auch planbar, in denen das Subjekt an sich selbst erfährt, daß es diesen „Gesetzmäßigkeiten" unterliegt. Gedacht werden könnte z. B. an „Gesetzmäßigkeiten" bei Formen des Beobachtungslernens (Tausch 1970, S 49ff.) und des Bekräftigungslernens (Tausch 1970, S. 74ff.), der Extinktion (Tausch 1970, S. 107ff.), der Gegenkonditionierung (Tausch 1970, S. 112ff.).

Bereits an diesen sehr allgemein gehaltenen Beispielen wird deutlich, daß es sich bei den empirisch gewonnenen „Gesetzen" um relativ unverbundene Einzelansätze handelt, in denen ein einheitlicher Sinn nicht mehr zu entdecken ist. Der Grund liegt darin, daß unter den Kriterien für den Wert empirischer Forschungsbemühungen das Kriterium des *Bestätigungsgrades* von Hypothesen allmählich immer mehr in den Vordergrund gekommen ist. Dagegen hat das Kriterium der *inneren Relevanz*, also der Aussagekraft der empirischen Befunde für die übergeordneten theoretischen Ansätze an Gewicht verloren. Auch das Kriterium des *Integrationsgrades*, also des Grades der zusammenhangstiftenden Funktion einer Theorie, erscheint als ziemlich bedeutungslos. Das Kriterium der *äußeren*

Relevanz, d. h. die Wichtigkeit der theoretischen Ansätze selbst bezogen auf inhaltliche Gesichtspunkte, ist in den Konzeptionen zur Kleingruppenforschung und Erziehungsforschung fast nirgends enthalten. Argyle (1972, S. 19ff.) beschreibt polemisch die Folgen wachsender Ausschließlichkeit der Anwendung des Bestätigungsgrades als wissenschaftliches Kriterium:

„Experimente werden gemacht, um Hypothesen zu überprüfen, die in echten Situationen nicht geprüft werden können. Das führt meist dazu, daß Situationen konstruiert werden, die in gewisser Weise simplifiziert oder eingeschränkt sind, denen vielleicht wichtige Merkmale der Originalsituation fehlen und die vielleicht Verhaltensweisen erzeugen, die normalerweise nicht auftreten würden. (....) Um uns wie Wissenschaftler zu verhalten, müssen wir Situationen konstruieren, in denen unsere Versuchspersonen total kontrolliert, manipuliert und meßbar sind. Wir müssen unsere Versuchspersonen auf eine faßbare Größe zurechtstutzen. Wir konstruieren Situationen, in denen sie sich so wenig wie möglich wie menschliche Wesen verhalten können, und wir tun das, um Aussagen über das Wesen ihres Menschseins machen zu können. (...) In dem Moment, da eine Versuchsperson ein psychologisches Labor betritt, tritt sie aus der Kultur heraus, und alle normalen Regeln und Konventionen werden außer Kraft gesetzt. An ihre Stelle tritt das einzige Gesetz des Labors: ‚Tu, was der Versuchsleiter sagt, egal, wie absurd oder unmoralisch es sein mag.‘ Das zeigt sich in den Ergebnissen von Experimenten, in denen Versuchspersonen der Instruktion nachkamen, anderen Versuchspersonen sehr starke Elektroschocks zu versetzen.“

Sofern man dem Dilemma empirischer Forschung nicht folgt und den Menschen nicht als bloße Naturtatsache, sondern als Produkt der historisch gewordenen gesellschaftlichen Arbeit auf der Entwicklungsstufe des Kapitalismus betrachtet, muß einem deutlich werden, daß hier „Gesetze“ nicht nur vom Forscher aufgestellt werden, sondern auch „in“ den menschlichen Lebensumständen liegen, auf die sich die Kleingruppenforschung richtet. „Auch solche ‚Gesetze‘ sind von Menschen gemacht, stammen allerdings nicht von einzelnen Menschen, sondern sind Ergebnis der historisch gewordenen allgemeinen Struktur der Regelung menschlicher Lebensumstände, konkret formuliert, Ergebnis der Produktionsverhältnisse im Spätkapitalismus, von denen die einzelnen Menschen unvermerkt bis in ihre scheinbaren privaten Verhaltens- und Erlebnisweisen geprägt sind“ (Holzkamp 1972, S. 126). Der Mensch ist solchen Gesetzen „unterworfen“, er sieht sich ihnen als verdinglichten Strukturen gegenüber, an welchen er bei der Bemühung um die volle Verwirklichung seiner menschlichen Möglichkeiten blinden „Widerstand“ erfährt. „Der Umstand, daß die Erlebnis- und Verhaltensweisen der Menschen durch die verdinglichten ‚Naturgesetze' der kapitalistischen Gesellschaftsordnung eine jeweils klassenspezifische Gleichförmigkeit aufweisen, der gegenüber individuelle Variationen fast in der Größenordnung zu vernachlässigen sind, kann nicht so wahrgenommen werden, so daß hier aus kritischer Sichtweite das groteske Bild sich millionenfach wiederholender ‚Einmaligkeiten' und ‚Unverwechselbarkeiten' entsteht" (Holzkamp 1972, S. 127). Die empirische Forschung kann sich also gegenwärtig deshalb mit relativ gutem Erfolg als „Naturwissenschaft" gebärden, weil in der kapitalistischen Gesellschaftsordnung die Regelung menschlichen Zusammenlebens nicht den Charakter vernünftiger Übereinkünfte, sondern den Charakter von Menschen losgelöster unbeeinflußbar-verdinglichter „Naturgesetze" hat. Die empirische Forschung kommt also mit „Bestätigung" ihrer Theorien in einem zur Selbstbestätigung und zur Bestätigung der bestehenden Gesellschaftsform.

Der hier skizzierte wissenschaftstheoretische Ansatz empirischer Forschung hat Folgen für die Selbstreflexionsprozesse, sofern die Ergebnisse dieser Forschung berücksichtigt werden sollen: Es ist kennzeichnend für die bestehende empirische Forschung, daß der „Mensch", auf den sich die theoretischen Aussagen beziehen, zwar als konkreter Gegenstand der Forschung „erscheint", tatsächlich aber nicht als lebendiger Mensch in je konkreter gesellschaftlich-historischer Lage, sondern eben als „abstrakt-isoliertes" Individuum, das keinesfalls etwa „empirisch" Gegebenes, sondern bloßes Gedankending ist, behandelt wird. Die Menschen (Lehrer und Schüler), über die die empirische Forschung Aussagen macht, sind natürlich tatsächlich konkrete, historische Individuen, nur wird, sofern sie zum Gegenstand der Forschung werden, weitgehend von dem abgesehen, was ihre Eigenart als Menschen in einer bestimmten gesellschaftlich-historischen Situation ausmacht. Da Lehrer und Schüler in der empirischen Forschung als abstrakt-isolierte Individuen erscheinen, aber als empirische Konkreta umgefälscht werden, müssen alle theoretischen Aussagen über den Lehrer und den Schüler in der Situation der Schulklasse vom gesellschaftlichen und lebensgeschichtlichen Hintergrund „gereinigte" Naturalisierungen sein. So werden dann auch die empirisch gefundenen „Gesetze", die das Resultat der „Selbsterzeugung" des Menschen durch gesellschaftliche Arbeit auf einer bestimmten Stufe der Gesellschaftsentwicklung sind, den Menschen als konkrete empirische Letztheiten zugeschrieben. Aber diese „Gesetze" sind keine unveränderlichen Gegebenheiten, die die Beziehung Lehrer-Schüler für alle Zeiten bestimmen. Es sind vielmehr Weisen der Abstimmung und Interpretation der menschlichen Lebenstätigkeit auf einer konkreten Entwicklungsstufe der Gesellschaft.

Aus dieser wissenschaftstheoretischen Kritik erwächst die Notwendigkeit, den „Menschen" als Produkt seiner gesellschaftlichen Arbeit auf einer bestimmten historischen Entwicklungsstufe mitzureflektieren und von da aus Kategorien zu gewinnen, mit denen das Verhalten und Erleben des in unserer Zeit in dieser Gesellschaft vorfindlichen lebendigen Menschen verständlich wird und gesellschaftsverändernde Praxis gefördert werden kann. Mit anderen Worten: In die Selbstreflexionsprozesse sollten die Ergebnisse empirischer Forschung zwar einbezogen bleiben, ihnen kommt aber nicht der Wert konkreter Letztheiten zu, sondern sie haben nur relative Bedeutung als „Brechungen" des gesellschaftlichen Ganzen, als individuelle und gruppenspezifische Aktualisierungen von Abstimmungen und Interpretationen menschlicher Lebenstätigkeit auf einer konkreten Entwicklungsstufe der Gesellschaft in bestimmten situativen Zusammenhängen. Der Wert der empirischen Forschung für die Selbstreflexionsprozesse nimmt in dem Ausmaß zu, als die Ergebnisse der Forschung der konkreten Lebenssituation der über sich und ihr Verhalten reflektierenden Individuen entstammen.

3.2.3. Axiome der Kommunikation

Der systemfunktional-sprachpragmatische Ansatz hat den Vorteil der unmittelbaren Plausibilität der postulierten Kommunikationsprinzipien für den alltagserfahrenen Menschen. Kommunikationsaxiome sind nicht logisch, sondern faktisch wahr. Sie beruhen zum Teil auf Ergebnissen empirischer meist aber phänomenologischer Forschung und deren Verallgemeinerung in theoretischer Reflexion. Andere Axiome bestätigen allgemeine Erfahrung und leuchten unmittelbar ein (Evidenzcharakter); oder sie resultieren aus der Nötigung, bestimmte Sachverhalte zu erklären. Wissenschaftstheoretisch gesehen sind diese Axiome nicht im strengen Sinn beweisbar, sondern stellen die erfahrene (zum Teil wissenschaftlich untersuchte) Beschaffenheit von Kommunikation dar (vgl. Baacke 1973, S. 98). Watzlawick et al. (1972) führen den Begriff Axiom im Sinne eines pragmatischen Kalküls ein. Die Zahl der Watzlawickschen Axiome ist beschränkt – es sind fünf. Sie betreffen bestimmte Situationen des Primärgruppensystems Familie und haben sich aus der analytischen Praxis der Verfasser ergeben. Baacke (1972), über diesen Ansatz hinausgehend, hat versucht, den gesamten Bereich der Kommunikation als Schnittpunkt von Intrakommunikation und Kommunikation der Gesellschaft axiomatisch zu umgreifen. Im folgenden wollen wir uns auf die Darstellung von Baacke stützen und versuchen, die wichtigsten Axiome anhand schulischer Situationen einzuführen und Möglichkeiten gruppendynamischer Erkenntnisse und gruppendynamischen Trainings anzudeuten.

(1) *Das Grundaxiom der kommunikativen Kompetenz:* Unter kommunikativer Kompetenz wird die Fähigkeit des Menschen verstanden, in beliebigen und verschiedenen Situationen potentiell situations- und medienadäquate Kommunikationen auszugeben und zu empfangen, ohne an die Reize von Situationen gebunden zu sein. Das Grundaxiom setzt eine ursprüngliche, nicht nur durch Reiz-Reaktions-Aktionen erworbene, sondern nur entfaltete und trainierte, *mental verankerte Regelstruktur* für Sprache, Interaktion und Kommunikation voraus. Diese Regelstruktur hat einen universellen Charakter; d. h.: Die Regeln besitzen trotz Brechung durch Einzelsprachen bzw. verschiedene soziokulturelle Muster einen grundsätzlichen Allgemeinheitsgrad, der nicht nur die Fähigkeit zum Erwerb mehrerer Sprachen erklärt (sowie bestimmte Grundgesetzlichkeiten aller Sprachen), sondern auch die Fähigkeit, unterschiedliche Verhaltenssysteme zu verstehen und zu übernehmen. Die Regelstruktur legt nicht das aktuelle Sprach- bzw. Kommunikationsverhalten fest, vielmehr stellt sie her und garantiert den Spielraum des Menschen für die Bildung unendlich vieler Sätze wie für potentiell unbegrenztes Kommunikationsverhalten. Während die *kommunikative Kompetenz* die menschliche Sprachfähigkeit einschließlich des ihr zugrunde liegenden Regelsystems bezeichnet, wird unter *Performanz* die aktuelle Realisierung dieser Sprachfähigkeit in gesprochenen Sätzen verstanden. Kommunikative Performanz meint also im Gegensatz zum mental verankerten Regelsystem kommunikativen Verhaltens die Aktualisierung dieses Verhaltens in kurzfristigen Situationen oder auch überdauernde Verhaltensmuster, die jedoch nicht nur durch die Kompetenz allein strukturiert werden, sondern auf der Grundlage eines Regelsystems der Kompetenz durch situative, persönliche, soziale, kulturelle Variablen geschaffen sind (vgl. Baacke 1973, S. 102).

Welche Folgerungen für die Schule ergeben sich aus dem Grundaxiom? Der Schüler besitzt nicht nur die Fähigkeit, sich zu verhalten, sondern auch die Möglichkeit, sein Verhalten selbst zu bestimmen, es also nicht allein durch den Einfluß eines soziokulturellen und gesellschaftlichen Milieus festgelegt sein zu lassen. Damit verbunden ist die anthropologische Entscheidung für eine Interpretation, die die Verfügung des Menschen über sich selbst aus seiner Kompetenz voraussetzt. Damit wird auch dem Schüler die grundsätzliche Fähigkeit zugesprochen, sich von gesellschaftlichen Zuständen prinzipiell kritisch zu distanzieren (etwa durch Selbstreflexion); zu lernen nicht nur durch die von seiner Umwelt gewährten Stimuli (festgelegt auf ausgewählte Objekte und Erfahrungen), sondern auch durch die Verfügung über den Kompetenzspielraum mit seinen universellen Mustern, durch Übung der internen Kombinatorik von Verhaltens- und Organisationsmöglichkeiten (Antizipationen). Das postulierte Grundaxiom ist damit die Grundlage einer auf Emanzipation abzielenden Pädagogik, die durch Selbstreflexion, Antizipation und Aktion bestimmt ist. In Blick auf die eingeführte Begrifflichkeit käme es im gruppendynamischen Training darauf an, über kommunikative Performanz, so wie sie sich in aktuellen Situationen darstellt, kritisch zu reflektieren (Selbstreflexion), kommunikative Performanz für bestimmte Situationen zu trainieren (Aktion) und den Verfügungsraum über die kommunikative Kompetenz zu erweitern (Antizipation).

(2) *Das Permanenz-Axiom:* Jedes Verhalten in zwischenpersönlichen Beziehungen hat Mitteilungscharakter. Nicht nur, wenn ich mich jemandem **zu**wende, sondern auch, wenn ich mich **ab**wende und damit zeige, daß ich nicht kommunizieren will, drücke ich eben dieses aus. Watzlawick et al. (1972) fassen diesen Tatbestand in den axiomatischen Satz: „Man kann nicht nicht kommunizieren." Handeln oder Nichthandeln, Worte oder Schweigen haben alle Mitteilungscharakter: Sie beeinflussen andere, und diese anderen können ihrerseits nicht **nicht** auf diese Kommunikation reagieren und kommunizieren damit selbst. „Der Mann im überfüllten Wartesaal, der vor sich auf den Boden starrt oder mit geschlossenen Augen dasitzt, teilt den anderen mit, daß er weder sprechen noch angesprochen werden will, und gewöhnlich reagieren seine Nachbarn richtig darauf, indem sie ihn in Ruhe lassen. Dies ist nicht weniger ein Kommunikationsaustausch als ein angeregtes Gespräch" (Watzlawick et al. 1972, S. 51). Kommunikation ist also, ob als sozial nützlich oder manchmal als Übel empfunden, unentrinnbar und findet permanent statt.

Die Unmöglichkeit, nicht zu kommunizieren, ist nicht nur von theoretischem Interesse; sie ist z. B. ein wesentlicher Teil des schizophrenen Dilemmas. Schizophrenes Verhalten hat den Anschein, als versuche der Patient, *nicht zu kommunizieren.* Da aber selbst Unsinn, Schweigen, Absonderung usw. selbst eine Kommunikation ist, steht der Schizophrene vor der fast unmöglichen Aufgabe, jede Mitteilung zu vermeiden und gleichzeitig zu verneinen, daß sein Verneinen selbst eine Mitteilung ist. Dieses Phänomen beschränkt sich jedoch nicht auf Schizophrenie, sondern kommt viel allgemeiner vor. Den Versuch, in dilemmatischen Situationen nicht zu kommunizieren, wird man vor allem dann unternehmen, wenn man sich in einer Situation befindet, in der man sich verpflichtet fühlt oder gezwungen wird auf Bedürfnisse oder Initiativen anderer einzugehen, trotzdem aber eine Stellungnahme (die eine Difinition der Beziehung impliziert) vermeiden möchte.

Viele Kommunikationsstörungen im Bereich der Schule resultieren aus dem ausweglosen Versuch, nicht zu kommunizieren. Eine Reaktionsform auf dilemmatische Situationen läßt sich als „Kauderwelsch" oder „Schizophrenesisch" bezeichnen: Es wird eine Sprache gewählt, die es dem Gesprächspartner überläßt, seine eigene Wahl unter vielen möglichen Bedeutungen zu treffen, die nicht nur untereinander verschieden, sondern sogar unvereinbar sein können. Dies ermöglicht es, einige oder auch alle Bedeutungen zu dementieren (z. B. erzeugt die Fragetechnik des Lehrers im „gelenkten Unterrichtsgespräch" massiv diese pathogenen Sprachformen, die vom Lehrer sogar noch positiv aufgenommen werden, ermöglichen diese Formen doch, in die Antwort des Schülers das hineinzudeuten oder als „pädagogisches Lehrerecho" zu explizieren, was der Lehrer gerne von den Schülern für den Fortgang des Unterrichts hören möchte). „Kauderwelsch" ist häufig dann anzutreffen, wenn der Lehrer Schüler massiv zu Stellungnahmen und Meinungen auffordert, die die Schüler in dilemmatische Situationen manövrieren können.

Beispiel: Ein Lehrer fordert den „Klassensprecher" vor der Klasse auf, zu dem „Fehlverhalten" eines Mitschülers Stellung zu nehmen. Der „Klassensprecher" steht vor einem Dilemma: Stimmt er dem Lehrer zu, verdirbt er es möglicherweise mit seinen Mitschülern, verteidigt er das „Fehlverhalten", könnte dies eine Verschlechterung in der Beziehung zum Lehrer nach sich ziehen. Der Situation kann er sich nicht entziehen, also könnte er eine Aussage machen, die in sich mehrdeutig ist, vielleicht auch widersprüchlich, in der Hoffnung, so einen Ausweg aus dem Dilemma zu finden. Der „Klassensprecher" könnte auch zum Mittel der *Entwertung* greifen, d. h. die eigenen Aussagen oder die des Lehrers – absichtlich oder unabsichtlich – einer klaren Bedeutung berauben. Hierfür gibt es eine ganze Reihe von Möglichkeiten: Widersprüchlichkeit, Ungereimtheiten, Themawechsel, unvollständige Sätze, absichtliches Mißverstehen, unklare Sprachformen, Konkretisierung von Metaphern, „Till-Eulenspiegeleien" usw.

Praktisch jeder, der sich in einer Situation befindet, in der er einerseits auf die Fragen des anderen antworten soll, andererseits sich dem anderen aber nicht eröffnen möchte, wird in dieser oder einer ähnlichen Form reagieren. Die Folge für die Schulklasse ist, daß die Situation nicht geklärt wird, daß nicht Gruppenkonsens sondern Gruppendissens als wahrscheinliches Resultat dieser Interaktion entsteht. Hervorzuheben bleibt, daß diese Formen der „Sprachzerstörung“ weit eher die einzig mögliche Reaktion auf einen absurden oder untragbaren Kontext sind, als die Manifestationen eines „gestörten“ Schülers.

„Sprachzerstörungen“ im Permanenzaxiom lassen sich zwar in der Selbstreflexion bewußt machen, es entstehen aber Schwierigkeiten, weil der Lehrer in der Interaktion selbst einbezogen bleibt und er es von daher schwer hat, aus einem dilemmatischen Kontext auszubrechen und mit den Schülern auf die Ebene der Metakommunikation zu gelangen. Eine Lösung der dilemmatischen Situation könnte z. B. darin bestehen, daß der Lehrer die „Sprachzerstörungen“ rekonstruiert, d. h. dessen Situation verstehend verbalisiert: „Du bist jetzt in einer Zwickmühle: Wie Du Dich auch entscheidest – Du befürchtest Nachteile, entweder von mir oder von Deinen Mitschülern. Deswegen redest Du jetzt ‚Kauderwelsch‘. Wir müßten überlegen, wie wir die Situation für uns verändern können.“ Neben der sprachlichen Rekonstruktion nimmt der Lehrer gleichzeitig eine Veränderung des dilemmatischen Kontextes vor und schafft akzeptable Bedingungen für die Lösung des Konflikts. Eine derartige Lehrerintervention setzt zum einen aber voraus, daß die Beziehungsstruktur derart flexibel ist, daß nicht bestimmte Rollenvorgaben starr eingeschliffen sind. Zum anderen muß zwischen Lehrer und Schülern ein relativ repressionsarmes Vertrauensverhältnis bestehen, das für den „Klassensprecher“ das Risiko dosiert erscheinen läßt, auf die Interventionen des Lehrers einzugehen. Als optimales Ergebnis gruppendynamischen Trainings mit den Schülern müßte bei den Schülern die Fähigkeit entwickelt sein, dilemmatische Situationen zu verbalisieren: „In dieser Situation fällt es mir schwer, eine Entscheidung zu treffen oder eine Meinung abzugeben. Ich sitze zwischen zwei Stühlen. Wie ich mich auch entscheide, ich habe entweder vom Lehrer oder von meinen Mitschülern etwas Negatives zu befürchten.“ Es soll nicht verkannt werden, daß eine derartige Zielvorstellung zunächst noch abstrahiert gedacht ist von den institutionellen Zwängen, in die die Schule eingebettet ist.

(3) *Das Beziehungs-Axiom:* Jeder Mensch besitzt Schemata verschiedener Art: von Farb-, Ton-, Geschmacks-, Geruchs-, Bewegungsschemata bis zu komplexen Orientierungs- und Bewegungsschemata. In einer Kommunikation zwischen zwei Individuen wird das neue System, das beide bilden, weder von den Schemata des einen noch denen des anderen gebildet, sondern durch *beide*. Die Schemata von „sich", dem „Anderen" und dem „Gegenstand", über den beide reden, treten damit in eine bestimmte Beziehung, werden korrigiert, erweitert, deutlicher, jedenfalls verändert. Die Leistung von Kommunikation als Beziehung besteht darin, daß durch sie die Beteiligten durch Austausch ihrer inneren Schemata aufeinander „eingestellt" werden. Dadurch stellt jede Kommunikation eine Beziehung dar, die Bedingung ist für den Aufbau wie die Veränderung von erworbenen, in der Kommunikation ständiger Überprüfung ausgesetzter Schemata.

Im Bereich der Schule treten zu diesem Axiom eine Menge von Störungen auf, sei es, weil man nicht gelernt hat, sich aufeinander einzustellen (man redet aneinander vorbei), sei es, weil das Aufeinander-Einstellen einseitig bestimmt wird (vom Lehrer, der von seinen Schülern verlangt, seine Schemata kritiklos zu übernehmen), sei es auch, weil nicht die Fähigkeit entwickelt ist und die Möglichkeiten in der Schule nicht realisiert werden, über unterschiedliche Schemata zu reden und sie kritisch in Frage zu stellen (insbesondere dann, wenn es um Schemata der Personenwahrnehmung und -beurteilung geht). Im gruppendynamischen Training kommt es darauf an, sich diese Schemata und ihre Auswirkungen bewußt zu machen, erstarrte Formen „aufzuweichen" (unfreezing) und neue Schemata zu entwickeln (Antizipationen). Um bei den Schülern das Vorhandensein unterschiedlicher Schemata bewußt zu machen, würden sich feedback-Übungen oder Assoziationsübungen (zu bestimmten Bildern) anbieten. Reizvoll und neu war es z. B. für Jugendliche festzustellen, daß Erwachsene zu bestimmten Bildern (festlich gedeckter Tisch, Beatparty usw.) gänzlich andere Assoziationen und Bewertungen, ja ganz andere Wahrnehmungen hatten, als sie selber.

(4) *Das Festlegungs-Axiom:* Nicht alle Wahrnehmungen der Welt werden aufgenommen, sondern je nach Entwicklungsstand des internen Kommunikationssystems und Situation ganz bestimmte. Eine Auswahl erfolgt von Anfang an, weil die Kanalkapazität begrenzt ist und eine Orientierung nur möglich ist, wenn die Mannigfaltigkeit gegliedert und geordnet wird. In einer Beziehung werden die an ihr Beteiligten zunehmend

festgelegt: (a) Jeder Austausch von Mitteilungen verringert die Zahl der nächstmöglichen Mitteilungen. Hat man ein Thema gefunden bzw. sich auf eines geeinigt und hat der erste begonnen, darüber zu diskutieren, ist es meist schwer, zumindest aber unüblich, plötzlich von etwas anderem zu sprechen. Je länger man über das Thema redet, um so mehr sind die Beteiligten festgelegt.

(b) Es erfolgt auch eine Festlegung durch die kommunikativen Regeln, die man anwendet bzw. die sich im Laufe der Kommunikation zunehmend herausbilden. Die Definition einer Beziehung schränkt die Reaktionsmöglichkeiten des Partners mehr oder weniger ein. Wer z. B. die Lehrerrolle einnimmt, ist ebenso in der theoretisch unendlichen Vielfalt seiner Verhaltens- und Äußerungsmöglichkeiten eingeschränkt wie der, der die Schülerrolle einnehmen muß. „Sind die Gesprächsrollen nicht wie etwa in hierarchisch organisierten Institutionen vorher festgelegt, so entstehen sie doch im Verlaufe der Diskussion. Der Aktivere wird zum Opinion-leader, der Passivere zum Belehrten usw. Es ist schwer, gegen solche (oft gar nicht bewußten) Rollenfestlegungen anzugehen“ (Baacke 1973, S. 109). Problematisch können Festlegungen werden, wenn Bezugspersonen sich ständig gegenseitig definieren: Man redet z. B. immer über dasselbe oder drängt dem anderen eine Rolle auf, die er gar nicht spielen will, aber nun spielen *muß* (z. B. „Klassenkasper“, „Sündenbock für den Lehrer“). Bei der Beurteilung der schulischen Interaktionen muß man berücksichtigen, daß die Festlegungen und deren Konstanz durch Institutionalisierung gewährleistet ist.

Den Prozeß der Festlegung der Kommunikation kann man sich und den Schülern bewußt machen. Die Möglichkeiten der Veränderung erstarrter Beziehungsstrukturen – insbesondere wenn sie institutionell begründet und gewährleistet sind – dürften ungleich schwieriger sein (vgl. Abschnitt 2).

(5) *Das Erwartbarkeits-Axiom:* Der Mensch besitzt, vor allem durch Sprache, ein offenes, veränderbares System. Durch sein Bewußtsein und seine erkennende Produktivkraft kann er jedem wahrgenommenen Zeichen und bei der Symbolbildung durch Sprache jedem Text und jeder Aussage einen „Mehrwert“ an Bedeutungen geben. Er kann mit einem gegebenen Bestand von Satzbaumustern unendlich viele Sätze erzeugen, Neues erkennen, Bedeutungen verschieben, integrieren, subsumieren oder neu schaffen und so grundsätzlich jegliches System – der Wahrnehmung oder der Sprache – im Zustand ständiger Produktivität erhalten. Der

Mensch schafft sich mit Hilfe von Wahrnehmung und Sprache und dank seiner Fähigkeit, nicht jedem Handlungsimpuls instinkthaft nachgeben zu müssen, sondern ihn hemmen und reflexiv umdisponieren zu können, einen stets veränderten, zu verändernden Aktionsraum.

„Doch die Weltoffenheit bedarf der Entlastung durch Kultur, Erziehung, Gewohnheit, Moral und Traditionen sowie Institutionen; allgemeiner: sie muß durch Organisationen eingeschränkt und strukturiert werden, damit sich die Existenz nicht in der Wesenlosigkeit unendlich offenen Seins verläuft. Auch die Sprache hat neben ihrer Leistung als Möglichkeit, unmittelbar gegenwärtige Bezüge zu transzendieren, die andere gleichwertige Funktion, als Orientierungsmittel den Menschen zu entlasten. So ist seine Kommunikationsoffenheit nicht unbegrenzt. (...) Offenheit *durch* Kommunikation und Gebundensein *an* Kommunikation (als einschränkend-regulierendes System) gehen zusammen. Begrifflich ist ihre Identität im „Systemcharakter" aufgehoben. Offenheit ist also nur möglich, wenn es bestimmte Orientierungspunkte und -regeln gibt, *Erwartbarkeiten,* auf die man sich verlassen kann" (Baacke 1973, S. 113).

Erwartbarkeiten gewährleisten Sicherheit der Kommunikation. Rollenerwartungen und Normen sind Formen institutionalisierter Erwartungen, wie sie auch in der Schule anzutreffen sind und die Interaktion Lehrer/Schüler entscheidend bestimmen. Es wäre ein wichtiger Lernprozeß, wenn Lehrer und Schüler im Bewußtsein wechselseitiger Erwartbarkeiten die konkreten Erwartungen sich bewußt machen würden (wie stelle ich mir einen „guten" Lehrer, wie einen „guten" Schüler vor) und auf die Ursachen dieser *konkreten* Erwartungen zu sprechen kämen. Die Veränderung dieser Erwartbarkeiten scheint nur in einem allmählichen Prozeß möglich zu sein, da die „Enttäuschungsfestigkeit" bei Schülern (und vermutlich auch bei vielen Erwachsenen) für abrupte Veränderungen kaum ausreichen würde, ganz abgesehen davon, daß manche Erwartbarkeiten (z. B. einsichtiges, verantwortungsbewußtes Verhalten) viele Schüler zunächst überfordern würde. Das schließt nicht aus, daß man Erwartbarkeiten *in Richtung auf* das gewünschte Verhalten aufbauen sollte.

(6) *Das Axiom regelhafter Kommunikationsabläufe:* „Zwischenmenschliche Kommunikationsabläufe sind entweder symmetrisch oder komplementär, je nachdem, ob die Beziehung zwischen den Partnern auf Gleichheit oder Unterschiedlichkeit beruht" (Watzlawick et al. 1972, S. 70). „Im ersten Fall ist das Verhalten der beiden Partner sozusagen spiegelbildlich und ihre Interaktion daher *symmetrisch*. Dabei ist es gleichgültig, worin dieses Verhalten im Einzelfall besteht, da die Partner sowohl in Stärke wie Schwäche, Härte wie Güte und jedem anderen Verhalten

ebenbürtig sein können. Im zweiten Fall dagegen ergänzt das Verhalten des einen Partners das des anderen, wodurch sich eine grundsätzlich andere Art von verhaltensmäßiger Gestalt ergibt, die *komplementär* ist. Symmetrische Beziehungen zeichnen sich also durch Streben nach Gleichheit und Verminderung von Unterschieden zwischen den Partnern aus, während komplementäre Interaktionen auf sich gegenseitig ergänzenden Unterschiedlichkeiten basieren" (Watzlawick et. al. 1972, S. 69).

Welche Störungen regelhafter Kommunikationsabläufe lassen sich in der Schule beobachten?

(a) Symmetrische Eskalationen: Schüler als auch Lehrer *untereinander* scheinen Gleichheit (Symmetrie) dann am beruhigendsten zu finden, wenn sie selbst „ein bißchen gleicher" als die anderen sind. Diese Tendenz zu mehr als gleicher Gleichheit bedingt die typische eskalierende Eigenschaft symmetrischer Beziehungen, sobald diese ihre Stabilität verlieren. Die Störungen symmetrischer Beziehungen sind daher durch mehr oder weniger offenen Kampf gekennzeichnet. Sie bestehen meist in der Verwerfung der Selbstdefinition des anderen (vgl. Watzlawick et al. 1972, S. 104). Symmetrische Eskalationen zeigen sich z. B. in den „Machtkämpfen" von Schülern, sei es in Form handfester Prügeleien, sei es im Rivalisieren um Anerkennung, um positive (und negative!) Lehrerbeurteilung. Im Lehrerkollegium können die oft jahrelang andauernden „Grabenkämpfe" zwischen einzelnen Lehrern oder Gruppen Indiz für symmetrische Eskalationen sein.

(b) Starre Komplementarität: Häufige Störungsquelle in komplementären Beziehungsformen ist die fehlende Bereitschaft oder Fähigkeit eines Beteiligten, die einer Beziehung angemessene Struktur rechtzeitig mitzuverändern.

„Ohne Kind gibt es keine Mutter, doch die Formen der Mutter-Kind-Beziehung verändern sich natürlich im Laufe der Zeit. Dieselbe Beziehungsform, die für das Kind im Frühalter biologisch und emotional lebenswichtig ist, würde seine weitere Entwicklung stark beeinträchtigen, wenn sie die Beziehungsstruktur nicht in angemessener Weise mitentwickeln könnte. Dasselbe gilt praktisch für jede andere Beziehung, die anachronistisch erstarrt oder umgekehrt sich allzu früh verändert" (Watzlawick et al. 1972, S. 105).

Vor einem ähnlichen Problem steht auch der Lehrer, der in verschiedenen Jahrgangsklassen mit starker Altersstreuung unterrichten muß, aber auch der Lehrer, der mit einer Klasse viele Jahre zusammen ist. Ein typisches Problem in der Interaktion Lehrer/Schüler entsteht z. B. immer dann, wenn Schüler vom Lehrer die Bestätigung ihrer Selbstdefinition fordern und diese im Widerspruch zum Bild des Lehrers von den Schülern ist. Dies versetzt den Lehrer in eine eigenartige Zwangslage: Er muß seine Selbstdefinition so abändern, daß sie die Selbstdefinition der Schüler komplementiert, denn eine Selbstdefinition kann nur dadurch aufrechterhalten werden, daß der Partner die betreffende komplementäre Rolle spielt. Schwierig wird es, wenn die Selbstdefinitionen der Schüler ihrem tatsächlichen Verhalten nicht entsprechen oder mit dem institutionellen Kontext divergieren. Problematisch (aber wahrscheinlich „Erziehungsalltag“) ist es, wenn der Lehrer versucht, die Selbstdefinitionen der Schüler gemäß einem pädagogischen Ziel zu verändern, selbst aber eine Neudefinition seiner Rolle nicht wagt. Typisch hierzu könnte die folgende Lehreräußerung sein: „Ich möchte mit meinen Schülern gern Gruppenunterricht machen, aber dazu sind sie nicht „reif“ genug. Sie brauchen immer noch den Lehrer, der sich ‚frontal durchsetzen‘ kann.“ Weitaus häufiger ist es, daß der Lehrer den Schülern die schülerspezifischen „Selbstdefinitionen“ massiv ansinnt, sie notfalls erzwingt und sie versucht, in starrer Komplementarität zu erhalten und sich nur geringfügige Modifikationen abhandeln läßt. Veränderungen in der Beziehungsstruktur sind wahrscheinlich nur in einem allmählichen Prozeß der wechselseitigen Neudefinitionen möglich, der Veränderungen insbesondere bei den gegenseitigen Erwartbarkeiten und dem institutionellen Kontext mit einschließen müßte.

(c) Metakomplementarität: Kommunikationsabläufe, in denen ein Partner (der „Überlegene“) den anderen auffordert oder zwingt, seine Rolle zu übernehmen oder eine symmetrische Beziehung zu entwickeln, bezeichnen Watzlawick et al. (1972, S. 70) als metakomplementäre Beziehungsform. Im Bereich der Schule tritt es häufiger auf, daß Lehrer Schüler auffordern, sich symmetrisch zu ihnen zu verhalten (z. B. über Unterrichtsinhalte zu diskutieren, Unterricht zu planen und zu kritisieren). Untersucht man derartiges Lehrerverhalten, stößt man auf zwei Situationsbestandteile:

- auf eine metakomplementäre Beziehungs-Situation und
- auf eine möglicherweise paradoxe Handlungsanweisung.

Die Lehrer-Schüler-Interaktion ist komplementär strukturiert. Die massive Aufforderung des Lehrers an die Schüler, die Lehrerrolle partiell zu übernehmen, etwa mit der Einleitung: „Seid doch nicht so angepaßt und autoritätsfixiert! Versucht doch endlich einmal selbständig zu sein und Euren Unterricht selbst zu planen!“ begründet eine metakomplementäre Beziehungssituation und führt zu einer pragmatischen Paradoxie: Folgt die Klasse der Aufforderung oder dem Zwang des Lehrers, selbst die dominierende Rolle einzunehmen oder Symmetrie zwischen ihnen und dem Lehrer herzustellen, dann begibt sie sich zwangsläufig in die „unterlegene" Rolle, indem sie die Befehle des Lehrers ausführt. Lehnt die Klasse aber die Anweisung des Lehrers ab und zeigt damit ein selbständiges Verhalten und einen autonomen Willen, muß die Klasse wiederum zwangsläufig die Einnahme der dominierenden Rolle oder die Symmetrie verweigern. In beiden Fällen gelangt der Lehrer nicht zu der von ihm gewünschten oder „befohlenen" Beziehungsform.

Wie nun aus diesem Dilemma herauskommen? Bedeutet „Selbstorganisation" als Erziehungsziel die Unmöglichkeit sich am Schopf aus dem Sumpf zu ziehen! Jungblut (1974, S. 19) zumindest vermag keine Wege aufzuzeigen, die aus dieser Paradoxie herausführen; er schreibt:

„Das ‚Falsche' zu tun war richtig und das ‚Richtige' zu tun war falsch. Auf der einen Seite begründeten Schüler ihr Desinteresse und ihre Apathie dadurch, daß sie den Vorwurf erhoben, das Ganze ‚laufe wie auf Schienen', ‚sei zum Erfolg verdammt' und sei soweit durchorganisiert, daß kein Raum zur Schülerselbstorganisation mehr übrig sei; auf der anderen Seite wurden von uns permanent Anleitungs- und Strukturierungseingaben zur Vermeidung des üblichen ‚Chaos' erwartet und es mitunter sogar als ‚Repression' bezeichnet, wenn wir auf ‚Eigeninitiative' und ‚Selbstorganisation' verwiesen."

Zunächst fällt die Ähnlichkeit dieser dilemmatischen Situation mit der Initialphase des gruppendynamischen Trainings (vgl. Abschnitt 1.4.) und der Anfangsphase bei der „Institutionellen Pädagogik" (vgl. Abschnitt 2.4.) auf mit dem Versuch, Beziehungsstrukturen und Erwartungen abrupt zu verändern. M. E. lassen sich diese Veränderungen nur in einem allmählichen Prozeß bei gleichzeitiger Veränderung der institutionellen Gegebenheiten erreichen. Realistisch wäre es z. B., die komplementäre Beziehungsstruktur (die sich durch Postulate nicht wegzaubern läßt) je nach den Bedürfnissen, Fähigkeiten und erlangten Erkenntnissen der Schüler Zug um Zug zu verändern. „Radikalkuren" führen nach meiner Erfahrung zu Paradoxien, zu Überforderungen der Schüler und des Lehrers mit wechselseitigen Enttäuschungen und chaotischen Interaktionen, zu starrer Komplementarität als Ausdruck von Resignation (und Regression) des Lehrers. Bei allem emanzipatorischen Impetus muß man sich daran gewöhnen, „kleine Brötchen" zu backen. Für große Brote fehlen das Mehl und die passenden Öfen.

(7) *Das Axiom des Inhalts- und Beziehungsaspekts der Kommunikation:* Im Axiom 3 (Beziehungsaxiom) ist ausgeführt worden, daß in einer Interaktion Partner sich aufeinander einstellen. Dieses Axiom soll nun weitergeführt werden. Kommunikationsbeziehungen sind von zwei zusammenhängenden Aspekten bestimmt. Watzlawick et al. unterscheiden sie als Inhalts- und Beziehungsaspekt.

Beispiel: Wenn ein Lehrer sich das Heft eines Schülers zeigen läßt und fragt: „Konntest Du die Aufgaben leicht lösen?" so ist der Inhalt dieser Frage eine Bitte um Information. Gleichzeitig aber definiert der Lehrer damit auch seine Beziehung zum Schüler. Die Art wie er fragt (der Ton seiner Stimme, sein Gesichtsausdruck, der Zusammenhang in den die Frage gestellt wird usw.), wird entweder Besorgnis, wohlwollende Freundlichkeit, Lob oder auch Kritik (z. B. bei ironischem Tonfall) oder irgendeine andere Einstellung zum Schüler ausdrücken. Der Schüler kann seinerseits nun diese Beziehungsdefinition akzeptieren (was in der Schule der Regelfall ist), ablehnen oder versuchen, eine Neudefinition zu starten. Aber er kann unter keinen Umständen – nicht einmal durch Schweigen – *nicht* auf die Kommunikation des Lehrers antworten (Schweigen des Schülers würde durch die Art wie geschwiegen wird ein Akzeptieren bedeuten oder einen Protest, eine negative Definition der Beziehung oder der Versuch, eine Neudefinition zu starten).

Dieser Beziehungsaspekt hat nichts mit der Schwierigkeit der Aufgabe zu tun, sondern mit den gegenseitigen Definitionen ihrer Beziehung, mögen sie sich auch weiter über Hausaufgaben unterhalten oder auch ein anderes Thema wählen. Es gibt Situationen, in denen der Inhaltsaspekt der Kommunikation dominiert (z. B. in einer wissenschaftlichen Vorlesung). Häufiger (insbesondere in Paarbeziehungen oder in der Familie) ist der Beziehungsaspekt vorrangig. Dies kann soweit gehen, daß die Inhalte nur Vorwand sind (um Beziehungsdefinitionen zu ermöglichen oder abzuändern). Inhalt und Beziehung brauchen den Interaktionspartner nicht mit der gleichen Intensität zu betreffen. Wer „inhaltlich" interessiert ist (z. B. der Lehrer), wird die Beziehungsmomente der Kommunikation ignorieren und als störende Beigaben betrachten; wenn umgekehrt jemandem die Beziehung wichtig ist (z. B. dem Schüler), wird er den Inhalt nur als Vehikel dieser Beziehung betrachten und ihn vielleicht gar nicht aufnehmen.

Der „Idealfall" in der Schule ist theoretisch dann gegeben, wenn sich Lehrer und Schüler sowohl über den Inhalt ihrer Kommunikationen als auch über die Definition ihrer Beziehung einig sind; im schlechtesten Fall liegt der umgekehrte Sachverhalt vor: Es besteht Uneinigkeit sowohl auf der Inhalts- als auch auf der Beziehungsebene. Zwischen diesen beiden Extremen liegen mehrere Mischformen:

(a) Lehrer und Schüler sind auf der Inhaltsebene uneins, doch diese Meinungsverschiedenheit beeinträchtigt ihre Beziehung nicht, sie sind sich vielmehr einig, uneins sein zu dürfen (z. B. Lehrer und Schüler, die über ein politisches Thema diskutieren und sich trotz gegenteiliger Meinungen „respektieren", d. h. die Meinung des anderen wichtig nehmen und sich mit ihr auseinandersetzen).

(b) Lehrer und Schüler sind sich zwar auf der Inhaltsstufe einig, auf der Beziehungsstufe dagegen nicht. Dies hat zur Folge, daß bei Wegfallen des Einverständnisses auf der Inhaltsstufe die Tragfähigkeit der Beziehung ernsthaft gefährdet sein dürfte.

(c) Besonders häufig tritt in der Schule eine *Konfusion* zwischen dem Inhalts- und Beziehungsaspekt ein: Lehrer und Schüler versuchen z. B. ein Beziehungsproblem auf der Inhaltsstufe zu lösen (mögliches Erscheinungsbild: eskalierende Formen von Meinungsverschiedenheiten, wobei der Inhaltsaspekt immer mehr in den Hintergrund tritt). Während die Unstimmigkeit auf der Ebene des Beziehungsaspekts liegt, versuchen Lehrer und Schüler, z. B. durch eine hitzige Diskussion über einen Sachgegenstand, die Lösung auf der Inhaltsebene zu erreichen, wo keine Unstimmigkeit herrscht. Typisch für die Situation in der Schule ist es, daß Lehrer häufig versuchen, durch Dominanz im Inhaltsaspekt ihre Dominanz in der Beziehungsebene zu behaupten, während die Schüler, die sich auf der Beziehungsebene gegen die überragende Dominanz des Lehrers zur Wehr setzen wollen, den Inhaltsaspekt der Interaktion negieren, falls es ihnen nicht gelingt, die Dominanz des Lehrers bei den Inhalten zumindest partiell anzuzweifeln.

Die Meinungsverschiedenheiten auf der Beziehungsstufe haben – nicht nur in der Schule – meist eine größere pragmatische Bedeutung als auf der Inhaltsstufe. Menschen setzen sich im Beziehungsaspekt ihrer Mitteilungen nicht über Tatsachen außerhalb ihrer Beziehung auseinander, sondern tauschen untereinander Definitionen ihrer Beziehung aus. Diese wechselseitigen Ich-Du-Definitionen werden nach folgendem Muster in der Interaktion ausgetauscht.

Der Lehrer formuliert (implizit oder explizit) eine Ich-Du-Definition. Wie immer seine Mitteilung auf der Inhaltsstufe auch sein mag, die Mitteilung auf der Beziehungsstufe wird immer auf die Aussage: „So sehe

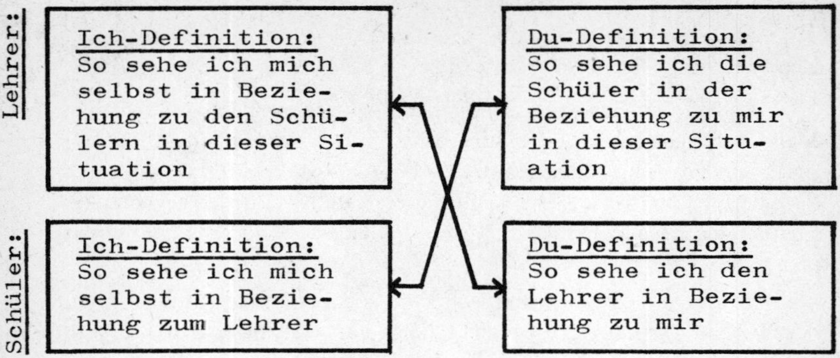

ich mich selbst (oder: so möchte ich gesehen werden) – So sehe ich Euch" hinauslaufen. Dem Schüler stehen drei Wege offen, darauf zu reagieren:

(a) Er kann die Selbstdefinition des Lehrers *bestätigen*, indem er ihm in der einen oder anderen Weise mitteilt, daß auch er ihn so sieht. Er mag auch seine Ich-Definition in der Du-Definition des Lehrers wiederfinden.

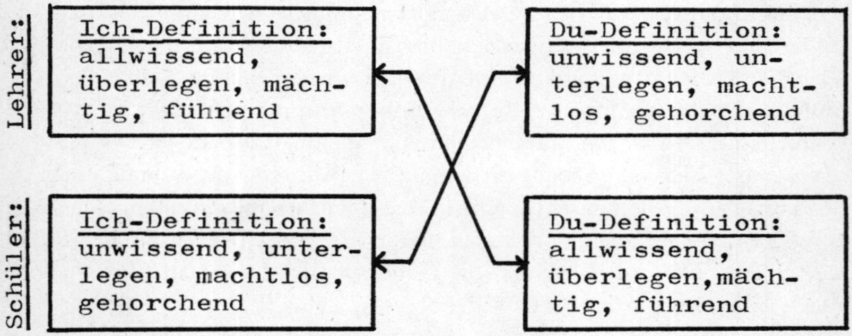

Wir sehen an der Matrix, daß sich die Ich-Definitionen des einen jeweils mit den Du-Definitionen des anderen decken. Wir sprechen in diesem Fall von wechselseitiger *Bestätigung* einer komplementären Beziehungsdefinition.

(b) Die zweite mögliche Reaktion wäre es, die Definitionen des Lehrers zu *verwerfen*.

Aus dieser Matrix ersehen wir, daß die Ich-Definitionen des einen jeweils durch die Du-Definitionen des anderen verworfen werden: Der Lehrer definiert eine komplementäre, der Schüler eine symmetrische

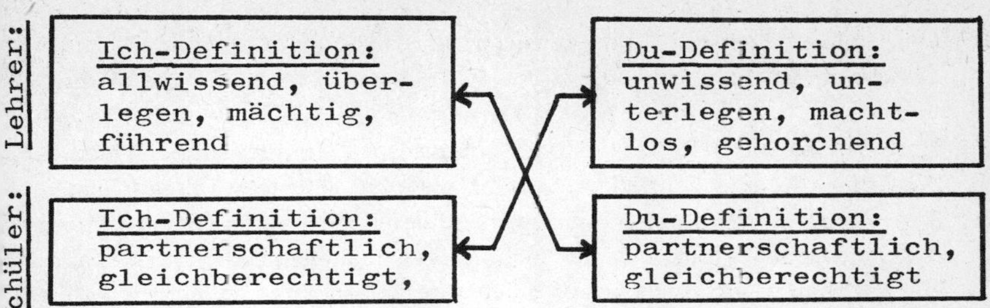

Beziehungsform. So schmerzvoll solche Verwerfung für die Beteiligten manchmal auch sein mögen, sie enthalten eine begrenzte Anerkennung dessen, was verworfen wird. Außerdem bieten sie die Möglichkeit – sowohl für den Lehrer als auch für die Schüler – Ansprüche und Beziehungsdefinitionen mit der Realität zu konfrontieren und zu Neudefinitionen zu gelangen (Veränderung des patriarchalischen oder mütterlichen Lehrers zum partnerschaftlichen – Veränderung des „Kind-Schülers" zum Mitverantwortlichen).

(c) Die *Entwertung*, als dritte Möglichkeit der Reaktion auf Beziehungsdefinitionen, negiert die menschliche Wirklichkeit dessen, der die Beziehung definiert. Die Entwertung von Beziehungsdefinitionen kann in Sätzen wie den folgenden zum Ausdruck kommen: „Das Kind weiß nicht, was es tut und was gut für ihn ist." „Ich weiß besser, was mit dem Kind los ist als es selbst." „Man kann das, was das Kind sagt und möchte, nicht ernst nehmen." Während die Verwerfung letztlich auf die Mitteilung: „Du hast in Deiner Ansicht über Dich unrecht" hinausläuft, sagt die Entwertung de facto: „Du existierst als Mensch nicht." Die Tatsache, daß dies paradox ist, bedeutet nicht, daß sich dieser Sachverhalt in der Schule nicht ergeben *kann*. In menschlicher Kommunikation treten häufig Paradoxien auf (vgl. Watzlawick et al. 1972, S. 171 ff.). Die Folge dieser Paradoxie ist, daß der Schüler in einem Stadium des quasi „Nicht-Existenten" festgehalten wird. Was der Schüler auch tun mag, das Interpretationsmuster des Lehrers vermag das Verhalten des Schülers zur Bestätigung der Definition des „Nicht-Existenten" umzufälschen.

Probleme im Bereich der Beziehungsdefinitionen sind im Rahmen der Schulklasse „Alltagsbefunde". Es ist eine wichtige Aufgabe gruppendynamischen Trainings, diese Probleme bewußt zu machen. Die Gefahr für den Lehrer besteht darin, daß derartige Metakommunikation sehr leicht in ein Behaupten von Beziehungsdefinitionen hinauslaufen kann.

Die Übung „Alter-Ego" könnte die Unterschiede zwischen Inhalts- und Beziehungsaspekt den Schülern bewußt machen und sie für die Wahrnehmung wechselseitiger Ich-Du-Definitionen sensibilisieren. In dieser Übung wird die Schulklasse (oder schulische Trainingsgruppe) geteilt. Während die eine Hälfte der Schüler über ein selbstgewähltes Thema miteinander kommuniziert, spielen die anderen für jeweils einen Schüler das „andere Ich", indem sie den nicht ausgesprochenen Beziehungsaspekt einer verbalen und auch nonverbalen Interaktion ihres jeweiligen Partners in der Ich-Form einbringen. Nach einer längeren, theoretischen Äußerung eines Schülers, die mit vielen entbehrlichen Fremdwörtern angehäuft ist, könnte z. B. die „Alter-Ego"-Verbalisierung lauten: „Ich möchte von Euch anerkannt werden, ich möchte, daß ihr mich für tüchtig und gescheit haltet". Die Rollen von „Ego" und „Alter-Ego" werden nach einer bestimmten Zeit gewechselt, „Ego" diskutiert mit seinem „Alter-Ego", ob der Beziehungsaspekt angemessen verbalisiert wurde.

(8) *Das Axiom der digitalen und analogen Kommunikation:* Objekte lassen sich entweder durch eine Analogie ausdrücken (z. B. eine Zeichnung) oder durch einen Namen. Namen sind Worte, deren Beziehung zu dem damit ausgedrückten Gegenstand eine rein zufällige oder willkürliche ist. Es besteht z. B. lediglich ein semantisches Übereinkommen, daß die vier Buchstaben H, u, n und d in dieser Reihenfolge ein bestimmtes Tier benennen. In der analogen Kommunikation besteht eine grundsätzliche Ähnlichkeitsbeziehung der Analogie und dem Gegenstand, für den sie steht.

„Der Unterschied zwischen digitaler und analoger Kommunikation wird vielleicht etwas klarer, wenn man sich vor Augen hält, daß bloßes Hören einer unbekannten Sprache, z. B. im Radio, niemals zum Verstehen dieser Sprache führen kann, während sich oft recht weitgehende Informationen relativ leicht aus der Beobachtung von Zeichensprachen und allgemeinen Ausdrucksgebärden ableiten lassen, selbst wenn die sie verwendende Person einer fremden Kultur angehört. Analoge Kommunikation hat ihre Wurzeln offensichtlich in viel archaischeren Entwicklungsperioden und besitzt daher eine weitaus allgemeinere Gültigkeit als die viel jüngere und abstraktere digitale Kommunikationsweise" (Watzlawick et al. 1972, S. 63).

Digitale Kommunikation ist logisch, eindeutig und dient der Überlieferung von Wissen oder der Darstellung von Gedanken oder logischen Zusammenhängen und zwar in den Symbolen natürlicher oder künstlicher Sprachen oder auch logischer Zeichen. Analoge Kommunikation besteht in Ausdrucksbewegungen, die die Sache selbst darstellen. Stimmklang, Gesten und Gebärden sind Beispiele für analoge Kommunikationsformen.

Überall, wo die Beziehung zum zentralen Thema der Kommunikation wird, erweist sich die digitale Kommunikation als fast bedeutungslos, herrscht analoge Kommunikation vor: in der Liebe, bei Feindschaft und Haß usw. Argyle (1972, S. 91 ff.) stellt ziemlich ausführlich dar, wie über analoge Kommunikation eine Fülle von Beziehungsdefinitionen vorgenommen werden: durch Körperkontakt, räumliche Nähe, Körperhaltung, äußere Erscheinung, Mimik und Gestik, Blickrichtung, Tonfall von Äußerungen, Sprechfehler usw. Neuere Untersuchungen haben ergeben, daß nichtverbales Verhalten konventionalisiertes, gleichsam von einer „Grammatik" geregeltes Signalverhalten darstellt. „Wie die Sprache sind auch die infrakommunikativen Körperbewegungen ein strukturelles System, das von einer Gesellschaft zur anderen verschieden ist und das die Mitglieder einer Gesellschaft erlernen müssen, um erfolgreich interagieren zu können" (Birdwhistell 1974, S. 4). Die Wissenschaft, die das System der „Körpersprache" untersucht, bezeichnet sich als „Kinesik".

„Wenn wir uns nun erinnern, daß jede Kommunikation einen Inhalts- und einen Beziehungsaspekt hat, so wird deutlich, daß die digitalen und die analogen Kommunikationsweisen nicht nur nebeneinander bestehen, sondern sich in jeder Mitteilung gegenseitig ergänzen. Wir dürfen ferner vermuten, daß der Inhaltsaspekt digital übermittelt wird, der Beziehungsaspekt dagegen vorwiegend analoger Natur ist. (...) Digitale Kommunikationen haben eine komplexe und vielseitige logische Syntax, aber eine auf dem Gebiet der Beziehungen unzulängliche Semantik. Analoge Kommunikationen dagegen besitzen dieses semantische Potential, ermangeln aber die für eindeutige Kommunikationen erforderliche logische Syntax" (Watzlawick et al. 1972, S. 64 und 68).

Störungen in der Kommunikation treten bei Fehlern in den Übersetzungen zwischen digitaler und analoger Kommunikation auf. Bei der analogen Kommunikation fehlen viele der Verbindungselemente, auf die sich die Syntax der digitalen Sprache aufbaut. Beim Übersetzen analoger Mitteilungen in die digitale Sprache müssen diese Elemente vom Übersetzer beigesteuert und eingefügt werden. Insbesondere bei Konflikten „werden Sender wie Empfänger dazu neigen, beim Übersetzen von der einen in die andere Modalität diejenigen Digitalisierungen vorzunehmen, die in Einklang mit ihrer individuellen Sicht der Beziehung stehen, aber durchaus nicht denen des Partners zu entsprechen brauchen. Ein Geschenk z. B. ist eine analoge Mitteilung. Ob der Beschenkte jedoch in diesem Geschenk einen Ausdruck der Zuneigung, eine Bestechung oder eine Wiedergutmachung sieht, hängt von der Auffassung ab, die er von seiner Beziehung zum Geber hat" (Watzlawick et al. 1972, S. 97). Während der Übersetzung von analogen in digitale Mitteilungen müssen logische Wahrheitsfunktionen eingeführt werden, die im Analogen fehlen. „Dieses Fehlen macht sich vor allem im Fall der Negation bemerkbar, d. h. es gibt keine Analogie für das digitale „nicht". Während es relativ einfach ist, durch eine drohende Haltung die analoge Mitteilung „Ich werde Dich angreifen" zu machen, ist die Mitteilung, „ich werde Dich *nicht* angreifen", äußerst schwierig zu signalisieren. Hierfür pflegen wir uns der digitalen Sprache zu bedienen, wobei immer fraglich bleibt, ob der andere unseren Worten glaubt" (Watzlawick et al. 1972, S. 98). Die einzige Möglichkeit, eine Negation zu signalisieren, liegt darin, die zu verneinende Handlung zuerst zu demonstrieren oder vorzuschlagen und sie dann nicht zu ihrem Ende zu führen. Dieser Ablauf ist jedoch durch die Mehrdeutigkeit aller Analogiekommunikationen und damit durch die Möglichkeit digitaler Fehlinterpretationen gefährdet (vgl. S. 115 ff.).

Im Rahmen des gruppendynamischen Trainings ist es eine wichtige Teilaufgabe, sich die Unterschiede und Zusammenhänge von digitaler und analoger Kommunikation im eigenen Verhalten bewußt zu machen (etwa durch feedback-Übungen) und Störungen in der Übersetzung von analoge in digitale Mitteilungen zu vermeiden. Das setzt voraus, daß man sich etwas intensiver mit der „Grammatik" nichtverbalen Verhaltens auseinandersetzt. Eine wichtige Interventionstechnik des Lehrers zur Förderung dieses Ziels wäre es, wenn er Beobachtungen über die aktuelle nonverbale Kommunikation ausspricht. Der Schüler, der beispielsweise „gekränkt" dreinblickt und schweigt, wird gebeten, sein Gefühl mit Worten auszudrücken, und seine Mitschüler sollen ihm sagen, wie sie diesen Blick empfunden haben. So findet eine Rückübersetzung dessen in Worte statt, was einen untergründig stört, beunruhigt, ärgert, dessen zugrunde liegenden Reiz man aber oft nicht erkannt hat, geschweige denn, daß man gelernt hätte, ihn auszusprechen. Die Aufmerksamkeit kann vom Lehrer also auf Ausdruckssignale gerichtet werden, durch deren verbale Klärung die soziale Wahrnehmung verbessert wird. Diese „Digitalisierung" (Übersetzung von Ausdruck in Sprach-Zeichen) erfordert und geht einher mit Erlernen von selbstkritischen Aussagen. Da wir in der Regel auf die nichtsprachliche Kommunikation, auf die Ausdrucksmomente stärker reagieren als auf den Inhalt einer Aussage, können über die Digitalisierung gelernte Fehlwahrnehmungen und lerngeschichtlich bedingte Mißverständnisse modifiziert werden. So kann z. B. ein wohlwollendes Lächeln des Lehrers als überheblich und damit kränkend wahrgenommen werden, weil es in der (vergessenen) Lerngeschichte des wahrnehmenden Schülers immer in Verbindung mit ironischer Kritik beim Vater auftrat bzw. auch jetzt noch auftritt. Eine Übung, die vom Lehrer vorzuschlagen wäre, könnte z. B. darin bestehen, daß jeweils ein Schüler mimisch oder stimmlich den Ausdruck von Freude, Trauer, Heiterkeit usw. darstellt und die anderen umschreiben, was *ihnen* dieser Ausdruck mitgeteilt hat.

Viele Beziehungsstörungen zwischen Lehrern und Schülern lassen sich auf Fehler in der Übersetzung von analoger in digitaler Kommunikation zurückführen (z. B. wenn ein Schüler als Ausdruck seiner positiven Beziehung zum Lehrer diesen „freundschaftlich auf die Schultern klopft", so könnte der Lehrer dies evtl. als eine Mißachtung seiner Person interpretieren und für den Schüler völlig unverständlich reagieren).

(9) *Das Axiom der Interpunktion von Ereignisfolgen:* Kommunikation erscheint als ein ununterbrochener Austausch von Mitteilungen. Jeder Teilnehmer an einer Interaktion legt ihr eine Struktur zugrunde, die ihm hilft, das Geschehen zu verstehen; er *interpunktiert* die Ereignisfolgen. Die Teilnehmer unterlegen dem Kommunikationsprozeß häufig jedoch unterschiedliche Wahrnehmungsstrukturen, oder anders ausgedrückt: Sie interpunktieren ihn unterschiedlich. Jungblut (1974, S. 11) skizziert einen typischen Interpunktionskonflikt im Bereich der Schule:

„Ein Lehrer hat das Problem, daß er in einer Klasse nicht die für sein Unterrichtsprogramm notwendigen ‚Lernsituationen' herstellen kann. Er sieht das Problem als ein Autoritätsproblem an, indem er annimmt, er habe sich vor den Schülern nicht die nötige ‚Autorität' verschaffen können. Leider sieht er im ‚Drillverhalten' den einzigen Ausweg aus seinem Problem, d. h. er gibt mehr Hausaufgaben als üblich auf, tadelt häufiger ‚schlechte Leistungen' und verteilt öfter Strafarbeiten für ‚störendes Verhalten'. Diese Maßnahmen führen jedoch nicht zu den vom Lehrer gewünschten Verhaltenskonsequenzen; im Gegenteil: Die Unruhe unter den Schülern nimmt zu. Sie sehen ihr Störverhalten als Verteidigungsmaßnahme gegen einen autoritären Lehrer an. In dieser Situation sind sowohl Lehrer wie Schüler von der ‚Richtigkeit' ihres Verhaltens überzeugt. Die gegenseitigen Vorwürfe und Verteidigungsmaßnahmen: ‚Ich bestrafe Euch, weil Ihr meinen Unterricht stört' und ‚Wir stören Deinen Unterricht, weil Du uns nicht richtig behandelst' lassen sich als Interpunktion graphisch folgendermaßen darstellen:

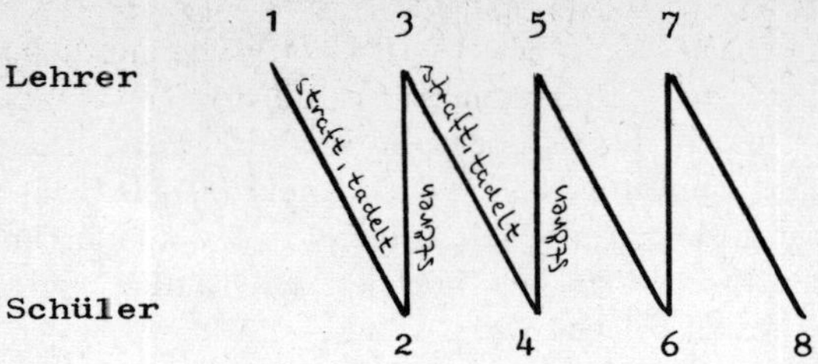

Obwohl der Anfang der graphischen Darstellung der Interpunktion willkürlich gewählt ist, geht daraus doch folgendes hervor: Der Lehrer nimmt die wechselseitige Interaktion auf der Basis der Triaden 2-3-4-/4-5-6-/6-7-8 usw. wahr. Die Schüler dagegen interpunktieren die Interaktion anhand der Triaden 1-2-3-/3-4-5-/5-6-7- usw."

Jede der beiden Seiten bestimmt das eigene Verhalten nur als Reaktion, nicht aber als Ursache für das andere Verhalten. Lehrer und Schüler sind unfähig, über die Definitionen der Beziehung zu metakommunizieren. Das macht ihre Interaktion zu einer Ja-nein-ja-nein-Oszillation, die meist rasch eskaliert und häufig zu den typischen Vorwürfen von Böswilligkeit oder „schlechtem Milieu" führt. Das Dilemma dieser Oszillation besteht in der Annahme, sie habe einen Anfang. Rein historisch hat sie natürlich einen Anfang, doch ist dieser Ausgangspunkt in seinem Ausmaß relativ unbedeutend und meist allen nicht mehr erinnerlich. Von außen gesehen ist weder die eine noch die andere Interpunktion stichhaltig, da die Interaktion zwischen Lehrer und Schüler nicht linear, sondern kreisförmig ist. In dieser Beziehungsform ist kein Verhalten Ursache des anderen; jedes Verhalten ist vielmehr sowohl Ursache als auch Wirkung.

Ein für die Schule wichtiges Phänomen sind die *selbsterfüllenden Prophezeiungen*. „Es handelt sich um Verhaltensformen, die in anderen Menschen Reaktionen auslösen, auf die das betreffende Verhalten eine adäquate Reaktion wäre, wenn sie es nicht selbst bedingt hätte. Wir haben es hier also mit Interaktionen zu tun, deren Beginn nicht irgendwo in der Vergangenheit einer langdauernden Beziehung liegt, sondern die insofern einen Anfangspunkt haben, als hier die zwischenpersönliche Prämisse eines Menschen praktisch jedem Partner ein gewisses Verhalten mehr oder weniger aufzwingt" (Watzlawick et al. 1972, S. 95). Wenn ein Lehrer z. B. einen Schüler für wenig intelligent oder für wenig interessiert am Unterricht hält, dann wird der Lehrer meist ein Verhalten an den Tag legen, auf das der Schüler mit „Begriffsstutzigkeit" oder mit

„Desinteresse“ reagiert und so die ursprüngliche Annahme des Lehrers „beweist“.

Eine Möglichkeit, aus festgefahrenen Interpunktionen herauszukommen, besteht darin, einander feedback zu geben, d. h. Mitteilungen über den anderen zu machen, so wie wir ihn sehen, um zu einer realitätsangemessenen Neubestimmung der Beziehung zu kommen. Im Rahmen gruppendynamischen Trainings könnte das feedback auch die Beziehungsstruktur zwischen den Schülern transparent machen und Möglichkeiten für Neubestimmungen schaffen.

(10) *Grenzen des sprachpragmatisch-funktionalen Ansatzes:* Baacke (1973, S. 171) faßt das Gemeinsame der durchaus Unterschiedliches akzentuierenden Axiome auf einen Fluchtpunkt hin perspektivisch zusammen: „Kommunikation ist nur möglich, wenn sie so geregelt verläuft, daß die Komplexität möglicher Beziehungen und Themen bewältigt wird.“ Der Mensch ist zwar ein weltoffenes Wesen, aber Identität kann er nur gewinnen, wenn er die Weltoffenheit so begrenzt und organisiert, daß er die für ihn relevanten Möglichkeiten realisieren kann. Kommunikation dient generell dazu, die Komplexität möglicher Beziehungen und Themen zu bewältigen. Jedes Kommunikationssystem zielt damit auf die Erfassung und Reduktion von Komplexität. Durch die Kommunikationssysteme ist der Mensch nicht nur ein „weltoffenes“ Wesen, sondern ebenso ein auf bestimmte Kommunikationssituationen festgelegtes und durch Kommunikation gebundenes. Im Rahmen der behandelten Axiome ist es möglich, Systeme (z. B. eine Schulklasse) auf ihre *Funktionen* bei der Reduktion von Komplexität hin zu untersuchen und auf die Störungen des funktionalen Ablaufs im System hinzuweisen. Das Training sinnlicher Wahrnehmungsfähigkeit auf dem Hintergrund des axiomatischen Strukturgitters liefe auf ein Bewußtmachen funktionaler Abläufe und der Diagnostizierung von Dysfunktionalitäten hinaus. Die Funktion der Systeme ist Gegenstand der Erkenntnisse, das funktionale Prinzip ist Erklärungsmuster für das Verhalten in Interaktionen. Die lebensgeschichtlichen, institutionellen und gesellschaftlichen Determinierungen der Kommunikation bleiben ausgespart:

„Wenn wir (...) untersuchen, wie sich Menschen gegenseitig beeinflussen, müssen wir der Entstehung und den Ergebnissen der Beziehung viel weniger Bedeutung beimessen als ihrer Organisation. (...) In äquifinalen, offenen Systemen (...) können die strukturellen Gegebenheiten der Systemorganisation unter Umständen sogar den Extremfall völliger Unabhängigkeit von den Anfangszuständen herbeiführen: Das *System ist dann seine eigene beste Erklärung* und die Untersuchung seiner gegenwärtigen Organisation die zutreffendste Methodik“ (Watzlawick et al. 1972, S. 122 und 124).

Was nützen dem Schüler diese in einer konkreten Situation gemachten Selbsterfahrungen? Die axiomatische Strukturierung des Wahrnehmungsfeldes schärft die Sicht für Probleme und erweitert das Bewußtsein. Situationen werden als problematisch und das heißt auch: als veränderbar erlebt. Die Schüler ergreifen nicht direkt die Objekte ihres Handelns, sondern „systematisieren“ dieses Handeln zunächst so, daß sie ökonomische und begründbare Verfahren und Fertigkeiten gewinnen, mit deren Hilfe sie mit ihren objektbezogenen Aufgaben fertig werden können. Bevor die Schüler z. B. mit der Gruppenarbeit beginnen, teilen sie die Aufgaben untereinander auf, geben sich eine Struktur; sie entwickeln Verfahren zur Konfliktlösung und Spannungsverminderung. Die Schüler untersuchen ihr System „Gruppe“ auf sein Funktionieren und setzen diese Erkenntnisse in praktisches Tun um (z. B.: Viele Schüler sprechen gleichzeitig, man hört einander nicht zu: „Einer kann nur zur Zeit reden“ – ungelöste Beziehungsprobleme belasten die Arbeitssituation: „Man sollte sagen, warum man ‚sauer‘ ist“). Neben diesem technisch-reflexiven Kommunikationsmechanismus ermöglicht das Training auch Metakommunikation, d. h. Gespräche *über* Kommunikation: Alles, was Schüler und Lehrer in einer Kommunikationssituation zur Kenntnis nehmen, sei es bewußt und absichtlich oder unbewußt und ohne Absicht (meist um zu verstehen, was der andere sagt und wie er es meint) könnte (z. B. über feedback-Prozesse) Inhalt einer Kommunikation *über* Kommunikation werden. Das durch die Axiome strukturierte Training sinnlicher Wahrnehmungsfähigkeit erhöht die *Systemkompetenz* der Schüler, d. h. steigert ihre Fähigkeit, Systeme zu verstehen und sich in ihnen handelnd zurechtzufinden.

Das Training der systemfunktionalen Kompetenz allein reicht jedoch nicht aus, um den zum Abschnitt 1.12 formulierten Zielen wie Selbstreflexion, Antizipation und Aktion zu genügen. Kommunikation ist nicht nur ein Produkt gesellschaftlicher Systemsteuerungen, sondern diese sind gleichsam gegenläufig angewiesen auf kommunikative Handlungen von Gruppen. Strukturelle Verfestigungen, die dysfunktional werden, fordern den Aufweis von funktionalen Änderungsmöglichkeiten im Interesse einer besseren Problemlösung. Das Ziel liegt in einer Verbesserung des Systems, wobei das „Wofür“ nicht problematisiert ist. Der sprach-pragmatischfunktionale Ansatz vermag nicht Ziele zu nennen, die außerhalb der Prozeßabläufe selbst liegen. Der „subjektive Sinn“ von Kommunikation, der nicht im System selbst aufgehoben ist, entzieht sich einer funktionalistischen Analyse. Offenbar sind aber solche Kategorien notwendig, will man sich nicht auf eine System-Rationalität verlassen, die bei allen Formen des Wandels nur den Bestand des Systems im Auge hat. System-Änderungen oder -Fixierungen sind nicht primär für sie selbst wichtig, sondern *für die Menschen im System.* Für die Menschen ist nicht notwendig jede Lösung in gleicher Weise funktional gleichbedeutend, weil die Existenz der Menschen nicht in Systemen und deren Funktionen aufgeht. Es sind vielmehr nur die Lösungen funktionaler Probleme relevant, die auf das handelnde Individuum hin bezogen sind, einem Individuum, dem kommunikative Gleichberechtigung, allseitige Information usw. zu gewähren sind. Der „subjektive Sinn“ von Kommunikation läßt sich damit am Kriterium möglicher Emanzipation der Individuen und Gruppen entscheiden.

„Die Übergabe der Verantwortung an die Handlungs- und Entscheidungskompetenz des Menschen, die ohne Kommunikations-Kompetenz nicht zu denken ist, hat nicht nur zur Folge, daß der ‚Sinn‘ der Komplexität reduzierenden Systeme, soweit nicht notwendige Entlastungen und erleichternde Routine betroffen sind, in das kommunikative Handeln des Menschen verlegt wird, das den System-Sinn jeweils nur so lange funktionieren läßt, bis er aus angebbaren Gründen widerrufbar ist. Vielmehr ist damit auch die am Sinn orientierte Selektionsleistung von Systemen dem Automatismus systemrationaler Funktionen enthoben“ (Baacke 1973, S. 249).

Der Systemkompetenz müßte die kommunikative Kompetenz gegenüber gestellt werden in der einsehbaren Überzeugung, daß mit beiden Kompetenzen zu rechnen ist, ihre Leistungen nicht widersprüchlich sein müssen. Als Folge für das gruppendynamische Training bleibt festzuhalten, daß die Entfaltung *beider* Kompetenzen in ihrer wechselseitigen Durchdringung angestrebt werden sollte. Einen möglichen Erkenntnisrahmen für die *Systemkompetenz* (was das System Schulklasse anbelangt) haben wir in Ansätzen skizziert. Welche Erkenntnisse und Trainingsmöglichkeiten entfalten oder steigern nun die *kommunikative Kompetenz* der Schüler? Es müßte sich um Prozesse handeln, in denen der Schüler sich in den ihn bestimmenden Abhängigkeiten und „Gesetzen“ erfährt, erkennt, durchschaut, mit anderen Worten: Es müßten Prozesse der Selbstreflexion eingeleitet werden. Dabei müßte berücksichtigt werden, daß es sich bei vielen Determinierungen nicht um ontologische Gesetze handelt, sondern allenfalls um Verhaltenswahrscheinlichkeiten, die ihren

Grund u. a. in mangelnder Selbstreflexion haben könnten. Verhaltenswahrscheinlichkeiten, deren Zwangscharakter aufhebbar erscheint, können durch Kommunikation ermittelt und in Frage gestellt werden. Die durch die Akte der Selbstreflexion entfaltete kommunikative Kompetenz der Schüler ist mit dem Ziel der Selbstbestimmung verbunden, als sie eine der Voraussetzungen für deren Praktizierung ist. „Selbstbestimmte Kommunikation ist also eine, die dem Menschen erlaubt, seine kommunikative Kompetenz unbeschränkt, aber durchaus situations- und gegenstandsadäquat zu entfalten, und zwar so, daß die eigenen Interessen und Bedürfnisse wie die der Kommunikationspartner den Spielraum wie das Bestimmungsziel abgeben, auf die hin kommunikative Kompetenz jeweils aktualisiert wird" (Baacke 1973, S. 326).

Hinter der Selbstreflexion steckt also die Intention, dem Schüler eine optimale Entfaltung seiner kommunikativen Kompetenz zu erlauben mit dem Ziel, den Schüler zu befähigen, nicht vorgegebenen „Wirkungen" von Kommunikation widerspruchslos zu unterliegen, sondern vielmehr sein Handeln unter die Notwendigkeit emanzipativer Kommunikation zu stellen und entsprechendes Verhalten im Rahmen der Systembedingungen zu realisieren. Es wird deutlich, daß für diese Ziele der durch die Axiome gesteckte, auf die Systemfunktionalität im Hier-und-Jetzt beschränkte sprachpragmatisch-funktionale Ansatz *allein* nicht ausreicht. Es entsteht vielmehr die Notwendigkeit, die Lehrer-Schüler-Interaktionen einerseits auf dem Hintergrund objektiv-systemspezifischer Determinierungen (System Schule; Institutionen, die mit der Schule verwoben sind; gesellschaftliche Situation) selbstreflexiv einzuholen und andererseits dazu die lebensgeschichtlichen Determinierungen in Beziehung zu setzen.

3.3. Institutionelle und schulorganisatorische Bedingungen und Determinierungen der Lehrer-Schüler-Interaktionen

Die Interaktionen Lehrer-Schüler werden durch die den „gesellschaftlichen Erwartungen" genügende Schulorganisation in weitem Ausmaß geregelt. Auf der einen Seite ermöglichen bestimmte „materielle" Voraussetzungen nur bestimmte Formen der Interaktion. Materielle Voraussetzungen wären z. B. die architektonischen Gegebenheiten der Schulbauten (Größe der Klassenzimmer, Fachräume, Gruppenräume, Pausen- und Erholungsflächen), die zur Verfügung stehenden Sachmittel (Ausstattung der Klassen- und Fachräume, Anschauungsmaterial, Medien usw.). Auf der anderen Seite determinieren schulorganisatorische und pädagogisch/didaktische Entscheidungen die Interaktionen. Man denke z. B. an die Klassenfrequenzen, die „Ausstattung“ mit Lehrern (und „Schulassistenten“) und die pädagogischen und didaktischen Entscheidungen (z. B. Stundenplan, Stundentafeln, Fächerschwerpunkte, Lehrplan, Stoffplan, Fachraumprinzip/Fachlehrerprinzip vs. Klassenraumprinzip/Klassenlehrerprinzip, Zusammensetzung der Klasse hinsichtlich Geschlecht, sozialer Schicht, Einzugsgebiet; Formen der Differenzierung, Verhältnis von Kurs- zu Kernunterricht). Neben den relativ „offenen“ Determinierungsquellen, die teilweise auch reflektiert werden, gibt es Einflüsse, deren Bestehen und deren Bedeutung für die Interaktionen Lehrer/Schüler meist verkannt wird. Es handelt sich z. B. um schulspezifische Rollendefinitionen von Lehrer und Schüler im Rahmen der gesellschaftlich angesonnenen Rollendefinitionen, um im Gefüge der Schule begründete Handlungsmuster und normative Festlegungen (z. B. im Rahmen einer Schulordnung), um Handlungsmuster, die durch Konsensbildung im Lehrerkollegium oder in Schülercliquen entstanden sind, um „eingeschliffene“ schulische Rituale (z. B. Feiern, Klassenarbeiten, Verwarnungen, Bestrafungen, Entlassungen, Leistungsbewertungen, Stundenrahmen, Ritual des Unterrichts und des Unterrichtens) und schließlich auch um die allgemeine und spezielle Struktur der Schule mit ihrer Hierarchisierung und Bürokratisierung.

Wir werden jetzt genauer drei Beispiele dieser Determinierungen darstellen und ihre Auswirkungen auf die Lehrer-Schüler-Interaktionen untersuchen: die schulspezifischen Rollendefinitionen, die schulischen Rituale und das Syndrom der „distanzierten Leistungsschule“.

3.3.1. Schulspezifische Rollendefinitionen

In der bisherigen Darstellung der Lehrer-Schüler-Interaktion haben wir das Beziehungsgefüge axiomatisch analysiert und dabei die Vorprägungen der Lehrer-Schüler-Beziehung durch Rollenvorgaben zunächst ausgespart. Wir wollen jetzt die Interaktion unter dem Aspekt der Rollenbeziehung untersuchen. Der Gegenstand ist also derselbe geblieben, nur daß wir ihn diesmal nicht hinsichtlich seiner Funktionen als System untersuchen, sondern als eine Drehbühne, auf der sich bestimmte (Rollen)-Vorgaben aktualisieren und damit das Kommunikationssystem nicht nur funktional sondern deutlicher auch inhaltlich bestimmen.

Die Beziehung Lehrer/Schüler ist nicht nur komplementär bestimmt. Der Lehrer steht darüber hinaus zu seinen Schülern in einem hierarchischen Autoritätsverhältnis. Zwei Formen der Autorität bestimmen die „Autoritätsrolle“ des Lehrers: die *institutionell* fixierte und die außerinstitutionell erworbene *persönliche* Autorität. Die *institutionelle Autorität* kennzeichnet einen institutionell-vertraglich abgesicherten Rahmen, innerhalb dessen Beziehungen zwischen Lehrern und Schülern sich unabhängig von der Person des einzelnen Lehrers legitimieren (vgl. Peter 1973, S. 100). Dieser Rahmen sichert dem Lehrer eine Überlegenheit, die er durch Zensuren, Sitzenbleiben und bis zum Verweis von der Schule gegen den Schüler nahezu widerspruchslos durchsetzen kann. Die *persönliche Autorität* bezeichnet eine Haltung, die zustande kommt und respektiert wird auf Grund der jeweils spezifischen Person, die sie zeigt. Sie bezeichnet die eigentlich nicht zu bezeichnende Überlegenheit des Lehrers, die aus seiner Person, ja aus seiner Persönlichkeit resultierende (vgl. Wunberg 1966, S. 29).

Gegen die Unterscheidung von „institutioneller“ Autorität einerseits und „persönlicher“ Autorität andererseits läßt sich vorbringen, daß sich in der Wirklichkeit beide Formen der Autorität miteinander verbinden oder wechselseitig beeinflussen können. In die „persönliche“ Autorität gehen Denk- und Verhaltensweisen ein, die der Struktur und Bestimmung der Institution objektiv entsprechen. „Enge Bindung an eine Organisation und lange zeitliche Zugehörigkeit zu einer Organisation setzen Übertragungsmechanismen in Gang, welche oft bei den Betroffenen die Vorstellung entstehen lassen, als seien bestimmte Züge von Autorität, die objektiv auf Wirkungen der Organisation als strukturiertem sozialen Gebilde zurückzuführen sind, Charakteristik der je eigenen individuellen und autonom entfalteten Autorität“ (Peter 1973, S. 102). Unter den gegenwärtigen gesellschaftlichen Bedingungen wird es dem Lehrer schwer gemacht, eine wie immer geartete „individuelle“, nicht institutionell sanktionierte Autorität zu entwickeln und aufrechtzuerhalten. Soziale Ächtung und Diskriminierung, die er von verschiedenen Seiten erfährt sowie eine pauschale Kritik am Lehrerberuf und überkommene Vorurteile und Tabus verhindern jedoch in vielen Fällen eine „Individualisierung“. Da der Lehrer vor den Schülern permanent glaubt, seine Autorität behaupten zu müssen, wird er in konfliktreichen Situationen dazu tendieren, Sicherheit und Selbstidentität in seiner „institutionellen“ Autorität zu suchen, da diese Form der Autorität durch die Macht der Institution geschützt ist. Diese „institutionelle" Autorität „ist zwar nicht seine eigene, deshalb aber eine um so wirksamere: Sie bringt ihn in die Situation des grundsätzlich Überlegenen" (Wunberg 1966, S. 29). Diese „restringierte Selbstdarstellung", die Zuflucht zu rigider Selbstdarstellung in der Übernahme von vorgegebenen Rollendefinitionen, von nicht mehr vom Lehrer selbst zu überprüfenden Entscheidungsmustern sichert den Lehrer am bequemsten gegen jedes Risiko gegenüber Vorgesetzten und Eltern ab und vermeidet den offenen Konflikt mit Schülern. Der Lehrer ist damit der Schwierigkeit enthoben, sich mit der Kritik der Schüler auseinanderzusetzen und eventuell seine Handlungsweisen und Anschauungen ernsthaft in Frage stellen zu müssen. Durch das permanente „Rückbeziehen" auf die „institutionelle" Autorität entsteht beim Lehrer eine „Panzerung", die schließlich eine individuelle Darstellung kaum mehr zuläßt.

Auf diesen „Persönlichkeitsverlust" zugunsten der institutionell verbürgten Autorität reagieren Schüler besonders sensibel: Sie spüren den Verlust an „Ich-Stärke" des Lehrers und damit auch seine schwindende Fähigkeit, sich als ein Individuum zu riskieren. Das hat Folgen für den gesamten Bereich der Lehrer-Schüler-Beziehungen: Lernen setzt eine vom wechselseitigen Vertrauen bestimmte Beziehung zwischen Lehrer und Schüler voraus. Diese affektiven Beziehungen sind der Durchführung bürokratischer Verwaltung fremd. Die notwendige persönliche Beziehungsstruktur zwischen Lehrern und Schülern steht in deutlichem Widerspruch zur Aufgabe des Lehrers, die Leistungen der Schüler nach den Kriterien „gleichförmiger, vorgegebener Resultate" zu messen. Schwindet die Ich-Stärke, zieht sich der Lehrer auf die „institutionelle" Autorität zurück, fühlen die Schüler ihre eigene Ohnmacht gegenüber dem Lehrer dauernd bestätigt, erkennen gleichzeitig aber, daß es sich dabei nicht um „authentische" Macht handelt, mit der sie sich auseinandersetzen können. Die „restringierte" Selbstdarstellung des Lehrers verhindert damit „Begegnung" zwischen Lehrer und Schülern als Individuen; es treffen vielmehr nur „Rollenträger" innerhalb eines organisatorischen Rahmens aufeinander, die in ritualisierter Form die institutionelle Pflichtübung „Unterricht" zelebrieren.

Der Lehrer müßte notwendigerweise das bürokratische Prinzip der Schulorganisation brechen, wenn er sein Lehren und das Lernen der Schüler wirklich ernst nimmt und seinen dementsprechenden Vorstellungen den Vorrang vor institutionell geforderten Funktionen und Rollenverhalten gibt.

„Oft besteht nicht einmal die Möglichkeit für den Lehrer, sich alternativ (für die Schüler oder für die Institution als bürokratischen, die Initiative des einzelnen paralysierenden Apparats) zu entscheiden, da schon die Größe der Klasse eine intensivere Zuwendung zu dem einzelnen Schüler und eine individuell differenzierte Kommunikation vereitelt. Für den Lehrer, der sich gegenüber Vorgesetzten und Eltern zu verantworten hat und den Erfordernissen der Lehrpläne Rechnung tragen muß, ist es nahezu unmöglich, dem einzelnen Schüler die pädagogisch notwendige Hilfe und persönliche Unterstützung zu gewähren, was wiederum eine freie, zeitökonomisch unbeschränkte Unterrichtsgestaltung voraussetzen würde. Aber der Pflicht, die Bestimmungen der Lehrpläne einzuhalten, und den institutionell gesetzten Leistungsnormen Genüge zu tun, kann sich der Lehrer nicht entziehen" (Peter 1973, S. 108 f.).

Die Möglichkeit einer Veränderung der Beziehungsstruktur sieht Adorno (1971, S. 83) in einer veränderten Verhaltensweise des Lehrers: „Sie (die Lehrer) dürfen ihre Affekte nicht unterdrücken und dann rationalisiert doch herauslassen, sondern müßten die Affekte sich selbst und anderen zugestehen und dadurch die Schüler entwaffnen. Wahrscheinlich ist ein Lehrer überzeugender, der sagt: „Jawohl, ich bin ungerecht, ich bin genauso ein Mensch wie ihr, manches gefällt mir und manches nicht', als einer, der ideologisch streng auf Gerechtigkeit hält, dann aber unvermeidlich verdrückte Ungerechtigkeit begeht".

Wie müßte nun die Lehrer-Schüler-Beziehung im Rahmen gruppendynamischen Trainings gestaltet sein? Der Lehrer sollte nicht primär Verhaltensmodifikator sein, der mit seinen Schülern „technisch" umgeht, sondern sich gegenüber den Schülern als „Mensch" riskieren. Der Lehrer müßte durch Lernprozesse und Erziehung die Schüler befähigen, daß er sich als Mensch riskieren kann. Der Befreiungsprozeß des Lehrers und der Schüler ist ein wechselseitiger. Nur insofern Schüler befähigt werden, partnerschaftliches Verhalten gegenüber dem Lehrer zu verwirklichen, durch Akte der Selbstreflexion ihre Determinierungen zu durchschauen, vermögen sie aus ihrer starren Schülerrolle herauszutreten. Gleiches gilt auch für den Lehrer, der den Schülern in seiner Rolle nur als geschickter Manipulateur oder als „Zuchtmeister" begegnen kann, der so Schüler nicht als Subjekte anzusehen vermag, sondern als „Schülermaterial", das „geformt" werden, das sich den bestehenden Maximen anpassen muß. Durchschaut der Lehrer die ihn bedingenden Determinierungsmechanismen und wird es ihm möglich, Selbstreflexionsprozesse gemeinsam mit den Schülern einzuleiten, können er und die Schüler sich partiell von ihren Rollen distanzieren. Es wird dann menschliche Begegnung in Ansätzen möglich. Schüler und Lehrer werden sich wechselseitig zum Du und können durch diese neue Beziehungsform die Selbstreflexionsprozesse vorantreiben und den Raum möglicher Antizipationen ausbauen. Lehrer und Schüler müßten sich also wechselseitig emanzipieren.

3.3.2. Schulische Rituale

Die axiomatische Analyse von Interaktionen konzentriert sich auf funktionale Abläufe in einem beliebigen System. Wir grenzen die Analyse nun insoweit ein, als wir uns mit einem konkreten System und deren Systemeinflüssen auseinandersetzen. Dabei kommt es uns – im Gegensatz zum Abschnitt 3.3.1. – nicht so sehr darauf an, die das System bestimmenden Vorgaben zu erörtern, als vielmehr das *Geschehen* in seinen Wechselwirkungen auf die Interaktionspartner zu betrachten. Es kommt uns also auf die Darstellung und Analyse der *manifesten Sprachformen* in der Schule an, wie sie durch das System Schule erzeugt und festgelegt werden und sich als „blind erfahrener Zwang“ durch die Beteiligten hindurch realisieren.

(1) Das Interaktionssystem der Schule läßt sich als ein *szenisches Arrangement* auffassen, als zeitliche Organisation von Szenen bzw. Szenenfolgen (vgl. Wellendorf 1973, S. 65). Im szenischen Arrangement der Schule findet kontinuierlich eine Vorstrukturierung der Selbstdarstellung der Interaktionspartner (Lehrer und Schüler) durch institutionalisierte Interpretationsmuster ihrer Identität statt. Die Vorstrukturierung der Selbstdarstellung im Interaktionssystem der Schule geschieht durch *Rituale.* Rituale lassen den Sinnzusammenhang schulischer Interaktionsprozesse beispielhaft sichtbar werden. Sie verdeutlichen Lehrern wie Schülern mit den Mitteln symbolischer Repräsentation die Bedingungen, unter denen sie Mitglieder des Systems sind oder werden können: welche Werte sie akzeptieren, welchen Normen sie sich unterwerfen, welchen Herrschaftsstrukturen sie sich anpassen müssen. Obgleich Rituale stets aus konkreten, inhaltlich bestimmten Interaktionen bestehen, legen sie nicht alle zukünftigen Handlungen und Interaktionen vorweg inhaltlich fest. Sie grenzen vielmehr Bedeutungen aus, zeichnen für die mannigfaltigen Aktivitäten, aus denen der schulische Sozialisationsprozeß besteht, einen bestimmten Rahmen vor. Dabei stiften Rituale auf einem generalisierten Niveau einen für alle verbindlichen Zusammenhang der

Erwartungen, die für das System charakteristisch sind. Um die wechselseitigen Erwartbarkeiten zu fixieren, liegen den Ritualen relativ starre, für bestimmte Situationen charakteristische Handlungsmuster zugrunde. Ein besonders wichtiges Merkmal schulischer Rituale ist es, daß die bedeutsamen Werte und der Systemzusammenhang nicht begrifflich und bewußt mit den rituellen Handlungen verknüpft werden. Die Situation wird von den Beteiligten also nicht reflexiv begriffen, sondern szenisch mitvollzogen, d. h. das „soziale Drama" erfüllt seine Funktionen über den Kopf der Individuen hinweg. Aber gerade darin, daß Rituale Sinn primär nicht sprachlich und auf der Ebene des Bewußtseins, sondern über eine Teilhabe an einem Aktionsgefüge vermitteln, beruht ihre Macht, den Individuen bestimmte Interpretationsmuster ihrer Identität anzutragen, mit anderen Worten: Der Rahmen der Ich/Du-Definitionen ist über institutionell bestimmte Verhaltensmuster vorgezeichnet. „Rituale erfüllen ihre Funktion zwar über den Kopf der an ihnen Beteiligten hinaus. Zugleich ist ihre Wirkung auf die Individuen jedoch subjektiv vermittelt, d. h., sie entfalten ihre Macht, indem sie an psychische Dispositionen der einzelnen anknüpfen, die in vorangegangenen Sozialisationsprozessen entstanden sind" (Wellendorf 1973, S. 71).

Wir werden uns nun mit einigen Ritualen beschäftigen, die als typische Szenen das szenische Arrangement der Schule bestimmen. Dabei stützen wir uns insbesondere auf die Arbeit von Wellendorf (1973).

(2) *Schulische Rituale als Ausdruck von Solidarität und Differenz:* In jedem schulischen Ritual wird institutionelle Solidarität ausgedrückt und *gleichzeitig* die bedeutsamen Unterschiede in Rang, Macht und Funktion aller Beteiligten herausgestellt. In Ritualen des schulischen Alltags (z. B. Aufstellen nach der Pause, Eröffnung einer Schulwoche durch Lieder oder Gebete, aber auch Aufnahme- und Entlassungsfeiern) sollen durch einen gemeinsam inszenierten, strukturierten Handlungszusammenhang die Gefühle der Beteiligten auf einen Bezugspunkt jenseits der aktuellen Szene (etwa die schulische „Autorität" und „Ordnung") bezogen und damit die soziale Ordnung und Autoritätsstruktur der Schule bestätigt und gestützt werden. Zum Beispiel ist das Aufstellen nach der Pause oft eng mit Kontrollfunktionen des Systems verbunden. Viele *Schulordnungen* drücken in ihrer Form institutionelle Autorität aus: Obgleich sie oft von den Lehrern allein entworfen sind, legt ihre Sprachform die Vermutung nahe, sie seien von den Schülern oder zumindest unter ihrer Mitwirkung auf der Basis einer gemeinsamen spezifischen „Gesinnung"

aufgestellt worden. Durch ihre Form suggeriert die Schulordnung den Schülern, daß sie nicht Produkt individueller Entscheidungsprozesse, sondern Niederschlag „objektiver“ Prinzipien ist, die das schulische Interaktionssystem steuern sollen. Die Schulordnungen regeln oft eine Fülle meist symbolisch bedeutsamer Einzelheiten: die Modi des Grüßens („Schüler und Lehrer begrüßen sich zu Anfang des Unterrichts“ – Schulordnung der Robert-Bosch-Gesamtschule in Hildesheim), der Pünktlichkeit, der Sauberkeit etc. Diese „kleinen“ Rituale des schulischen Alltags haben neben der symbolischen auch eine handfeste praktische Bedeutung im Rahmen der institutionellen Kontrolle. Z. B. hebt das Ritual des Aufrufens der Schüler zu Beginn des Unterrichtstages die Bedeutung des Zusammenkommens hervor und trägt dazu bei, ein Gefühl der Zusammengehörigkeit zu schaffen, indem es jeden Schüler der Klasse auf seine Mitschüler aufmerksam macht. Da der Lehrer im allgemeinen mit einer großen Zahl Schüler konfrontiert ist, haben die Schüler eine relativ geringe Chance, im Verlauf eines Schultags von ihrem Lehrer ihren Bedürfnissen entsprechend beachtet zu werden.

„Das rituelle Aufrufen der einzelnen Schüler zu Beginn eines Unterrichtstages ist deshalb ein symbolischer und öffentlicher Hinweis auf die Bedeutung jedes einzelnen als Person im szenischen Arrangement der Schule: Du, Schüler X, bist nicht vergessen!“ (Wellendorf 1973, S. 92).

Das Ritual erfüllt zugleich die Funktion, fehlende Schüler festzustellen und kann dadurch der Aufgabe, der Schulpflicht Nachdruck zu verleihen, nachkommen. Neben der symbolischen Darstellung von Solidarität und den handfesten pragmatischen Funktionen symbolisieren diese Rituale auch Differenz: Es ist der Lehrer, der die Anwesenheit feststellt und kontrolliert, der Lehrer setzt die Schulordnung durch.

(3) *Rituale der „Schülermitverantwortung“:* Die SMV gestattet im Zusammenhang bestimmter Situationen den Schülern „mitzubestimmen“, „mitzuverwalten“ etc. Symbolisch kommt dadurch die Stärkung der Solidarität von Lehrer und Schülern zum Ausdruck und zwar insofern, als den Schülern die Übernahme einiger Merkmale der sozialen Identität ihrer erwachsenen Interaktionspartner in die eigene soziale Identität zugestanden wird. Es wird damit rituell die Distanz zwischen den Lehrern und Schülern verringert. Diese partielle Verringerung wird jedoch im Ritual selbst kontrolliert: Die Aktivitäten der Schüler sind meist nur in Randbereichen möglich. Für die „Gemeinschaft“ übernehmen die Schüler Funktionen, z. B. Aufsichts- und Ordnungsämter;

Mitwirkung bei schulischen Veranstaltungen, die außerhalb des Unterrichts stattfinden; soziale Aufgaben von pädagogischen oder „menschlichem" Wert. Die gemeinsame Verantwortung für das System als ganzes soll Lehrer und Schüler miteinander verbinden, die tatsächlich sehr unterschiedliche Kompetenzen, Interessen und Macht haben, Richtung und Ablauf der Interaktionen im System zu bestimmen. Durch die Berufung auf eine „gemeinsame Verantwortung" werden die bestehenden Macht- und Herrschaftsverhältnisse verdeckt und zugleich wirkungsvoller. Die Unterschiede in den Funktionen und in der Macht zwischen Lehrern und Schülern werden als Verantwortungsunterschiede interpretiert und legitimiert.

„Während im Ritual der traditionellen SMV die Prinzipien und Strukturen des bestehenden Schulsystems unmittelbar mit dargestellt werden, drückt das Ritual einer Vollversammlung der Schüler (oder ähnlicher Veranstaltungen) die nicht direkt an die Institution gebundene oder sogar sich gegen sie konstituierende Solidarität einer Teilgruppe der Mitglieder des schulischen Interaktionssystems aus. Deshalb schließen sich die beiden Rituale in ihren Intentionen aus. Die Schülersolidarität stellt die institutionelle Solidarität in Frage" (Wellendorf 1973, S. 99).

Um dieser Gefahr zu begegnen, wird die öffentliche und freie Kommunikation von Bedürfnissen, Interessen oder Affekten einer institutionell reglementierten und an die geltenden Prinzipien und Normen gebundenen Kommunikation angenähert (z. B. durch „Geschäftsordnungen" oder andere formaldemokratische Prinzipien). Die Realisierung dieser formalen Prinzipien in der SMV hat zur Folge, daß der Inhaltsaspekt der Interaktionen immer stärker in den Hintergrund gedrängt wird. Es dominieren Versuche der Beziehungsdefinitionen auf der vorgegebenen „Identitätsfolie". Das durch die Organisation der Schule erzeugte „Abweichungspotential" erhält die Möglichkeit, sich in einer das System stützenden Weise zu „entladen", etwa im Versuch wechselseitiger Beziehungsdefinitionen.

(4) *Schulische Rituale und Leistung:* Schüler sind von Beginn ihrer „Schullaufbahn" damit konfrontiert, Leistungen zu vollbringen, d. h.: das im Unterricht Gelehrte zu lernen. Das Prüfungsritual hat nicht nur die Funktion, Wissen und Fertigkeiten zu überprüfen und hervorzubringen; es demonstriert zugleich, daß alle Beteiligten die Norm des Leistungsprinzips für die Interpretation ihrer sozialen Identität übernommen haben und daß Erfolg und Prestige ein Resultat der Übernahme dieser Norm sind. Mit der Generalisierung der institutionell zugeschriebenen Lei-

stungsmotivation als einer Bedingung der Mitgliedschaft im Interaktionssystem der Schule gewinnt die Motivierung zur möglichst guten täglichen Leistung selbständige Bedeutung.

Prüfungsrituale am Abschluß der Schulzeit geben den Individuen die Chance, ihre im schulischen Interaktionsprozeß konstituierte soziale Identität als eine insgesamt sinnvolle in ihre Lebensgeschichte zu integrieren. Auch diejenigen Schüler, die im Ritual der Prüfungen versagen, beteiligen sich an der öffentlichen Darstellung der Normen und Prinzipien, an denen gemessen sie scheitern und sich als „Versager" zu interpretieren lernen. Das Leistungsritual – gemeinsam von den Schülern und dem Lehrer inszeniert – ist in seiner Form Ausdruck institutioneller Solidarität und *zugleich* Differenz. Auf der einen Seite wird Solidarität bekundet durch Lehrerformulierungen wie „*wir* wollen morgen eine Klassenarbeit schreiben", „*wir* wollen uns jetzt bemühen, uns gut darauf vorzubereiten", „wir wollen jetzt in Gruppen uns gegenseitig helfen, damit wir alle gut abschneiden". Auf der anderen Seite wird im Ritual die dominierende Rolle des Lehrers deutlich: Er beaufsichtigt die Klasse, damit keiner „mogelt", er bewertet die Leistung.

Eng mit Prüfungen und Leistungsritualen hängen die schulischen Karrieremuster zusammen, die in schulischen Ritualen sich darstellen.

„Institutionelle Karrieremuster haben in bezug auf die Interaktion im szenischen Arrangement der Schule die Funktion, durch eine Typisierung der Schüler nach objektivierten Entwicklungsmustern die Interaktionsprobleme zu reduzieren, Verhalten gut vorhersagbar zu machen und reibungslose Kommunikation zu ermöglichen. (...) Als durchlebte und internalisierte werden die objektiven Karrieremuster ein Aspekt der persönlichen Identität: Ich bin der, der nach vierjähriger Grundschule die Aufnahmeprüfung in das Gymnasium nicht bestanden hat; dessen Leistungen sich im 5. und 6. Schuljahr rapide verschlechtert haben; der in der 7. Klasse sitzen geblieben ist; der am Ende der 7. Klasse wegen Disziplinschwierigkeiten in eine andere Klasse umgesetzt wurde; usw." (Wellendorf 1973, S. 128).

Durch langsame und kontinuierliche Uminterpretation der sozialen Identität der Betroffenen mit Hilfe institutionalisierter Handlungsketten, in denen Leistungsrituale eine zentrale Stellung haben, wird das Aufgeben von Karrierehoffnungen bewältigt und damit verhindert, daß Schüler (und ihre Eltern) das dem „schulischen Versagen" zu Grunde liegende Leistungsprinzip grundsätzlich in Frage stellen.

„Wenn zum Beispiel ein Gymnasiast bereits dann in die Volksschule zurückkehren müßte, wenn er die erste falsche Antwort auf eine Lehrerfrage gegeben hat, so würde er gewiß den Sinn des szenischen Arrangements der Schule überhaupt in Zweifel ziehen. Dies fällt aber bereits erheblich schwerer, wenn der Lehrer ihn immer wieder auf seine falschen Antworten aufmerksam gemacht hat; mehrfach mit seinen Eltern „ein ernstes Wort" geredet worden ist; er bereits einmal sitzen geblieben ist; etc. Mit Hilfe einer derart gestaffelten Enttäuschung spezieller und genereller Erwartungen wird der Zwang sehr groß, Scheitern nicht dem System, sondern sich selbst als „unfähigem" Individuum anzulasten" (Wellendorf 1973, S. 132).

(5) *Ritualisierte Darstellung von Identität und Distanz:* Bei Leistungsritualen können Lehrer z. B. ihre Distanz zu Klassenarbeiten z. B. dadurch zum Ausdruck bringen, daß sie den Beginn der Arbeit mit Bemerkungen wie „Na, dann müssen wir mal wieder" einleiten und demonstrativ Zeitung lesen, während die Schüler arbeiten.

„Eine Distanzierung ist bei schulischen Leistungsritualen um so schwerer möglich, je stärker und unmittelbarer sie die Darstellung des Leistungsprinzips betrifft. Die Schwierigkeit einer Distanzierung vom Leistungsritual ist deshalb so groß, weil bei diesem Ritual die Darstellung durch besonders scharfe Sanktionen und den selektiven Charakter der Schule selbst geschützt und zugleich die normative Orientierung der Individuen am Leistungsprinzip häufig bereits durch Sozialisationsprozesse außerhalb der Schule gefestigt ist" (Wellendorf 1973, S. 154).

Das Problem schulspezifischer Rollendefinitionen aktualisiert sich in ritualisierten Formen der *Rollendistanz* des Lehrers. Wie wir festgestellt hatten, muß der Lehrer einerseits die individuellen Probleme der Schüler als Ausdruck ihrer persönlichen Identität verstehen und akzeptieren. Andererseits muß er aber in der Rolle desjenigen, der für die Erhaltung von Ordnung und Leistung verantwortlich ist, eben jene Anforderungen des szenischen Arrangements vertreten, denen gegenüber die persönliche Identität relativ belanglos ist. „Rollendistanz kann nur als ein Versuch des Lehrers aufgefaßt werden, den Widerspruch zwischen dem tatsächlichen Handeln im schulischen Interaktionssystem und dem pädagogischen Selbstverständnis in der Selbstdarstellung gegenüber den Schülern zu mildern und erträglich zu machen – das heißt: trotz des Widerspruchs als mit sich selbst identisch zu erscheinen" (Wellendorf 1973, S. 156).

In welcher Weise kann dies geschehen:

(a) Der Lehrer kann den Intrarollenkonflikt seinen Schülern darstellen, beide Aspekte zu unterschiedlichen Zeiten realisieren und von den Schülern erwarten, ihn in beiden Aspekten seines Handelns ernst zu nehmen (z. B. „Pauker" bei Leistungsritualen, „Mensch" außerhalb des Unterrichts).

(b) Möglich ist es auch, daß der Lehrer die institutionalisierten (Leistungs-)Rituale unter Hinweis auf die eigenen Zwänge (Kollegium, Schulverwaltung, Eltern) entschuldigt und darstellt, daß – wenn es nach ihm ginge – es ganz anders sein würde. Dahinter steht der Versuch, die durch widersprüchliche szenische Anforderungen gefährdete Identität zu sichern, indem gegen das tatsächliche Verhalten eine „eigentliche" („wahre") Einstellung ausgespielt wird.

(c) Die Lehrer können auch im Rahmen einer allgemeinen Loyalität mit ihren Schülern eine Grenze ziehen, jenseits derer das Verhalten der Schüler zu weit geht. Auch bei diesem Versuch der Rollendistanz kann die Glaubwürdigkeit des Distanz ausdrückenden Verhaltens des Lehrers von den Schülern in Frage gestellt werden. Während der Lehrer z. B. durch das Setzen einer Grenze für das von ihm noch tolerierbare Verhalten glaubt, seinen Schülern zu zeigen, daß er kein reiner „Pauker" ist, sehen die Schüler unter Umständen in der Grenzziehung den Beweis, daß ihr Lehrer in Wirklichkeit doch ein „Pauker" ist.

(d) Indem Lehrer sich von ihrer Rolle als Agenten der Prinzipien von Ordnung und Leistung distanzieren und über diese Rolle hinaus handeln, versuchen sie Überlegenheit über die Rolle zu demonstrieren. Hierzu gehören Versuche „augenzwinkernder Kumpanei", Rituale „taktisch zu unterlaufen" (indem man nur so tut als erfüllte man die Forderungen und die Rituale nur dann „zelebriert", wenn's verlangt wird – etwa bei Schulratsbesuchen). Bei diesen Versuchen wird abermals erwartet, daß die Schüler das Verhalten des Lehrers, über die Rolle hinaus zu handeln, für relevanter halten als sein „eigentliches" Rollenverhalten.

(e) Eine subtile Form der Rollendistanz besteht darin, daß der Lehrer sich aus seiner „Amtsrolle" scheinbar zurückzieht und darauf vertraut, daß die Schüler „reif" genug sind, diese Funktion gruppenintern zu etablieren, während der Lehrer selbst nur die Träger dieser Funktion durch „funktionales feedback" subtil unterstützt. So gesehen könnte man die „Institutionelle Pädagogik" auch als einen Versuch zur Rollendistanz ansehen.

Da der Lehrer nicht offen und vollständig gegen die an ihm gestellten Ansprüche handeln kann, bilden die Formen der Rollendistanzierung Möglichkeiten, aktuelles Verhalten und nicht in diesem Verhalten aufgehendes Selbstverständnis ohne Gefährdung der eigenen Identität miteinander zu verbinden. Derartiges Lehrerverhalten enthält die unausgesprochene Forderung, daß die Schüler dem Erwachsenen bei der Erhaltung der Identitätsbalance helfen.

Eine weitere Möglichkeit Rollendistanz zu zeigen besteht darin, sich vor einer anderen Bezugsgruppe (z. B. die „informelle Schülergruppe") anders darzustellen als in der Interaktion Lehrer/Schüler. Die informelle Gruppe kann *nach* Ablauf der Lehrer-Schüler-Interaktion das Forum sein, um den abwesenden Interaktionspartner (den Lehrer) herabzusetzen und lächerlich zu machen und die ganze vergangene Szene zum „Theater" zu erklären (wie z. B. Lehrer untereinander ähnliche Bedürfnisse befriedigen). Das setzt voraus, daß es den Beteiligten gelingt, in einem „doppelseitigen Darstellungsproblem" Solidarität gegenüber der Gruppe, zu der man persönliche und informelle Beziehungen hat, zu zeigen und gleichzeitig zu rollenkonformem Verhalten im Zusammenhang der offiziellen Interaktionen zu kommen.

(6) *Folgerungen für das gruppendynamische Training in der Schule:* Die schulischen Rituale, von denen wir hier einige vorgestellt haben, lassen sich in Prozessen der Selbstreflexion bewußt erfahren. Es wäre z. B. möglich, in und nach Konfliktsituationen zwischen Lehrer und Schülern und bei auftretenden Formen der Rollendistanz über die rituellen Handlungsmuster ins Gespräch zu kommen, sie sprachlich „einzuholen" und damit den „blind" erfahrenen Zwang den Beteiligten zumindest bewußt werden zu lassen. Die Schwierigkeit besteht darin, daß Metakommunikation bestimmte Interaktionsstrukturen voraussetzt. So ist es z. B. notwendig, daß Selbstreflexion von den Beteiligten als sinnvoll akzeptiert wird, daß ein relativ großes Ausmaß an Vertrauen und Bereitschaft, den anderen zu akzeptieren und dessen Wahrnehmungen ernst zu nehmen, vorhanden sein muß. Ferner ist es erforderlich, relativ offen über die eigenen Gefühle zu reden, sich selbst zu problematisieren und nicht nur die rituelle Verfangenheit des anderen zu kritisieren. Mit anderen Worten: Es muß ein bereits größeres Ausmaß an Partnerschaft zwischen Lehrer und Schüler verwirklicht sein, um die Schicht der institutionellen Determinanten selbstreflexiv anzugehen. Oder noch anders ausgedrückt: Die Probleme, die wir im Abschnitt 3.2. behandelt haben und die die Lehrer-Schüler-Interaktion belasten, müßten im Groben bereits abgetragen sein (d. h., Lehrer und Schüler müßten ein hinreichendes Maß an Systemkompetenz erlangt haben, um die Grenzen ihres Systems problematisieren und verändern zu können).

Ohne hinreichende Systemkompetenz kämen Selbstreflexionsprozesse kaum zustande; versuchte man es dennoch wären die Folgen dieses Versuchs chaotische Interaktionen, „verordnete“ Erfahrungen oder folgenlose „Lehreroffenbarungen“. Andererseits sind es gerade die institutionellen Determinanten, die eine Vielzahl von Störungen in der zu 3.2. dargestellten Ebene des Hier-und-Jetzt bedingen und mitbedingen. Von daher ist es notwendig, daß der Lehrer das Wagnis auf sich nimmt, einen Wechsel auf die zukünftigen eigenen und schülerbezogenen Emanzipationstendenzen zu ziehen; mit anderen Worten: Der Lehrer muß einen Minimalrahmen für Emanzipationsprozesse erkämpfen, der Institution abtrotzen oder notfalls auch „taktisch erschleichen“. Konkret: Es ist notwendig, daß der Lehrer sich zumindest partiell vom festgeschriebenen Curriculum, von vorgegebenen Inhalten und Methoden löst und „Zonen der Begegnung“ zwischen Lehrer und Schülern schafft. Dabei werden die Chancen der Realisierung von Schule zu Schule verschieden sein (eine Gesamtschule mit einem aufgeschlossenen Kollegium böte vermutlich mehr Möglichkeiten als ein Gymnasium mit erstarrten hierarchischen Strukturen – manchmal kann es aber auch umgekehrt sein).

Selbstreflexion als Kritik der Interaktion stößt bei der Auflösung von rituellen Handlungsmustern bald auf ein fundamentales Problem, daß sie aus sich heraus nicht lösen kann, ein Problem, an dem auch die „fortschrittlichsten“ Gesamtschulen der BRD vermutlich scheitern werden: Das Problem der *positiven* Bestimmung von Schule und damit der Interaktionen zwischen Lehrern und Schülern. Schulische Rituale bieten – bei aller Kritik – den an sie Beteiligten die Möglichkeit der sozialen Identität, d. h., sie vermögen – sofern die Individuen den ritualistischen Zwang nicht durchschauen – ihr Handeln als *sinnvoll* zu begreifen. Allerdings ist die Schule als soziale Organisation auf die Verläßlichkeit der Bedeutung ihrer Rituale angewiesen. Erst deren Konstanz und d. h. auch über die Schule hinausreichende Bedeutung, gibt der sozialen Identität, die die Schüler im schulischen Interaktionssystem übernehmen sollen, einen für die Individuen akzeptablen Sinn.

Nun ist es aber zweifelhaft, ob das Leistungsprinzip, das in den schulischen Ritualen symbolisiert wird, tatsächlich garantiert, was die Schüler im schulischen Sozialisationsprozeß als gewiß zu akzeptieren gelernt haben: das jedes Individuum Einkommen, Status, Prestige allein aufgrund der von ihm im Arbeitsprozeß erbrachten Leistungen bekommt (vgl. Wellendorf 1973, S. 166 ff.). Wenn nun aber (zumindest für eine Gruppe von Schülern) die symbolische Bedeutung schulischer Leistungsrituale verlorengeht und diese Rituale damit ihre Kraft als Interpretationsmuster für die soziale Identität der Schüler verlieren, dann entsteht angesichts des ideologisch aufrecht erhaltenen Anspruchs der Schule, es bestehe ein funktionierender Bedingungszusammenhang zwischen schulischer Leistung und zukünftigem sozialen und beruflichen Status, ein *Legitimationsvakuum*. Mit anderen Worten: Sobald die schulischen Leistungsrituale nicht mehr in ein Identitätskontinuum eingefügt werden können und dies erkannt wird, verlieren die Rituale und die von ihnen abhängenden Schulen für die Schüler ihren subjektiven Sinn.

Viele schulische Rituale sind von Veränderungen in der Gesellschaft und im Schulsystem überholt worden und haben ihre ursprüngliche Darstellungsfunktion verloren. Der Ausfall des Rituals führt für die Schüler auf jeden Fall dann zu einem Bedeutungsverlust ihrer sozialen Identität, wenn dieser Ausfall Ausdruck einer Distanzierung der Lehrer im Schulsystem von den Schulleistungen der Schüler überhaupt geworden ist (z. B. formlose Aushändigung der Abiturzeugnisse). In vielen Gesamtschulen der BRD werden keine Zensuren mehr gegeben und die Leistungsrituale zunehmend demontiert. So positiv diese Entwicklung auch sein mag, sie führt doch dazu, daß bei den Schülern eine „underdefinition of identity", ein schmerzlicher Fehlbedarf an identitätsbildendem Sinn entsteht. Darauf reagieren Schüler entweder mit dem Import von „Identitäten" aus sekundären Institutionen (Plattenstars, Filmhelden usw.) oder durch verschärfte Provokation der erwachsenen Repräsentanten des Systems, die dem Bedürfnis entspringt, einen Widerpart zu finden, von dem sich absetzend die eigene Identität bestimmt und verstehbar wird.

Mit dem Wegfall identitätsbildender Rituale entsteht das eingangs benannte Problem einer auf Sinnkategorien hin ausgelegte (Neu-)Bestimmung von Schule und Lehrer-Schüler-Interaktion, in denen identitätsbildende Prozesse möglich sind. Diese Aufgabe ist kaum thematisiert, ihre Realisierung ist (auch bei Gesamtschulen) noch in weiter Ferne. Das Problem läßt sich in eine Frage fassen: Was könnte in der Schule für Schüler sinnvoll sein, um den unabgeschlossenen Prozeß der primären Sozialisation der Schüler fortzusetzen und ihre Identität auszubilden? Diese Frage stößt auf ein Kernproblem, nämlich dem Problem, inwieweit unsere Gesellschaft (vernünftige) Identität ausbilden kann und wie diese Identität auszusehen hat. Dabei dürfen wir nicht unterstellen, daß unsere

Gesellschaft ihre Einheit noch in Form von Weltbildern konstituieren kann, die eine gemeinsame Identität inhaltlich festschreiben.

„Eine kollektive Identität können wir heute allenfalls in den formalen Bedingungen verankert sehen, unter denen Identitätsprojektionen erzeugt und verändert werden. Ihre kollektive Identität steht den einzelnen nicht mehr als ein Traditionsinhalt gegenüber, an dem die eigene Identität wie an einem feststehenden Objektiven gebildet werden kann; vielmehr beteiligen sich die Individuen selbst an dem Bildungs- und Willensbildungsprozeß einer gemeinsam erst zu entwerfenden Identität. Die Vernünftigkeit der Identitätsinhalte bemißt sich dann allein an der Struktur dieses Erzeugungsprozesses, d. h. an den formalen Bedingungen des Zustandekommens und der Überprüfung einer flexiblen Identität, in der sich alle Gesellschaftsmitglieder wiedererkennen und reziprok anerkennen, d. h. *achten* können" (Habermas 1974, S. 51f.)

Eine neue Identität (die die Schule mitentwickeln und mittragen müßte) kann sich also nicht in Weltbildern artikulieren. Sie muß zwar auch die Geltung einer universalistischen Moral unterstellen, diese läßt sich aber auf Grundnormen der vernünftigen Rede zurückführen; das kommt einer kollektiven Identität entgegen, die im Bewußtsein der allgemeinen und gleichen Chancen der Teilnahme an wert- und normbildenden Lernprozessen begründet ist. „Eine solche Identität braucht keine fixen Inhalte mehr, um stabil zu sein; aber sie braucht jeweils Inhalte. Identitätsverbürgende Deutungssysteme, die heute die Stellung des Menschen in der Welt verständlich machen, unterscheiden sich von traditionellen Weltbildern nicht so sehr in ihrer geringeren Reichweite, als vielmehr in ihrem revisionsfähigen Status" (Habermas 1974, S. 69).

Damit ist die reale Teilnahme an wert- und normbildenden Lernprozessen die Grundlage einer neuen Identität. Die Etablierung derartiger Lernprozesse in das System der Schule vermag die durch den Abbau ritueller Handlungsmuster bedingten Identitätseinbußen der Schüler in einer vernünftigen Weise aufzufüllen. Am Beispiel der Curriculumplanung weist Habermas (1974, S. 72ff.) nach, daß eine administrative Erzeugung kultureller Legitimität dieser Curricula gar nicht möglich sei, daß es vielmehr dazu der wert- und normbildenden Kommunikationen bedarf, die nun unter Eltern, Lehrern, Schülern einsetzen. „Hier werden die kommunikativen Strukturen eines allgemeinen praktischen Diskurses von selbst hervorgetrieben, weil die Traditionsfortbildung aus ihrem naturwüchsigen Medium herausgetreten ist und weil ohne eine argumentativ gefilterte Willensbildung auf breiter Basis ein neuer Wertekonsensus nicht erreicht werden kann" (Habermas 1974, S. 74). Umgesetzt auf das

Problem der identitätsstiftenden Rituale bedeutet dies, daß, soweit die schulischen Rituale ihre Kraft verlieren, keine Äquivalente auf dem Verwaltungsweg geschaffen werden können, daß vielmehr die Strukturen wert- und normbildender Kommunikationen in ihr Recht treten; sie bleiben als einzige „Motivgeneratoren" übrig, wenn nicht Zwang angewendet werden soll. Einschränkend muß jedoch gesagt sein, daß dieser Weg nur ein Hinweis auf die Logik von möglichen Veränderungen ist. Über die institutionellen Mechanismen und methodischen Möglichkeiten, die das tatsächliche Eintreten solcher Veränderungen abzuschätzen gestatten würden, ist damit noch nichts gesagt.

Unsere eingangs gestellte Frage nach den Möglichkeiten, die Schule alternativ zu den abbröckelnden rituellen Handlungsmustern besitzt, um sinnvolle Identitäten bei den Schülern auszubilden, läßt sich jetzt etwas konkreter beantworten: Schule müßte Situationen schaffen, in denen Schüler an wert- und normbildenden Lernprozessen teilnehmen können, um so die Grundlage einer neuen Identität zu finden. Die Schule müßte ferner Schüler befähigen, Kenntnisse und Verhaltensweisen für diese Lernprozesse zu entwickeln. Die Ziele verweisen bei methodischer Realisierung auf Formen gruppendynamischen Trainings, in denen die Individuen in Prozessen der *Selbstreflexion* sich soweit zu durchschauen lernen, daß sie an den wert- und normbildenden Interaktionen teilnehmen können. In *Antizipationen* werden diese wert- und normbildenden Lernprozesse Grundlage für die Realisierung zufriedenstellender Kommunikation. In *Aktionen* schließlich müßte gelernt werden, die institutionellen Bedingungen so zu verändern, daß Prozesse der Selbstreflexion und Antizipationen möglich werden und nicht folgenlos bleiben. Wie dies organisatorisch und methodisch realisiert werden könnte, werden wir im weiteren Gang der Untersuchung darstellen. Zunächst werden wir uns noch mit einigen Entwicklungstendenzen der Schulorganisation auseinandersetzen, die erhebliche Probleme in die Interaktion Lehrer/Schüler einbeziehen und die es gilt, selbstreflexiv einzuholen und zu verändern.

3.3.3. Zum Syndrom der distanzierten Leistungsschule

Hinter der technologisch orientierten Schulreform – die auch von vielen Gesamtschulen getragen wird – steht u. a. der Versuch, die soziale Identität von Schülern und Lehrern nicht mehr auf dem Hintergrund allgemeiner, institutionalisierter Interpretationsmuster, wie sie z. B. schulische

Rituale darstellen, zu definieren, sondern durch die sachlichen Funktionen, die die einzelnen in einem funktional verzahnten System übernommen haben. „An die Stelle rituell darstellbarer Amtsautorität der Lehrer soll die funktionale Autorität des Erziehungs- und Unterrichtsspezialisten treten; die ebenfalls rituell darstellbare, genau umschriebene und definierte Schülerrolle soll durch eine flexible soziale Identität ersetzt werden, die durch individuelle Leistungen in einer flexibel organisierten Schule stets neu und mit Hilfe objektiver Leistungskriterien bestimmt wird" (Wellendorf 1973, S. 103f.). Dieser zwanghafte Versuch zur „Versachlichung" der Lehrer-Schüler-Beziehungen wird durch schulorganisatorische Maßnahmen unterstützt. So ist in vielen Gesamtschulen z. B. zu beobachten, daß das Fachlehrerprinzip/Fachraumprinzip zu Lasten des Klassenlehrerprinzips/Klassenraumprinzips betont wird, mit der Folge, daß Schüler unter Umständen mehrfach am Tag den Unterrichtsraum wechseln müssen und sich alle 45 Minuten auf einen neuen Lehrer „einzustellen" haben. Der Klassenverband ist aufgelöst; statt dessen existiert ein „flexibles" System von Leistungsgruppen, Wahlpflichtgruppen usw. Das Curriculum ist starr, für den gesamten Jahrgang verbindlich; es werden die gleichen Tests geschrieben, „um eine Vergleichbarkeit der Leistungen zu gewährleisten". Dieses technologisch orientierte, emotional distanzierte (man könnte fast sagen: kastrierte) „pädagogische" System wirft eine Fülle von Folgeproblemen auf:

(1) *„Starre" Curricula:* Je nachdrücklicher und starrer in Curricula Lernziele und Methoden fixiert sind, desto weniger werden sie die Identität von Lehrern und Schülern ausbilden und stabilisieren und personengebundene Handlungsweisen zulassen. Das hat die Folge, daß unabgegoltene Bedürfnisse und Handlungsziele frei werden und nach anderen Möglichkeiten zur Realisierung drängen. Da in einem geschlossenen Curriculum nur Bedürfnisse nach ihrer Berechenbarkeit, Regelmäßigkeit und Gleichförmigkeit ausgewählt werden, bleiben nicht planbare, zufällige, nicht zielfunktionale Bedürfnisse zunehmend unberücksichtigt. Ferner werden Bedürfnisinterpretationen, Interessen, Handlungsziele von Lehrern wie Schülern nicht oder kaum zugelassen und so in andere Ausdrucksformen gedrängt. Mit der Erhöhung der technischen Verfügung, die in geschlossenen Curricula impliziert ist, wird ein Konfliktpotential miterzeugt und die Möglichkeiten des Loyalitätsentzugs erhöht. Geschlossene, „starre" Curricula schließen sich aus der Dynamik der Interpretationsprozesse Lehrer/Schüler aus, beanspruchen aber dennoch Ver-

bindlichkeit und rufen so fundamentale Entfremdungserscheinungen und Identitätseinbußen beim Lehrer wie bei den Schülern hervor. Geschlossene Curricula verlangen vom Lehrer, daß er zielrational Reize einrichtet, um erwünschte Reaktionen der Schüler zu erreichen und sich nicht in einen wechselseitigen Austausch von Bedürfnisbefriedigung und Reflexion einläßt. Dadurch wird sein Handeln uneigentlich, indirekt, entpersonalisiert. Der Lehrer entfremdet sich zunehmend weiter von seinen Schülern. „Da Schüler die an sie gerichteten Lernerwartungen so nicht im von Normen geleiteten, kommunikativen Gegen- und Miteinander von Personen erfahren, sondern als hinter ihrem Rücken geplante, schließen sich die im Raum der Schule möglichen Erfahrungen gegen die Selbstdarstellung und Ichleistung der Schüler ab und entfremden so die Schüler von einem ungebrochenen Umgehen mit dem Lehrer" (Sachs und Scheilke 1972, S. 54).

Wo aber das Interesse an lebenspraktischer Bedeutung nicht zugelassen wird, wo Erwartungen keiner emotionalen Bindung und symbolischen Identifikation mehr zugänglich werden, nimmt die Bereitschaft der Beteiligten mitzumachen rapide ab. Die zunehmende Legitimitätseinbuße geschlossener Curricula äußert sich in latenter Emigration, in Entdisziplinierung, in Disengagement – Erscheinungsbilder, die die Situation an „modernen" Schulen, vornehmlich auch an Gesamtschulen, zunehmend charakterisieren.

Zu fordern wäre ein höherer Grad von Selbstbestimmung im Kommunikationsprozeß zwischen Lehrer und Schülern, um den Handlungsspielraum zu erweitern und um an persönliche Motive gebundenes individuell gestaltetes und gestaltendes Handeln nicht nur zuzulassen, sondern auch herauszufordern. Wie im Rahmen dieser Forderung die Planung gruppendynamischen Trainings (oder gar ein gruppendynamisches Curriculum) möglich ist und realisiert werden kann, soll im vierten Abschnitt erörtert werden. Nur so viel sei gesagt, daß derartige Planungen eine breite Aufnahme von Interessen und Bedürfnissen gestatten müßten, daß sie flexibel gehalten sein sollten, jederzeit verfügbar, für wechselseitige Interessen instrumentalisierbar etc.; mit anderen Worten: Auf die Bedürfnisse, Interessen, Absichten, Vorstellungen der Schüler müßte der Lehrer ein breites, weitgefächertes, flexibles, differenziertes methodisches Instrumentarium zur Verfügung haben, mit dem er – unter Einbeziehung und Berücksichtigung seiner Person und seiner individuellen Fähigkeiten und Mängel – antworten könnte.

Eine Aufgabe des gruppendynamischen Trainings müßte es sein, aktuelle Kommunikationsstörungen, die ihre wesentliche Ursache in „starren“ Curricula finden, bewußt zu machen, auf die Ursachen zu sprechen zu kommen (Selbstreflexion) und taktische Verfahren zu entwickeln, um diesen Zwang abzuwehren, zumindest aber zu unterlaufen (Aktion).

(2) *Fachlehrer und Fachraumprinzip:* Dieses pädagogische Prinzip – ursprünglich konzipiert, um dem Schüler die Möglichkeit zu geben, mit möglichst vielen Identifikationspersonen zusammen zu sein und negative Einflüsse durch bestimmte Lehrer zu vermindern – depersonalisiert die Lehrer-Schüler-Beziehung, mißachtet die psychischen Möglichkeiten und Fähigkeiten zumal der jüngeren Schüler, verhindert Konsensbildung zwischen Lehrer und Schülern bei der Entscheidung über Inhalte, führt zu einer zunehmenden Desorientierung der Schüler. Insbesondere trifft das für unüberschaubar gewordene Gesamtschulen zu, die teilweise 14zügig und mehr ausgebaut sind und in denen Konsensbildungen im Kollegium zu pädagogischen Fragen kaum noch möglich werden. Ein Fachlehrer, der unter Umständen bis zu zehn Klassen (also etwa 300 Schüler) „verkraften“ muß, wird kaum personale Beziehungen zu seinen Schülern herstellen können. Vielmehr wird er im wesentlichen sich darauf beschränken müssen, „sein“ Curriculum (zumal unter „Testzwang“) durchzubringen. Latente Emigration, Entdisziplinierung zunehmendes Disengangement sind die wahrscheinlichen Folgen, zunächst bei den Schülern, dann beim Lehrer selbst. Man stelle sich nur den Schüler vor, der im Laufe eines Tages mehrfach die Unterrichtsräume wechselt, ständig mit neuen Lehrern konfrontiert ist, die fast ausschließlich Leistungsforderungen an ihn stellen, der kaum eine Bezugsgruppe hat, sondern viele Male am Tag die Gruppen wechseln muß, der ein breites Spektrum unterschiedlichster Lehrerpersönlichkeiten, die ihn mit unterschiedlichen, zum Teil sogar widersprüchlichen Verhaltensaufforderungen und Führungsstilen traktieren, „verkraften“ muß. Ist dieser Schüler nicht schlechthin überfordert, muß er nicht – um auch nur einen Rest von Identität zu bewahren – alles daran setzen, aus diesem unmenschlichen System „auszuflippen“?

Um die Selbstbestimmung in den Interaktionsprozessen zwischen Lehrer und Schülern möglich zu machen, müßte nicht nur eine Stärkung des Klassenlehrerprinzips gefordert werden, sondern auch eine drastische Senkung der Klassenfrequenzen (optimal wären 10–12 Schüler). Das Fachlehrerprinzip bei einer geringen Stundenzahl in jeder Klasse und hoher Klassenfrequenz hat zur Folge, daß gruppendynamisches Training nicht oder nur kaum und dann nur mit stark verminderten Möglichkeiten realisiert werden kann. In diesem Falle würden nur schulische Arbeitsgemeinschaften und Tutorengruppen (wenn die Zahl ihrer Mitglieder nicht sehr hoch ist) bescheidene Ansätze bieten.

Schulspezifische Rollendefinitionen, schulische Rituale und auch bestimmte Organisationsformen der Schule sind nicht nur aus dem System direkt entstanden. Vielmehr ist das System Schule eingebettet in einen Kranz weiterer Institutionen, die den Rahmen dessen bestimmen was in Schule und damit auch was in den Interaktionen zwischen Lehrern und Schülern möglich ist. Wir werden uns nun diesen Determinierungen zuwenden.

3.4. Determinierungen aus dem institutionellen Bedingungsgefüge

3.4.1. Lehrerrolle und Beamtenstatus

Das Rollenverhalten des Lehrers wird nicht nur durch Schülererwartungen und Rollendefinitionen der Lehrer seines Kollegiums bestimmt, sondern in einem erheblichen Maße auch von der ihm übergeordneten, hierarchisch strukturierten Schulbürokratie, die an dem Beamtenstatus und der Weisungsgebundenheit des Lehrers anknüpft. Um die von den übergreifenden bürokratischen Institutionen (z. B. Schulrat, Schulabteilung, Kultusministerium) für notwendig angesehene „Formierung“ des Lehrers zu erreichen, bedarf es nicht notwendig und ausschließlich unmittelbarer eingreifender Maßnahmen (z. B. Disziplinarverfahren). Vielmehr erzeugt das durch die bürokratische Situation „strukturierte Feld“ einen bestimmten Konditionierungsvorgang, der die Handlungen und schließlich auch die Denkweise des Lehrers determiniert. Disziplin und Selbstverleugnung, Anpassung der Gefühle und Handlungen an die Beamtenkarriere, politische Passivität vereidigen den Lehrer auf die Reproduktion und Aufrechterhaltung der bestehenden Strukturen der Gesellschaft. Der Lehrer, mit seiner gesamten Existenz an seine Tätigkeit gekettet, muß sich zur Sicherung seines Status die vorgegebenen Normen so weit zu eigen machen und schließlich auch verinnerlichen, daß sie ihm schließlich als Ausdruck seiner eigenen Wünsche und Interessen erscheinen.

Was sind die Folgen für die Lehrer-Schüler-Interaktion? Häufig identifiziert sich der Lehrer mit seinen Schülern: Ihr Erfolg ist sein eigener Erfolg – ihr Mißerfolg ist sein Mißerfolg. Es handelt sich um eine aus seiner ersten Identifikation (mit der Bürokratie) resultierende zweite Identifikation. Der Lehrer rechtfertigt seine Stellung und sichert seine Karriere in der Beamtenhierarchie nur in dem Maße, wie er „bürokratisch-pädagogische Arbeit" gut verrichtet, d. h. sich den Lehrplänen unterwirft, den Schulrat und die Eltern zufriedenstellt. Der „Lehrer-Bürokrat" muß daher vor allem „beweisen", daß er sein Amt gut ausfüllt. Dieser „Beweis" läßt sich „materialisiert" führen in meßbaren Quantitäten (z. B. erreichte operationalisierte Lernziele), in angebotenen Kenntnissen, in Erfüllung oder Nichterfüllung eines Curriculum, in Erfolgsquoten bei Prüfungen. Dabei gehen zunehmend die verhaltensrelevanten psychischen und identitätsfördernden, für die Schüler bedeutsamen Wirkungen des Unterrichts verloren. Der Zwang zur Materialisierung höhlt die Interaktionen Lehrer/Schüler aus. Das „wohlwollende" Erzieherverhalten entlarvt sich häufig als Schein, als Ergebnis einer für den Lehrer notwendigen Identifikation. Das Wohl des Schülers ist in Wirklichkeit das Wohl des Lehrers und das Wohl der bürokratischen Institutionen und der an ihr partizipierenden Individuen.

Dieser institutionelle Determinierungsmechanismus ist vom Lehrer allein nicht aufzubrechen. Möglich erscheint es lediglich, in Selbstreflexionsprozessen sich und den Schülern diesen Mechanismus bewußt zu machen. Der durch die Schulbürokratie inthronisierte Pädagoge behält dann zwar nach außen diesen Thron, hört aber in den Beziehungen zu seinen Schülern auf, das seinem Amt gemäße Spiel mitzuspielen. Der Lehrer versucht sich als Machtträger und Bürokrat zu relativieren, etwa indem er die Schüler zunehmend an den Entscheidungsprozessen beteiligt. Es entsteht (wie in der „Institutionellen Pädagogik") so etwas wie der „Wurm in der Frucht", ein neues Organisationsprinzip im alten System. Zu fordern, die Bürokratie zu zerschlagen, ist illusorisch und bringt nichts, weil der Verwaltete, übertrüge man ihm die Aufgaben der Bürokratie, nun seinerseits zum Bürokrat wird (z. B. gewerkschaftliche Hierarchien, „sozialistische" Parteibürokratien). Die einzige Möglichkeit besteht darin, dort wo es möglich ist (z. B. auch in einer Schulklasse, einer schulischen Arbeitsgruppe) die hierarchisch-bürokratische Beziehungsform (in einem allmählichen Prozeß, der die Möglichkeiten und Fähigkeiten der Beteiligten ständig im Auge behält) durch neue Formen der Interaktion zu ersetzen. Aus diesen Mikro-Systemen mit Modellcharakter müßten sich in der Gesamtgesellschaft lebensfähige Institutionen bilden, die die Prinzipien der Mikro-Systeme in sich aufgenommen haben (z. B. „demokratische Schulen").

3.4.2. Zielprobleme der Schule im Zusammenhang der Gesellschaft und ihrer Institutionen

Das Problem des Organisationszieles hat auch für die Schule eine vorrangige Stellung. Die Schule befolgt – wie jede Organisation – spezifische Zwecke; ihre Daseinsberechtigung erhält sie daraus, daß sie diesen (stark modifikationsfähigen) Zielen dient. Die Schule dient zunächst (a) der Vermittlung eines „Grundbestandes" an Wissen und Kenntnissen. Möglichst viele Schüler sollen die in den Lehrplänen und Curricula formulierten Ziele erreichen und Prüfungen bestehen. Darüber hinaus will Schule (b) Normen vermitteln, die sich nicht unmittelbar aus den inhaltlichen Lernzielen ergeben. (c) Durch die materielle Abhängigkeit der Schule von staatlichen Institutionen übermittelt Schule (selbst wenn sie einen anderen Anspruch geltend macht) moralische, religiöse, gesellschaftliche und politische Vorstellungen, die mit den sozioökonomischen Grundlagen und ideologischen Strukturen des jeweiligen gesellschaftlichen Systems übereinstimmen (vgl. Peter 1973, S. 119).

Wer bestimmt nun die Zielvorstellungen der Schule und hat damit Einfluß auf die Lehrer-Schüler-Interaktion?

(1) „Offiziell" bestehen die in den jeweiligen Länderverfassungen gesetzten Erziehungs- und Bildungsziele. Hinzu kommen die Lehr- und Bildungspläne der Länder und sonstige (etwa auf dem „Erlaßwege") ergangenen Anordnungen und Regelungen, die die Ziele der Schule bestimmen.

(2) Interessenverbände (Kirchen, Wirtschaft, politische Parteien, Elternverbände) wirken auf die Schule ein und konkretisieren die „offiziellen" Organisationsziele.

(3) In den Schulordnungen der jeweiligen Schulen sind meist Regelungen enthalten, die sich insbesondere auf die Ziele (b) auswirken können.

(4) Ziel- und Normvorstellungen können auch über die Verwendung bestimmter Schulbücher oder die Übernahme von durch Wissenschafts-

zweigen entwickelter Schultheorien oder Verhaltensmodelle ihren Eingang in die Schule finden.

(5) Nicht zuletzt bestimmen auch die Lehrer oder bestimmte Lehrergruppen (Lehrergewerkschaften) die Zielvorstellungen.

Nyssen (1969) und Baethge (1970) haben herausgestellt, daß in die Organisationsziele, Bildungsinhalte und Unterrichtsformen konkrete gesellschaftliche Interessen eingehen. Durch Interessenverbände der Wirtschaft wird das Bildungswesen in seinen höchsten politischen Vorbereitungsgremien beeinflußt (z. B. Ministerialbürokratien und Parlamentsausschüsse). Durch die Wirtschaft gesteuerte Vereinigungen und „Gesprächskreise" geben bildungspolitische Untersuchungen und Gutachten heraus, die sich auf die politischen Entscheidungen auswirken. Wirtschaftliche Interessenverbände wenden sich unmittelbar an Lehrer und Schüler. Als bereits institutionalisierte Formen des Kontaktes zwischen Wirtschaft und Schule sind z. B. Betriebserkundungen (durch Lehrer und Schüler), Industriepraktika (für Lehrer-Studenten) und Betriebspraktika (für Schüler) zu nennen. Im Rahmen dieser Einflußmöglichkeiten ist es der privaten Wirtschaft möglich, ihre Interessen als allgemein gesellschaftliche Interessen auszugeben, um Widersprüche und Kritik, die ihre Macht beeinträchtigen könnten, zu verschleiern und zu erschweren.

„In dem Maße, in dem die Gewerkschaften darauf verzichten, in allen sozialen Bereichen, also auch in dem der Schule, den Interessengegensatz zwischen Unternehmern und abhängig Arbeitenden durchsichtig zu machen, kann die Unternehmerschaft mit Hilfe ihrer Verbände, ihrer Institutionen, ihrer Presse und ihrer Mittelsmänner ihr eigenes gewinnorientiertes Wirtschaftsbestreben als gesellschaftlich rationales Prinzip verkünden" (Peter 1973, S. 142).

Die Folge ist, daß nur wenige Lehrer sich dazu verstehen, den Schülern ihre zukünftige Stellung als Arbeitnehmer und deren politische und soziale Konsequenzen deutlich zu machen; „die Mehrheit identifiziert sich mit den Zielsetzungen der Unternehmer und hält Auffassungen, die von materiellen Interessen bestimmt sind, für „egoistisch" und unverträglich mit dem „Gemeinwohl" oder interpretiert sie gar als propagandistische Einflüsse der Gewerkschaften" (Nyssen 1969, S. 56). Dieser Einfluß wirtschaftlicher Interessenverbände entlarvt das Prinzip des „demokratischen Pluralismus" als Illusion.

Welche Folgen hat dies für das gruppendynamische Training in der Schule? Zunächst erscheint es notwendig, daß in den Prozessen der Selbstreflexion die Ebene der Determinierungen aus dem institutionellen Bedingungsgefüge einbezogen wird, etwa wenn Bestimmungen durch die Schulbürokratie aus dem Blickwinkel von Interessen der Wirtschaft interpretiert werden. Eine derartige Selbstreflexion bleibt zwar noch auf die konkrete Interaktion bezogen, das Verständnis erschließt sich aber erst über mehrfache Vermittlungsschritte. Möglichkeiten würden sich auch über soziodramatische Techniken anbieten, um das vielschichtige Bedingungsgefüge transparent zu machen.

3.5. Lehrer-Schüler-Interaktionen und gesellschaftliche Totalität

In unserer Untersuchung sind wir den objektiven Einflüssen nachgegangen, die die Interaktionen Lehrer/Schüler bestimmen. Neben dem System Schulklasse, der Schule und der die Schule umgebenden und sie beeinflussenden Institutionen ist es schließlich „die“ Gesellschaft selbst, die bestimmte Interaktionen ermöglicht, andere ausschließt. Was ist nun unter dem Begriff „Gesellschaft“ zu verstehen? Adorno hat die Gesellschaft als Totalität bestimmt, die sich durch alle einzelnen hindurch realisiert und doch in deren Interaktionen nicht aufgeht. Die Totalität hängt zwar von allen einzelnen Subjekten ab, tritt diesen Subjekten aber als Fremdes in Form von Herrschaft entgegen und setzt sich in der Psyche der Subjekte fort. Mit anderen Worten: Die Objektivität der Totalität kommt zwar von den Subjekten, hat sich diesen gegenüber jedoch verselbständigt, führt ein Eigenleben *innerhalb* der von ihr umfaßten Momente. Die Gesellschaft ist also das Ganze, das eine unabhängige Macht über die Menschen ausübt. Die Gesellschaft verfügt dabei über einen Kern in dem System von Institutionen. Dieser Kern ist spürbar in eingeschliffenen, als selbstverständlich geltenden und geronnenen Beziehungsformen zwischen Menschen (so auch in der Lehrer-Schüler-Interaktion, wie wir es in mehrfachen Beispielen gesehen haben). Betrachtet man das Phänomen der Totalität unter systemtheoretischem Blickwinkel (vgl. Luhmann 1971), ergibt sich für Gesellschaften das Problem, aus der Gesamtheit der *möglichen* Ereignisse und Wahrnehmungen, also der Komplexität von „Welt“, Bestimmtes oder doch Bestimmbares auszugliedern. Damit ist Gesellschaften die Funktion der Erfassung und Reduktion von Komplexität zugewiesen. Gesellschaft ist jenes Sozialsystem, das letze, grundlegende Reduktionen institutionalisiert. Damit schafft Gesellschaft die Voraussetzungen, an die andere Sozialsysteme anknüpfen können. Sie entscheidet darüber, wie hohe Komplexität der Mensch aushalten, d. h. in sinnvolles Erleben und Handeln umsetzen kann. So gesehen läßt sich die Gesellschaft begreifen als dasjenige Sozialsystem, das mit seinen Grenzen unbestimmte Komplexität ausgrenzt und damit die Möglichkeiten vorstrukturiert, die in der Gesellschaft ergriffen und realisiert werden können. Die Systemgrenzen werden gewonnen durch Generalisierung der Erwartungen für systemzugehöriges Verhalten. Durch Generalisierung der Verhaltenserwartungen wird die konkrete Abstimmung des sozialen Verhaltens mehrerer erleichtert, indem schon vorher typisch festliegt, was etwa erwartet werden kann und welches Verhalten die Grenzen des Systems sprengen würde.

Was ergibt sich für unsere Untersuchung aus diesen Darlegungen? Wenn es gelingt, Grundstrukturen dieser Gesellschaft konkret auszumachen (bzw. Prinzipien, nach denen unsere Gesellschaft Komplexität reduziert), dann ist es uns möglich, den Brechungslinien der Totalität im Subjektiven zu folgen, sich selbst in allen diesen Brechungen zu erfahren, die Lehrer-Schüler-Interaktionen umfassender zu verstehen und eher „wirkliche" Alternativen zu formulieren. In der Selbstreflexion könnte es möglich werden, die Struktur und Erscheinungsform der Reduktion von Komplexität bei den Systemen Schulklassen, Schule Schulbürokratie usw. durch das Individuum hindurch und durch es „gebrochen" zu erfassen und die in den Systemen enthaltenen Widersprüche, Fehlformen, Verengungen, Erstarrungen herauszustellen. Es geht um nichts mehr und nichts weniger, als das bestehende Universum von Denken, Sprechen und Handeln „aufzubrechen", die obersten Strukturmerkmale in Frage zu stellen, „wirkliche" Alternativen zur „herrschenden" Reduktionsstruktur vorzubereiten. Welches sind nun die obersten Strukturmerkmale der heutigen Gesellschaft, welches ihre „wirklichen" Alternativen?

Adorno (1970, S. 142ff. und 1972, S. 20ff.) sieht den Tausch als Grundbestand der heutigen Gesellschaft an. Dieses Tauschprinzip ist so umfassend, daß sich alle diesem „Gesetz" unterwerfen müssen, wenn sie nicht zugrunde gehen wollen, gleichgültig, ob sie subjektiv von einem „Profitmotiv" geleitet werden oder nicht. Die in „Kundschaft" verkehrte Menschheit ist durch die gesellschaftlichen Verhältnisse, die das Tauschprinzip aufrechterhalten, bis in die Triebsphäre bestimmt. Die Menschen sind auf Agenten und Träger des Warentausches reduziert. So realisiert sich eine umfassende Herrschaft des Menschen über den Menschen. In den Interaktionen Lehrer/Schüler läßt sich die Verwirklichung dieses Prinzips jederzeit wiederfinden. Wie wir im Abschnitt 3.4.1. gesehen haben, verbirgt sich häufig selbst hinter einem dem Schüler „wohlwollenden“ Erzieherverhalten das Streben des Lehrers, seine Position zu behaupten bzw. auszuweiten, seinen „Tauschwert“ zu erhalten oder heraufzusetzen. Die Beziehung Lehrer-Schüler ist damit auch vom generellen Tauschprinzip stigmatisiert. Lehrer und Schüler begegnen sich tendenziell als „Tauschpartner“, die sich wechselseitig für ihr „Wohlverhalten“ honorieren und sich als Personen häufig gleichgültig sind. Im Rahmen dieses „Warentausches“ realisiert sich die Herrschaft des Lehrers über seine Schüler. Die in den vorhergehenden Abschnitten dargestellten Erscheinungsformen und Störungen der Lehrer-Schüler-Interaktionen erweisen sich als „Brechungen“ dieses Prinzips, als konkrete Ausgestaltungen bei bestimmten institutionellen und organisatorischen Bedingungen.

Hinter diesem grundlegenden Reduktionsprinzip der heutigen Gesellschaft steckt das noch umfassendere historische Projekt der Erfahrung, Umformung und Organisierung der Natur als großes Beherrschungsobjekt (vgl. Marcuse 1971, S. 402), das durch die technologischen Formen der Beherrschung charakterisiert ist. Technologische Beherrschung und totaler Warentausch haben eine totale Herrschaft des Menschen über den Menschen errichtet. Die Beherrschung von Mensch und Natur durch den Menschen erweist sich als das fundamentale Reduktionsprinzip der Gesellschaft und damit auch ihrer Subsysteme wie Familie, Schulklasse, Schule usw. Ursprünglich und primär ist dieses Reduktionsprinzip an die Daseinserhaltung des Menschen gebunden. Es hat sich jedoch trotz (oder gerade wegen) seiner Erfolge von Wissenschaft, Technologie und wachsender Produktivität unkontrolliert, weitgehend ungebrochen, geradezu „krebsartig“ ausgeweitet. In dieser Überwucherung verschließen sich die reifen Industriegesellschaften gegen Alternativen, stoßen relativierende Reduktionsprinzipien ab, erstarren zu kristallinen Formen der Gerinnung, stellen in ihrem eindimensionalen „Fortschritt“ einen Rückschritt an sich selbst dar. Dieses eindimensionale Reduktionsprinzip hat zu unübersehbaren Rissen und Klüften innerhalb der Kommunikationssysteme, auch die in der Schule, geführt, hat sie in einem bislang undurchschaubaren Maße geschädigt durch das verhängnisvolle Prinzip der Selbststabilisierung der Stärkeren mit Hilfe und auf Kosten der Schwächeren. Man hat sich an die Schwächeren geklammert, um sich mit ihrer Hilfe gegen den Zusammenbruch der eigenen Identität zu schützen, um durch sie die wachsende Tendenz zur Selbstunsicherheit, Vereinsamung und Ohnmacht zu kompensieren (vgl. Richter 1972, S. 23). Ratlos und voller Widerwillen fühlt man sich in soziale Strukturen verstrickt, die vornehmlich auf den Versuch rivalisierender wechselseitiger Ausbeutung zugeschnitten worden sind. Nach dem traditionellen Konzept: jeder versucht aus dem anderen möglichst viel zur eigenen narzißtischen Stärkung herauszuholen. Richter (1972, S. 21) gibt dafür ein Beispiel aus dem Bereich der Schule, das den durch das Reduktionsprinzip hervorgerufenen Grundkonflikt der zwischenmenschlichen Interaktion deutlich werden läßt:

„Ein Lehrer. Er weiß nicht mehr richtig, ob das Sinn hat, woran er glaubt. Deshalb will er unbedingt, daß seine Schüler ihn in seinen Idealen bestätigen. Er fühlt sich einsam und verloren. Also will er unbedingt, daß seine Schüler ihn benötigen und gern haben, um dadurch seine Vereinsamungsbefürchtungen beschwichtigen zu können. Er fühlt sich schwach und klein. Also will er unbedingt, daß seine Schüler ihn sehr ernst und wichtig nehmen, damit er wieder an seine Stärke glauben kann.

Da er die Schüler so sehr zur eigenen Stützung braucht, fehlt es ihm an Kraft, sich hinreichend um die Wünsche der Kinder selbst zu kümmern. Das bringt ihn in Konflikt mit dem ihm anerzogenen pädagogischen Ideal. Also verdrängt er das, was er von den Schülern für sich will, aus dem Bewußtsein. Das bereitet ihm um so mehr innere Spannung. Infolge seines Verdrängungsprozesses kann er nun den Schülern sein Bedürfnis nicht mehr in einer Weise zeigen, daß diese darauf eingehen könnten. Die Schüler würden ihm ja vielleicht einige Gratifikationen anbieten, wenn sie merken würden, daß sie ihn damit entlasten und freundlicher stimmen könnten. Aber jetzt haben sie diese Chance nicht mehr. Der Lehrer wiederum wird unter dem Druck seiner im Unbewußten angestauten unerfüllten Bedürfnisse zunehmend gereizt. Irrationalerweise haßt er die Schüler dafür, daß sie ihm etwas abschlagen, worum er sie gar nicht offen gebeten hat. Die Schüler wiederum ärgern sich über ihn, weil sie mit ihren Bedürfnissen zu kurz kommen. Sie spüren, daß der Lehrer unter dem Einfluß eines eigenen Problems mit ihnen nur irgend etwas machen will, was für ihn selber wichtig ist. Der frustrierte Lehrer beginnt nun, seine verdrängten Forderungen an die Schüler in maskierter Form als „pädagogische Methode“ zu applizieren:

Er verlangt, daß die Schüler sein Weltbild als objektiv richtig übernehmen, um seine Selbstzweifel zu beschwichtigen. Er bestraft sie für die kleinste Unpünktlichkeit und Unaufmerksamkeit, als könnte er auf diese Weise ihr Interesse und ihre freundliche Anteilnahme an seiner Person erzwingen, die er so dringend braucht. Und schließlich fordert er ihren absoluten Gehorsam – als Surrogat für freiwillige Anerkennung seiner Bedeutung. Das heißt: alle seine verdrängten Wünsche setzen sich in maskierter Form dennoch durch. Die Maskierung gibt ihnen aber eine ausgeprägt sadistische Färbung. Um so weniger fühlen sich die

Schüler angesprochen, die eigentlichen Bedürfnisse des Lehrers zu erfüllen. Sie fühlen sich im Gegenteil gezwungen, sich gegen dessen irrationalen Druck auf die eine oder andere Art zu wehren.

Dieses System pflegt sich kreisförmig selbst zu verstärken. Jede Seite frustriert die andere immer mehr, so daß sich der Gegensatz laufend verschärft."

Auch hinter den „versachlichten" und „versachlichenden" Beziehungsformen zwischen Lehrern und Schülern, hinter den emotional distanzierten Organisationsformen der Schule, den geschlossenen Curricula, hinter der Vielzahl schulischer Rituale steckt das auf Herrschaft angelegte technische Reduktionsprinzip.

Wie sieht nun dazu die „wirkliche" Alternative aus, welches Reduktionsprinzip ließe sich der übermächtig, ja totalität werdenden Tendenz relativierend entgegensetzen? Das Vermögen des Menschen, „rezeptiv", „passiv", „verstehend", „kontemplativ", „beschauend ohne allen Wollens" zu sein, kennzeichnet das alternative Reduktionsprinzip. Es bezeichnet die Fähigkeit, Menschen und Dinge „in ihrem eigenen Recht" zu sehen. Man könnte dieses Prinzip in Anlehnung an Buber „dialogisch" nennen. Die Verwirklichung dieses Reduktionsprinzips setzt eine „Emanzipation der Sinne" in der Weise voraus, daß diese beim Umbau der Gesellschaft „praktisch" werden, neue Beziehungen zwischen den Menschen, zwischen Menschen und Dingen, zwischen Mensch und Natur hervorbringen.

Das „technische" Reduktionsprinzip (wenn wir das vorherrschende Prinzip einmal so nennen wollen) hat sich jedoch durch einen jahrhundertelangen Prozeß über Gesellschaft und ihre Subsysteme in den Individuen zu erstarrten Formen, zu rigiden Reduktionsstrukturen verfestigt, die bis in die Triebstruktur hineingelangt sind. Dies zeigt sich in erschreckender Weise besonders deutlich in den modernen Industriegesellschaften: „In einer auf entfremdeter Arbeit basierenden Gesellschaft ist die menschliche Sinnlichkeit *abgestumpft*: die Menschen nehmen die Dinge nur in den Formen und Funktionen wahr, in denen sie von der bestehenden Gesellschaft vorgegeben, hergestellt und verwendet werden; und sie nehmen nur die von ihr definierten und auf sie beschränkt bleibenden Möglichkeiten der Veränderung wahr. Die bestehende Gesellschaft wird daher nicht allein im Geist, im Bewußtsein der Menschen reproduziert, sondern auch in ihren Sinnen; und keine Überredungskunst, Theorie oder Argumentation kann dieses Gefängnis aufbrechen, solange nicht die erstarrte, verdinglichte Sinnlichkeit der Individuen „aufgelöst", einer neuen Dimension der Geschichte zugänglich gemacht wird; solange nicht die repressive Vertrautheit mit der gegebenen Objektwelt zerstört wird – zerstört in einer zweiten Entfremdung: der von der entfremdeten Gesellschaft" (Marcuse 1973, S. 86/87).

Welche Konsequenzen hat dies für das gruppendynamische Training in der Schule? In der Schule müßte einer der Grundlagen für die individuelle Emanzipation der Sinne gelegt werden. Diese Emanzipation bildet die Grundlage allgemeiner Befreiung, da eine freie Gesellschaft sich auf die Etablierung auch des dialogischen Reduktionsprinzips und damit auf neue Triebbedürfnisse gründen müßte. „So richtig es ist, daß das Volk sich selbst aus seiner Knechtschaft befreien muß, so richtig ist es auch, daß es sich zuerst von dem befreien muß, was von der Gesellschaft, in der es lebt, aus ihm gemacht wurde. Die primäre Befreiung kann nicht „spontan" sein, weil solche Spontaneität nur die Werte und Ziele des etablierten Systems zum Inhalt hätte. Selbstbefreiung bedeutet Selbsterziehung, der aber Erziehung durch andere vorausgeht" (Marcuse 1973, S. 59). Die intensive Schulung und Manipulation der Menschen erfordert eine intensive Gegenerziehung (bereits in der Schule), um das dialogische Reduktionsprinzip im Individuum entstehen zu lassen. Aber das durch das technische Reduktionsprinzip atomisierte Individuum wird in der Schule nicht dadurch überwunden, daß man es anhält, die gesellschaftlichen Anforderungen einfach zu ignorieren, zum drop-out zu werden und seinen „eigenen" Lebensstil zu praktizieren. Natürlich gibt es auch in der Schule keine Veränderung ohne individuelle Befreiung, aber auch keine Befreiung des Individuums ohne die der Gesellschaft und damit auch der Schule. Eine unmittelbare Übersetzung individueller Bedürfnisse und Wünsche in politische Ziele und Aktionen ist nicht möglich, da eine Spannung zwischen persönlicher und gesellschaftlicher Realität besteht. Das hat zur Folge, daß in der Schule die individuelle Befreiung (so partiell und punktuell auch immer) im besonderen Protest die allgemeine Befreiung vorwegnehmen muß, mit anderen Worten: Die Bilder und Werte einer zukünftigen freien Gesellschaft müssen in den persönlichen Beziehungen innerhalb der unfreien Gesellschaft bereits auftreten. Dabei darf die Tatsache nicht unterschlagen werden, daß in einer unfreien Gesellschaft kein Individuum und keine Gruppe wirklich frei sein können. Diese „Vorwegnahme" (Antizipation) ist als eines der generellen Ziele gruppendynamischen Trainings in der Schule hervorgehoben worden.

In den im gruppendynamischen Training zu initiierenden Prozessen der Selbstreflexion kommt es darauf an, die Wirkungslinien, Brechungen, Erscheinungsformen des „herrschenden“ Reduktionsprinzips zu verfolgen, zu erfahren, zu durchschauen, sich bewußt zu machen. Der gesamte dritte Abschnitt dient der Aufgabe, einen komplexen Erkenntnisrahmen anzubieten, innerhalb dessen die theoretische, systematische Durchdringung der Wirkungslinien des „herrschenden“ Reduktionsprinzips möglich wird. Wir sind zunächst – in einer immer komplexer werdenden Zusammenschau – den „objektiven“ Reduktionsstrukturen der Systeme Schulklasse, Schule und der sie umgreifenden Institutionen bis hin zur Gesellschaft gefolgt. Es wird Aufgabe des folgenden Abschnitts ein, die subjektiven Daten, d. h. die durch lebensgeschichtliche Einflüsse geprägten Interaktionsmuster, die als „Übertragung“ die konkrete Interaktion Lehrer-Schüler überlagern, darzustellen und zu den „objektiven“ Reduktionsstrukturen in Beziehung zu setzen.

3.6. Lebensgeschichtliche Determinierungen der Lehrer-Schüler-Interaktionen und Einflüsse aus der Privatsphäre

Lehrer und Schüler begegnen sich nicht nur als Träger begrenzter Rollen in der Schule – vielfach bestimmt durch gruppendynamische, institutionelle, normative und gesellschaftliche Determinanten –, sondern bringen Erfahrungen aus anderen Sozialbeziehungen (frühkindliche Erfahrungen, Erfahrungen aus der sekundären Sozialisation, Erfahrungen und Einflüsse aus bestehenden Beziehungen) in die Interaktion ein. Es wird in der Schule nicht nur unterrichtet, erzogen und gelernt, sondern die Interaktionspartner wiederholen zugleich alte (und bestehende) Konflikte mitsamt ihren mehr oder weniger gelungenen Lösungsversuchen. Die Interaktion Lehrer-Schüler wird also durch unbewußte „Erwartungsphantasien“ strukturiert, die den Interaktionspartnern die Erfüllung eigener Konflikte zuweisen. Der Lehrer ist also nicht nur Lehrer. Er aktualisiert für die Schüler auch z. B. Mutter, Onkel, Großvater, den Lehrer aus der 1. Klasse, das Normbild des Lehrers, wie es die Eltern dem Kind gegenüber geschildert haben. Der Schüler übernimmt nicht nur die Rolle des Schülers, sondern bringt in sein Handeln auch die an seine persönliche Lebensgeschichte gebundenen Erfahrungen und angesonnenen Verhaltensmuster mit den Rollenmodellen der Geschwister, der Eltern etc. ein. Beim Lehrer verhält es sich ähnlich. Neben der manifesten Interaktion spielt sich auf einer symbolischen Ebene eine „Übertragungs-Interaktion“ ab; es aktualisieren sich Einflüsse anderer „Ich-Zustände“, ohne daß dies den Beteiligten bewußt würde. Ein Teil des Bedeutungsgehaltes der Interaktion bleibt für die Beteiligten unbewußt und verwirklicht „blind“ seine verhaltenswirksame Kraft.

Wir werden uns im folgenden mit den einzelnen Schichten dieser Übertragungen auseinandersetzen.

3.6.1. Interaktionserfahrungen aus dem System Schulklasse

Der Lehrer hat im Laufe seiner Berufspraxis „Erfahrungen“ mit Schülern und Schulklassen gesammelt. Diese Erfahrungen sind meist zu relativ starren Rollenerwartungen und Handlungsbereitschaften „geronnen“ und werden vom Lehrer auf die aktuelle Situation in der Klasse übertragen. Auch das Muster der Lehrer-Schüler-Interaktion in einer bestimmten Klasse erstarrt zusehends. Während am Anfang vieles noch „relativ offen“ erscheint, bilden sich durch die wechselseitigen Erfahrungen feste Erwartbarkeiten heraus, die zu Interaktionsmustern gerinnen und das mögliche Verhalten zunehmend festlegen. Änderungen in der Beziehungsstruktur werden nach einer gewissen Zeit nur noch unter erheblichen Schwierigkeiten möglich. Ähnlich verhält es sich auch mit Blick auf die Schüler: Sie gewinnen Verhaltenssicherheit im Interaktionssystem der Schulklasse durch eine zunehmende Generalisierung von Verhaltenserwartungen. Sie machen Erfahrungen mit Lehrern, prägen Interaktionsmuster aus und übertragen diese Erfahrungen und Interaktionsmuster auf neue Situationen und andere Lehrer. Von daher steht das auf die Veränderung herrschender Reduktionsstrukturen abzielende gruppendynamische Training vor der Schwierigkeit, „gefrorene“ Interaktionsmuster, eingeschliffene Erwartbarkeiten in einen allmählichen Prozeß zu verändern. Wie bereits mehrfach ausgeführt, würden „Radikalkuren“ bei vielen Schülern (und auch bei Berücksichtigung der institutionellen Kontexte) kaum Erfolge bringen. Als Pädagoge ist man m. E. auf einen langen, mühsamen und dornenvollen Weg der behutsamen Änderung verwiesen.

3.6.2. Interaktionserfahrungen aus dem System Schule

In ähnlicher Weise wirken sich Rollenvorgaben, Normen, Gewohnheiten, Rituale aus, die aus dem System Schule resultieren und die der Lehrer als

„gefrorene" Interaktionsmuster auf die bestehenden schulischen Beziehungsformen überträgt. Auch der Schüler hat Erfahrungen mit dem System Schule gemacht; diese Erfahrungen strukturieren und determinieren als „geronnene" Vorstellungsmuster von Schule die Interaktionen und das sie umgreifende Wahrnehmungsfeld und überformen als Übertragung die bestehenden schulischen Beziehungsmuster. Dieser Übertragungsmechanismus kann z. B. bei Schülern sehr deutlich werden, die von einem „klassisch geführten" Gymnasium in eine sich „progressiv" darstellende Gesamtschule überwechseln.

3.6.3. Interaktionserfahrungen aus der sekundären Sozialisation und aus bestehenden Sozialbeziehungen außerhalb der Schule

Der Lehrer war auch einmal Schüler. Er hat in konkreten Interaktionen Lehrer und sich selbst als Schüler erfahren. Diese Interaktionsmuster werden häufig übertragen. Der Lehrer identifiziert sich mit seinen Lehrern, die für ihn Beispiele dessen sind, wie Lehrer zu sein haben (oder bei negativen Abgrenzungen: wie Lehrer nicht sein sollten). Auch Lernprozesse während des Studiums werden übertragen, sei es als theoretisch akzeptiertes „pädagogisches Ideal" oder als Übertragung der erfahrenen Interaktion Professor-Student auf die konkrete Interaktion mit seinen Schülern. Übertragungen können auch aus seinen Beziehungen zu Gruppen und Organisationen resultieren (z. B. wenn der Lehrer einmal Leiter einer Jugendgruppe gewesen ist und dabei bestimmte Interaktionserfahrungen gesammelt hat). Alle diese Interaktionserfahrungen können als Rollenerwartungen und Handlungsbereitschaften auf die Interaktion Lehrer-Schüler übertragen und als „gefrorene" Beziehungsmuster die Möglichkeiten der Interaktion zunehmend festlegen. Der Lehrer trifft auf Schüler, die gruppenspezifische Interaktionserfahrungen im Laufe ihrer Schullaufbahn und in anderen Beziehungen der sekundären Sozialisation (Kindergarten, Spielgruppen, Vorschule, Jugendgruppen) erworben und als Rollenerwartungen und Handlungsbereitschaften zu Beziehungsmustern strukturiert haben.

Aber nicht nur Interaktionserfahrungen aus vergangenen Beziehungen („dort und damals") bestimmen und überformen die Lehrer-Schüler-Interaktionen. Vielmehr sind es auch Einflüsse aus bestehenden Sozialbeziehungen außerhalb der Schule (Ehe, Freundschaften, Freundeskreise, Lehrergruppen usw.), die als Beziehungsmuster sowohl vom Lehrer als auch von den Schülern übertragen werden. Selbst aktuelle Ereignisse in diesen Beziehungen (z. B. Freude, Ärger, Kummer, Angespanntheit) können die Interaktion in der Klasse überlagern, überformen, färben.

In den Prozessen der Selbstreflexion (aber auch in der aktuellen Unterrichtssituation) käme es darauf an, diese „Übertragungen" bewußt zu machen. Ein Schritt auf diesem Weg wäre eine vertrauensvolle, offene Atmosphäre zwischen Lehrer und Schülern, in denen der Lehrer beispielsweise zugeben könnte, daß er wegen eines bestimmten Ereignisses gereizt sei und die Schüler deswegen um Nachsicht bitte. Genauso müßte der Lehrer auch offene Schüleräußerungen dieser Art akzeptieren lernen.

3.6.4. Interaktionserfahrungen aus der primären Sozialisation

Weitaus bedeutender und den Beteiligten in wesentlich geringerem Maße bewußt sind Übertragungen von Interaktionserfahrungen aus der familialen Sozialisation. Wir werden uns daher mit diesen Übertragungen etwas ausführlicher befassen und sie zu den objektiven Strukturen und dem „herrschenden" Reduktionsprinzip in Beziehung setzen.

Lehrer haben im schulischen Interaktionssystem die Chance, im Umgang mit den Schülern Probleme der eigenen Kindheit und deren Lösungsversuche zu wiederholen. Indem der Lehrer an Verhaltensmustern seiner Kindheit festhält, um bereits vertraute Formen der Triebbefriedigung auch weiterhin zu sichern, bringt er seine Schüler tendenziell dazu, ebenfalls Muster ihrer infantilen Sozialisation zu übertragen. Für viele Schüler dürfte es schwierig sein, sich einem derartigen Übertragungszwang zu entziehen, z. B. mütterliche Zuwendung einer Lehrerin nicht mit kindlicher Zuneigung oder auch abwehrender Aggression (jeweils in Übereinstimmung mit den gelernten Interaktionsmustern) zu beantworten (vgl. Wellendorf 1973, S. 191). Eine Umdefinition der Lehrer-Schüler-Beziehung auf infantile Muster wirkt sich nicht nur auf die beiden Interaktionspartner aus, sondern tendenziell auf das gesamte Interaktionssystem der Schulklasse (z. B. wäre es möglich, daß die Schüler in der Beziehung zueinander ihre Geschwisterrivalität übertragen). Die Tendenz des Lehrers, die aus den Erfahrungen mit seinen Eltern stammenden Einstellungen, Empfindungen und Verhaltensmuster auf die Schüler zu „übertragen", entspricht auf Seiten des Schülers der Neigung, im schulischen Interaktionssystem seinerseits die soziale Identität „Schüler" als eine des Kindes gegenüber den Eltern anzusehen. Begünstigt und „abgerundet“ wird diese Tendenz zur Übertragung durch die selektive Funktion der Schule, die eine Konkurrenzsituation unter den Schülern entstehen läßt und so die Übertragung der geschwisterlichen Rivalität fördert. Die Beziehungen zwischen Lehrern und Vorgesetzten begünstigen ebenfalls die Übertragung kindlicher Konflikte, da Autorität, Aufsicht und Kontrolle weitgehend persönlich und nicht nach objektiven Kriterien ausgeübt werden (vgl. Fürstenau 1964, S. 70).

Festzuhalten bleibt also, daß die entscheidenden Beziehungen des Lehrers (die zu seinen Schülern und die zu seinen Vorgesetzten) unbewußte Reaktivierungen früherer kindlicher Auseinandersetzungen mit den Eltern begünstigen. Problematisch ist die Begünstigung infantiler Übertragungen insofern, als die durch die Übertragung sich latent entwickelnden Impulse (insbesondere libidinöser und aggressiver Art) in den schulischen Interaktionen abgewehrt werden. Um dem Schüler die Möglichkeit zu geben, seine Erfahrungen mit seinen Triebimpulsen in die schulischen Interaktionsprozesse zu integrieren, ist es notwendig, daß diese Erfahrungen mitgeteilt werden können. Erst wenn die Motive der Schüler offenbar werden, lassen sie sich sinnvoll in Bezug setzen zu den möglichen Aktivitäten in der Schule. Nur so kann den Schülern eine relativ stabile Balance zwischen persönlicher und sozialer Identität gelingen.

Die Situation und Organisationsstruktur der Schule (insbesondere wenn sie sich emotional distanziert, versachlicht, „objektiv“ gibt) steht diesen identitätsbildenden Tendenzen meist entgegen.

„Der Organisationszweck der Schule scheint unter den Bedingungen des bestehenden Systems am leichtesten erfüllt zu werden, wenn die Interaktionspartner nach Möglichkeit an einer Darstellung ihrer persönlichen Identität im Interaktionsprozeß gehindert werden und die Differenz zwischen Familie und Schule unter der Hand in einen Widerspruch uminterpretiert wird. Dann aber erscheinen die aus früheren Interaktionsprozessen stammenden Erfahrungen im Umgang mit den eigenen Triebimpulsen, Bedürfnissen und Affekten im Interaktionssystem der Schule vorwiegend als ‚störend‘, d. h. als etwas, das abgewehrt werden muß“ (Wellendorf 1973, S. 199).

Fürstenau hat darauf hingewiesen (1964, S. 71 ff.), daß für die Schüler uniforme Bedingungen der Trieb- und Interessenbefriedigung geschaffen werden, die möglichst vollständig durch den Lehrer monopolisiert werden: Die Lehrer definieren nicht nur, welche mit der persönlichen Identität verbundenen Bedürfnisdispositionen eingebracht werden dürfen, sondern auch, auf welche Art und Weise dies geschehen darf. Dadurch besteht die Gefahr, daß die Triebimpulse und die mit ihnen verbundenen

Affekte entgegen den offiziellen Absichten schulischen Handelns auf einem infantilen Niveau fixiert werden. Auch die Triebimpulse des Lehrers können als solche im sozialen Handeln des Lehrers nicht dargestellt werden (etwa weil massive Sanktionen dem Lehrer bei „sittlichen Verfehlungen" drohen).

„Da die Integrationsleistungen des Ich, die Lehrer im Laufe ihrer Lebensgeschichte aufgebaut haben, in der Konfrontation mit der kindlichen Sexualität erneut problematisiert werden, bekämpfen sie an den Schülern die Gefahr, der sie selber ausgesetzt sind. Da der mächtigere Interaktionspartner im szenischen Arrangement der Schule seine eigene persönliche Identität und die mit ihr verknüpften libidinösen Triebimpulse nicht in die Interpretation seiner sozialen Identität mit einbringen kann, muß er – um seine prekäre Identitätsbalance aufrechterhalten zu können – beim anderen Interaktionspartner verhindern, daß dieser seine persönliche Identität ungebrochen in seiner sozialen Identität mit darstellt. (...) Dadurch wird Rollenhandeln in den schulischen Szenen latent mit Aggression aufgeladen, ohne daß diese nun ihrerseits in die offizielle Interpretation der sozialen Identität aufgenommen werden können. Die aggressiven Impulse des Schülers werden wie seine libidinösen von seinem Rollenhandeln abgespalten und können nur in verzerrter Form zum Ausdruck kommen. (...) Dies Schicksal erleiden vor allem mehr oder weniger *offene* aggressive Impulse, die nicht auf dem meist undurchschauten Umweg über sadistische Reaktionen (von Lächerlich-Machen des körperlich oder intellektuell Schwächeren bis zur Quälerei auf dem Schulhof) befriedigt werden" (Wellendorf 1973, S. 210/211).

Dadurch, daß Triebimpulse und die mit ihnen verbundenen Affekte immer wieder aus dem institutionell legitimierten Kommunikationsprozeß zwischen den Interaktionspartnern ausgeschlossen werden, entsteht ein Vorgang der Desymbolisierung (vgl. Lorenzer 1971 a). Die unerwünschten Impulse können nur unbewußt ausagiert, nicht aber in ihrem konkreten Zusammenhang mit der eigenen Lebensgeschichte und der aktuellen Szene begriffen und reflektiert werden. Auf der Ebene des konkreten Rollenhandelns kehren die abgewehrten Triebimpulse zurück, indem die scheinbar affektiv neutralen, weitgehend rituell erstarrten Rollen affektiv aufgeladen werden und damit gleichsam einen zweiten „Sinn" in der Interaktionsszene erhalten (vgl. Wellendorf 1973, S. 221).

Die Wiederkehr des Verdrängten manifestiert sich z. B. in den schulischen Ritualen (vgl. Abschnitt 3.3.2.). Fürstenau (1964, S. 73f.) hat hervorgehoben, daß schulische Rituale nicht nur „Strategien der Triebabwehr und Affektbewältigung" sind, sondern zugleich „Formationen, in denen das Abgewehrte und Vermiedene unerkannt, weil entstellt intensiv wiederkehrt". Rituale bieten dem Lehrer eine Fülle von Möglichkeiten, aggressive Triebregungen zu befriedigen (z. B. nach starren Planungsschritten ablaufender Unterricht, starres Festhalten am Zeitplan und festgesetztem Pensum, Insistieren auf bestimmte Ordnungsformen, einheitliche Durchführung von Klassenarbeiten und Prüfungen, Lächerlichmachen und andere Quälereien bestimmter Schüler). Aber auch orale Triebimpulse können in schulischen Interaktionszusammenhängen – für den Lehrer etwa durch häufiges Reden – befriedigt werden. Die schulischen Rituale können nur dadurch abgewehrte (und damit unbewußte) Triebimpulse befriedigen, daß sie an den offiziellen Organisationszweck und den rituell dargestellten Bedeutungszusammenhang der schulischen Interaktionen gebunden bleiben und als sachliche Erfordernisse rationalisiert werden können (vgl. Wellendorf 1973, S. 226). Das „scharfe" Zensieren der Leistungen bestimmter Schüler zum Beispiel (das der Befriedigung aggressiver Triebimpulse des Lehrers dienen mag) kann mit der Notwendigkeit „gerechter", „angemessener" Beurteilung begründet werden. „Eine derartige Umdefinition im Kontext von Ritualen und Zeremonien ist möglich, da die Ziele, die in den schulischen Interaktionsprozessen erreicht werden sollen, vieldeutig sind und in keinem klaren Verhältnis zu den Mitteln stehen, mit deren Hilfe sie erreicht werden sollen" (Wellendorf 1973, S. 226).

Umdefinitionen dieser Art haben sowohl auf Seiten der Schüler als auf Seiten des Lehrers eine Verzerrung der Selbst- und Fremdwahrnehmungen zur Folge. Der Zwang zur Abwehr unerwünschter Impulse vergrößert die Wahrscheinlichkeit, daß diese Impulse averbal kommuniziert werden und unbemerkt die bewußten Aktivitäten von Lehrern und Schülern überlagern. Insbesondere bei mißlungener Abwehr von Triebimpulsen und Affekten entdecken Schüler, „daß die Lehrer ihre Probleme selbst nicht gelöst und keine verläßliche Ich-Identität erworben haben und sich als Widerpart für ihren Protest, in dem sie ihre eigene Identitätsbalance zu erreichen versuchen, nicht eignen. Sie nehmen dabei die tatsächliche Realität des Lehrers oft früher wahr als dieser selbst" (Wellendorf 1973, S. 233).

Wir fassen zusammen: Das Interaktionssystem der Schule verlangt von den Beteiligten (Lehrern wie Schülern) die Abwehr von Triebimpulsen und Affekten; gleichzeitig begünstigt es die Übertragung infantiler Interaktionsmuster. Zur „Lösung" dieses Konflikts werden kollektive Ersatzbefriedigungen in Form schulischer Rituale angeboten. Diese „Lösung" gelingt nur insoweit, als die durch die Umdefinition der Interaktionen erzeugte „Sprachverwirrung“ nicht nur auf das Individuum beschränkt bleibt, sondern zugleich „öffentlich“ ist. Die sich erneut durchsetzenden unbewußten Triebwünsche werden also „sekundär bearbeitet“, so daß sie als etwas anderes erscheinen, als sie sind. Man könnte von daher von einer „Pathologie schulischer Interaktionsprozesse“ sprechen, die die Darstellung und Veränderung infantiler Übertragungsphantasien nicht nur verhindert sondern geradezu verstärkt hervorbringt, sie einfängt, umformt und für das System – den Individuen unbewußt – dienstbar macht. Es wird an dieser Stelle deutlich, wie sich objektive Systembedingungen und subjektive Dispositionen in Beziehung setzen: Erworbene Interaktionsmuster und gelernte Formen der Triebbefriedigung (subjektive Daten) werden durch gruppendynamische, institutionelle und gesellschaftliche Bedingungen (objektive Daten) so verformt, daß sie die bestehenden Reduktionsstrukturen und das „herrschende“ Reduktionsprinzip nicht in Frage stellen, ja nicht einmal sprachlich einholen können.

Es ist eine vordringliche Aufgabe des gruppendynamischen Trainings, diese Formen der „Sprachlosigkeit“ und „Sprachverwirrung“ durch „reflexiven Sprachgebrauch“ zu überwinden. Voraussetzung ist, daß es dem Lehrer gelingt, organisatorische Bedingungen zu schaffen, in denen die Beteiligten ihre Triebimpulse kommunizieren dürfen und können (z. B. Tutorengruppen in Gesamtschulen). Durch psychodramatische Techniken z. B. können unbewußte Impulse langsam bewußt werden. Durch Mitbestimmung im Unterricht (Inhalte, Methoden, Modi der Interaktion) lassen sich einige der Ursachen der Sprachzerstörung tendenziell und punktuell aufheben.

3.7. Zusammenfassung und Systematisierung

Bevor wir uns den Modellen und Methoden gruppendynamischen Trainings in der Schule zuwenden, wollen wir den in diesem Abschnitt skizzierten Erkenntnisrahmen in einer Zusammenschau darstellen und systematisieren.

I. Das *Interaktionssystem Lehrer-Schüler-Klasse* im Zentrum der Skizze (Abschnitt 3.2.) haben wir nach den Gesichtspunkten „Wahrnehmung“, „empirische Gesetzmäßigkeiten“ und „Axiome“ untersucht und so einen ersten Zugang zum komplexen Interaktionssystem Lehrer/Schüler gefunden.

II. Wir sind im Gang der weiteren Untersuchungen den objektiv-systemspezifischen Determinierungen nachgegangen und haben uns zunächst mit den *institutionellen und schulorganisatorischen Bedingungen und Determinierun-*

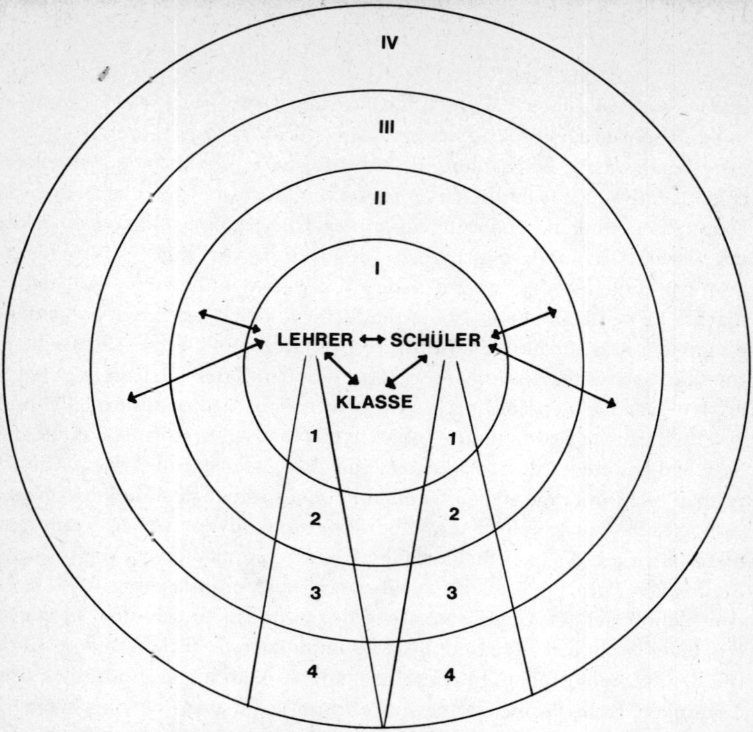

gen der Lehrer-Schüler-Interaktionen (Abschnitt 3.3.) auseinandergesetzt. Etwas genauer haben wir untersucht, wie sich schulspezifische Rollendefinitionen, schulische Rituale und das Syndrom der distanzierten Leistungsschule auf die Interaktionen auswirken.

III. Danach haben wir uns den Determinierungen aus dem *institutionellen Bedingungsgefüge* (Abschnitt 3.4.) zugewandt und beispielhaft die Lehrerrolle in Hinblick auf den Beamtenstatus und die Zielprobleme der Schule im Zusammenhang der Gesellschaft und ihrer Institutionen erörtert.

IV. Schließlich haben wir die Bedingtheiten der Lehrer-Schüler-Interaktionen durch die *gesellschaftliche Totalität* untersucht und die in dieser Gesellschaft „herrschenden" Reduktionsprinzipien herausgearbeitet.

Zu diesen „objektiven" Systembedingungen haben wir die subjektiven Daten, d. h. die durch lebensgeschichtliche Einflüsse geprägten Interaktionsmuster, in Beziehung gesetzt (Abschnitt 3.6.).

1. Zunächst haben wir dargestellt, wie die Interaktionserfahrungen aus dem *System Schulklasse* übertragen werden (Abschnitt 3.6.1.).
2. Wir erörterten dann die Wirkungen der Interaktionserfahrungen aus dem *System Schule* (Abschnitt 3.6.2.),

3. kamen dann zu den Interaktionserfahrungen aus der *sekundären Sozialisation* und aus *bestehenden Sozialbeziehungen außerhalb der Schule* und ihren Einflüssen auf die Lehrer-Schüler-Interaktion.
4. Schließlich wandten wir uns der Übertragung der Interaktionserfahrungen aus der *primären Sozialisation* zu und erörterten ihre sekundäre Überformung durch schulische Rituale.

Während der gesamten Untersuchung haben wir uns bemüht, die Zusammenhänge zwischen den einzelnen Determinierungsschichten deutlich werden zu lassen. Dabei ist die Gesellschaft dasjenige System, das die grundlegenden Reduktionsstrukturen institutionalisiert und an ihre Subsysteme (z. B. auch Schule) „gebrochen" weitergibt. Im Prozeß der Selbstreflexion folgt man den Spuren der Determinierungen von systemfunktionalen Erkenntnissen bis zu lebensgeschichtlichen Daten und bindet diese unterschiedlichen Erkenntnisse an die gesellschaftliche Totalität, wodurch die Erkenntnisse den Charakter des Miteinander-Unverbundenen verlieren. Durch den Rekurs auf die gesellschaftliche Totalität im Rahmen der Selbstreflexion wird es möglich, theoretische Erkenntnisse über die Gesellschaft und ihre Subsysteme in selbstreflexive zu transformieren. Es ist so möglich, die gesellschaftliche Totalität, die Institution Schule, das System Schulklasse usw. nicht nur theoretisch zu begreifen, sondern auch (durch die Selbstreflexion) in „Brechungen" im Subjektiven zu erfahren. Dazu ist es notwendig, daß die Subjekte (Lehrer wie Schüler) in ihren vielfältigen Determinierungen „verstanden" werden. Das Bestimmtsein des Subjektes durch lebensgeschichtliche, gruppendynamische, schulorganisatorische, institutionelle und allgemein gesellschaftliche Einflüsse läßt sich als „soziodynamische Rollenbestimmtheit" definieren. Der Interaktionspartner kann in den Prozessen der Selbstreflexion verstanden werden als „Träger von Rollen", z. B. als funktionales Element in einem gruppendynamischen Prozeß; als empirisches Subjekt, das bestimmten „Gesetzmäßigkeiten" unterliegt; als Subjekt, das in einem bestimmten institutionellen Kontext funktioniert; als Individuum, das konflikthafte Interaktionsszenen überträgt usw. Alle diese Rollenbestimmungen sind Aspekte einer „Gesamtrolle" mit vielfältigen Facetten auf unterschiedlichen Abstraktionsniveaus und Bewußtseinszuständen. Diese höchst unterschiedlichen Rollenzustände sind „Brechungen" einer durch das gesellschaftliche Ganze gesetzten allgemeinen und übergreifenden Bestimmtheit (oder wenn man so will: „Rolle": z. B. Rolle des Warentauschers – Rolle des Beherrschungsobjekts). Das wechselseitige

Verständnis der Subjekte im Selbstreflexionsprozeß ermöglicht es, diese Rollenbestimmungen zu durchschauen und ihre verhaltenswirksame Kraft zu relativieren.

Neben dem Aspekt der durch die Selbstreflexion vermittelten Erkenntnis tritt noch ein zweites unmittelbar mit dem ersten Zusammenhängendes, Zusammenhangstiftendes hinzu: das Moment der *sprachlichen Rekonstruktion* zerstörter Sprache.

Wir müssen, um uns zu verstehen (den anderen und die Welt), unsere Sprache ordnen. Erst über die Sprache werden wir uns unserer selbst bewußt. Durch das Ordnen der Sprache wird unsere psychische Welt, wie auch die Welt, die wir mit den anderen Menschen teilen, verständlicher und erschließt sich unserem ordnenden Zugriff. Was sprachlich richtig, d. h. durch richtig gebrauchte Sprache erfaßt wird, kann seine Wahrheit enthüllen. Und die sprachliche steht symbolisch ein für die Ordnung der Wahrheit, ja der Welt. Die sprachliche Ordnung ist aber zerrüttet. Die Menschen verstehen einander nicht mehr in der Kommunikation. Sie „sagen" etwas anderes als sie „meinen", nicht weil sie böswillig oder unzulänglich sind, sondern weil sie „Gesetzen", Verhaltenswahrscheinlichkeiten unterliegen, die sie nicht durchschauen können, weil sie das System „Kommunikation" nicht beherrschen, sondern von ihm „blind" beherrscht werden.

Wir haben gesehen, daß jede Determinierungsschicht durch besondere Eigenarten, „Gesetzmäßigkeiten", Strukturmerkmale, Störungsanfälligkeiten gekennzeichnet ist, die von den Individuen meist nicht durchschaut werden. Sofern dies zutrifft (und das ist die Regel), „beherrschen" die Beteiligten nicht mehr ihre Sprache (und damit auch ihr Verhalten), sondern das Unbewußte, Ungewußte, Undurchschaute, Dysfunktionale führt eine Art „Eigenleben" und setzt sich „blind" (d. h. ungewußt und wissentlich ungewollt) gegen das Individuum durch. Die Folge ist eine durchgängige „Sprachzerstörung". Durch Selbstreflexion vermag das Individuum diese ihn bestimmenden Abhängigkeiten zu durchschauen, sich selbst in seiner Sprachzerstörung zu verstehen und die verstümmelten Interaktionsformen schrittweise aufzuheben. Selbstreflexion und sprachliche Rekonstruktion bedingen sich mithin wechselseitig. Durch die sprachliche Rekonstruktion wird eine zusammenhangstiftende Funktion innerhalb der höchst unterschiedlichen Rollenfacetten deutlich: Das Verstehen des Individuums als Rollenträger auf allen möglichen Abstraktionsniveaus und Bewußtseinszuständen ermöglicht eine Rekonstruktion der Sprache dieses Individuums in diesen Bereichen. Die sprachliche Rekonstruktion hat nicht nur Folgen für die Selbstreflexion. Auch die Realisierung von Antizipationen und Aktionen bedarf der sprachlichen Rekonstruktion um nicht z. B. in „Flucht aus der Gesellschaft“ oder „blindem Aktionismus“ umzuschlagen.

Es wird Aufgabe des zweiten Teiles dieser Arbeit sein, pädagogische Strategien, Modelle und Methoden zu entwickeln, um Schritte in Richtung auf diese Zielvorstellungen tun zu können.

4. Ziele, Modelle, Planungsprobleme

4.1. Gruppendynamik, Interaktionspädagogik und „Soziales Lernen"

4.1.1. Ziele „Sozialen Lernens"

Eines der zentralen Ansatzpunkte der Gesamtschulreform ist das „Soziale Lernen". Es ist bislang wenig präzisiert und realisiert worden. Berücksichtigt man die Unterlagen über die Gesamtschulen und die noch vereinzelt gebliebenen Veröffentlichungen lassen sich nur unklare, diffuse, vielfach widersprüchliche Vorstellungen von „Sozialem Lernen" ausmachen. Uns scheint eine von Schreiner (1974) verwendete Definition weiterzuführen. Unter „sozialem (und politischem) Lernen" wird bewußt initiiertes, organisiertes und in seinem gesellschaftlichen Sinnzusammenhang reflektiertes Lernen von Verhaltensweisen, emotionalen Reaktionsbereitschaften und Einstellungen gegenüber einzelnen Interaktionspartnern, face-to-face-Gruppen und größeren gesellschaftlichen Gruppen verstanden. In dieser Definition sowie in den weiteren Ausführungen Schreiners wird deutlich, daß das Schwergewicht auf *Verhaltens*änderungen gelegt ist (rationale kollektive Selbstbestimmung, solidarische und effiziente Kooperation, politische Sensibilität und Handlungsfähigkeit), wobei einer Sensibilität gegenüber anderen eine besondere Bedeutung eingeräumt ist.

Keim (1973, S. 307) fordert einen Ansatz „Sozialen Lernens", der sowohl Angstfreiheit (oder besser Angstabbau) als auch Politisierung einschließt, der also psychohygienisch (-therapeutisch) und politisch zugleich ist: „Insofern müßte Soziales Lernen eine doppelte Funktion erhalten: die Menschen schon unter den bestehenden Bedingungen soweit wie möglich angstfrei machen, ohne sie an dieses System anzupassen, und d. h. demokratische und humane Verkehrsformen einzuüben, und zugleich zum Widerstand gegen die bestehenden Verhaltens- und Umgangsformen bzw. die sie bedingenden Ursachen anzuleiten."

Die im weiteren erläuterten Zielvorstellungen lassen sich unseren drei generellen Zielen „Selbstreflexion", „Antizipation" und „Aktion" zuordnen, z. B.

Selbstreflexion: Erfahrungen der Schüler aus dem Elternhaus thematisieren und in gesellschaftliche Zusammenhänge hineinstellen (S. 308), humane Differenz zwischen schulischen und außerschulischen Verhaltens- und Verkehrsformen sichtbar machen (S. 308);

Antizipation: Herrschaft in der Schule in weitest möglichem Umfang abbauen (S. 307), Menschen aufgrund von menschlichen Eigenschaften und Verhaltensweisen schätzen, sei es aufgrund von Verständnis für andere, aufgrund von Hilfsbereitschaft usw. (S. 307); Leistung nicht mehr fremdbestimmt vom Lehrer individuell abfordern, sondern vielmehr von Lehrern und Schülern gemeinsam planen und kollektiv erbringen; Lehrer und Schüler miteinander und untereinander Kooperation und Unterstützung erfahren lassen (S. 308);

Aktion: Lernen, in solidarischer Aktion Widerstand gegen ungerechtfertigte Herrschaft von Menschen über Menschen zu leisten, und zwar innerhalb und außerhalb der Schule (S. 308).

Im Rahmen dieser Zielvorstellungen verweist Keim (1973, S. 310) ausdrücklich auf die Möglichkeit, gruppendynamische Methoden zur Realisierung einzusetzen: „Insofern bei den an Sozialem Lernen in der Schule interessierten Gruppendynamikern (...) die Bereitschaft besteht, individualpsychologische wie gesellschaftliche Zusammenhänge in ihre Methoden einzubeziehen, würden gruppendynamische Verfahren wesentliche Hilfe (...) leisten können". Eine Konzeption oder gar ein Modell „Sozialen Lernens", in das die Möglichkeiten gruppendynamischen Trainings zu integrieren wären, steht jedoch noch aus. „Was vorliegt, ist eine Fülle kontroverser theoretischer Ansätze und einige wenige praktische Erfahrungen in Teilbereichen" (Keim 1973, S. 291). Erwähnenswert bleibt ein Versuch zur Systematisierung von Methoden zum „Sozialen Lernen". Unter dem Begriff „Interaktionspädagogik" hat Nickel (1974, S. 142) verschiedene Methoden (Interaktionstraining, Rollenspiel, gruppendynamische Gespräche, Vorführtheater usw.) zusammengefaßt und ihre Möglichkeiten in einem kurzen Abriß erörtert.

4.1.2. Curriculare Überlegungen

Wir werden nun ein pädagogisches Modell gruppendynamischen Trainings in der Schule entwickeln, das sowohl die in den vorhergehenden Abschnitten dargestellten Möglichkeiten und Ziele einschließt, als auch die Vorstellungen über „Soziales Lernen" aufnimmt und sie anhand der interaktionspädagogischen Methoden – bei Berücksichtigung verschiedener schulorganisatorischer Möglichkeiten – konkretisiert. Zunächst erscheint es jedoch notwendig, die bislang nebeneinander benutzten Begriffe „Soziales Lernen", „Interaktionspädagogik" und „Gruppendynamik" deutlicher voneinander abzugrenzen.

„Soziales Lernen" meint die Festlegung bestimmter affektiver und kognitiver Lernziele in bestimmten pädagogischen Feldern der Schule (z. B. Tutorengruppen, Projektgruppen, Freizeit). Die *„Interaktionspädagogik"* bemüht sich um Erprobung und Verbesserung, um Lehr- und Lernbarkeit menschlichen Verhaltens gegenüber Menschen (vgl. Nickel 1974, S. 143). Sie bedient sich dazu verschiedener Methoden und Verfahrensweisen (z. B. Interaktionstraining, Rollenspiel, gruppendynamische Reflexion – um nur die wichtigsten zu nennen). „Soziales Lernen" und „Interaktionspädagogik" befassen sich also mit dem gleichen Gegenstand: Selbsterfahrung und Training menschlicher Kommunikation. In ihrem Zugang und den gesetzten Akzenten unterscheiden (ergänzen) sie sich: „Soziales Lernen" reflektiert übergreifende Ziele im Kontext institutioneller Bedingungen, schulorganisatorischer Möglichkeiten und pädagogischer Felder; „Interaktionspädagogik" geht stärker von den Methoden aus und reflektiert die in diesen Methoden enthaltenen Möglichkeiten. Der Begriff *„Gruppendynamik"* schließt Interaktionstraining und Soziales Lernen ein. Gruppendynamik als Wissenschaft über menschliches Verhalten und Gruppendynamik als Methode stehen in dieser notwendigen Doppelgesichtigkeit im pädagogischen Feld der Schule vor einer dreifachen Aufgabe:

(1) Zunächst gilt es, herauszuarbeiten welche Kräfte das Feld „Schule", genauer das System der Lehrer-Schüler-Interaktionen, bestimmen und wie sie darauf einwirken (Gruppendynamik als Wissenschaft). Hierzu ist im Abschnitt 3 ein komplexer Erkenntnisrahmen entwickelt worden.

(2) Dann wird es wichtig, diese zunächst theoretischen Erkenntnisse in selbstreflexive Erkenntnisse zu transformieren, d. h. zu untersuchen, welche dieser Kräfte erfahrbar zu machen sind.

(3) Unter Bezug auf die generellen Zielsetzungen (Emanzipation durch Selbstreflexion, Aktion und Antizipation) und unter Berücksichtigung der aus den schulorganisatorischen Möglichkeiten sich ergebenden pädagogischen Felder kommt es darauf an, für die Schüler (und Lehrer) angemessene Methoden bereitzustellen und Verfahren der Auswahl aus diesen Methoden zu entwickeln und zu konkreten (einzelnen) Zielbestimmungen zu kommen.

Hinter diesem generellen Anspruch an „Gruppendynamik" verbergen sich also erkenntnistheoretische, wissenschaftstheoretische, methodologische und schließlich auch pädagogische und curriculare Aufgaben. Die so bestimmte „Gruppendynamik" wirkt mit ihren Erkenntnisbeständen und methodischen Möglichkeiten auf die Bestimmung genereller Lernziele ein. Sie stellt einen Rahmen von Erkenntnisbeständen zur Verfügung, innerhalb dessen Selbsterfahrungen gemacht werden können. Sie analysiert das schulische Bedingungsgefüge nicht nur unter dem Gesichtspunkt selbstreflexiver Erkenntnis sondern auch unter dem der schulorganisatorischen Möglichkeiten für die Realisierung von Methoden, die diese Selbstreflexion (aber auch Aktionen und Antizipationen) möglich machen. Schließlich bestimmt sie durch ihr methodisches Instrumentarium *wie* sich bestimmte Ziele, die sich aus der Situation der Schüler und ihrer konkreten Lage ergeben, realisieren lassen. Aus dieser generellen Aufgabenstellung ergibt sich eine besondere curriculare Struktur gruppendynamischen Trainings in der Schule, die die Skizze verdeutlichen soll.

Unter Rückbezug auf Abschnitt 1.12. läßt sich als generelles, oberstes Lernziel Emanzipation setzen. Dieses Ziel enthält zwei Anteile: einen „objektiven" und einen „subjektiven", die miteinander verschränkt sind. Während die „objektive" Emanzipation die Befreiung der Gesellschaft und ihrer Systeme thematisiert, zielt die „subjektive" Emanzipation auf das Individuum, auf das Subjekt, das sich von gesellschaftlich vermittelten psychischen Einengungen, Beschränkungen und Determinierungen von Wahrnehmungen, Bewußtsein und Handlungen befreit. Auf die Zusammenhänge zwischen „objektiver" und „subjektiver" Emanzipation hatten wir am Ende des Abschnitts 3.5. hingewiesen. Das oberste Lernziel verweist auf die Wechselbezüge von Selbstreflexion, Aktion und Antizipation (vgl. Abschnitte 1.2. und 3.5.). Um es als obere Lernziele zu formulieren: Gruppendynamisches Training in der Schule soll befähigen zur *Selbstreflexion*, also zum Durchschauen von Deformierungen der Wahrnehmungen, des Bewußtseins und der Handlungen, zur *Antizipation*, also zur Herstellung einer (wenngleich notwendig gebrochenen) Vorwegnahme einer vernünftigen Gesellschaft in den Kommunikationsformen der Gruppe und zur *Aktion*, also zur Durchsetzung legitimer, aber unterdrückter Interessen mittels politischen Kampfes.

Diese Zielvorstellungen werden konkretisiert (und relativiert) durch die schulorganisatorischen Möglichkeiten, d. h. durch das komplexe Bedingungsgefüge der Lehrer-Schüler-Interaktionen (dessen Erkenntnisrahmen wir im dritten Abschnitt dargestellt haben). Die konkreten schulorganisatorischen Möglichkeiten sind sowohl Gegenstand der Selbstreflexion als auch Bestimmungsfaktor für „pädagogische Felder" in der Schule, die bestimmte Methoden ermöglichen, andere ausgrenzen und so mitbestimmen, *was* Schüler im Rahmen des Trainings erfahren und erkennen können, *wie* sie diese Erkenntnisse in konkrete Handlungen um-

Curriculare Struktur gruppendynamischen Trainings

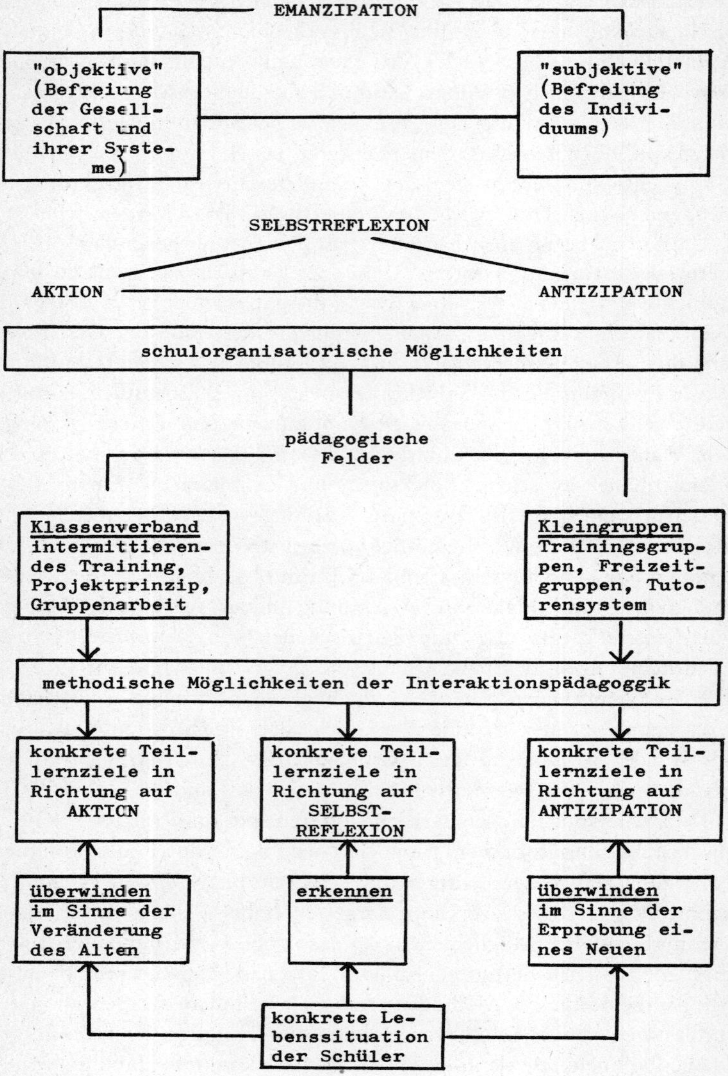

setzen können, welche Handlungsbereitschaften überhaupt im Rahmen der Schule in Hinblick auf Antizipationen und Aktionen möglich und sinnvoll sind. Wir haben zwei voneinander verschiedene pädagogische Felder herausgestellt: den Klassenverband und schulische Gruppen. Jedes dieser beiden pädagogischen Felder ermöglicht unterschiedliche Sozialformen und unterliegt unterschiedlichen Bedingungen und Anforderungen durch das schulische System. Wir werden uns diesen beiden pädagogischen Feldern in den folgenden Abschnitten 4.2. und 4.3. ausführlich zuwenden.

Die durch schulorganisatorische Möglichkeiten, pädagogische Felder und Sozialformen „gebrochenen" oberen Ziele werden mit den methodischen Möglichkeiten, die eine sich entwickelnde Interaktionspädagogik bereithält, konfrontiert. Die Modelle und Methoden der Interaktionspädagogik enthalten „cluster" von miteinander verwobenen Lernzielen aus den Bereichen Selbstreflexion, Aktion, Antizipation, entweder als individuelle Teilziele ausgeprägt oder auf die Gruppe insgesamt bezogen. Diese Teilziele erhalten ihre Struktur und ihren relativen Stellenwert zunächst aus der zielorientierten und schulorganisatorischen Bezugsstruktur. Zum anderen werden sie zurückgebunden an die konkrete Lebenssituation der Schüler, wobei Lernziele dann bedeutsam sind, wenn sie zur „Bewältigung" dieser Lebenssituation und d. h. zum Erkennen und unter Umständen auch Überwinden dieser Situation etwas beitragen können. Die konkreten Lernziele werden also nicht deduziert, sondern ergeben sich aus dem Verhältnis zwischen der skizzierten „Bezugsstruktur" und der konkreten Lebenssituation. Praktisch würde das bedeuten, daß die konkreten Lernziele nicht vorher geplant sind, sondern sich aus einer „Suchbewegung" zwischen den Schülern als Vertretern der konkreten Lebenssituation und den Lehrern als Vertretern der „Bezugsstruktur" – abhängig vom Lernfortschritt der Schüler und des Lehrers – ergeben. Konkret hieße dies z. B. auf einer bestimmten Stufe der Lehrer-Schüler-Interaktion, daß der Lehrer die Bedürfnisse der Schüler aus ihrer konkreten Lebenssituation wahrnimmt, ihre Defizite (an Systemkompetenz und Systemperformanz) feststellt, es den Schülern bewußt macht und subtil mit angemessenen Methoden der Interaktionspädagogik (in Übereinstimmung mit den oberen Lernzielen und bei Berücksichtigung der schulorganisatorischen Möglichkeiten) darauf antwortet. Da es sich um ein „offenes" Modell handelt, ist es durchaus möglich, daß Lernprozesse bis zur Veränderung schulorganisatorischer Möglichkeiten (zumal bei Gesamtschulen) wirken können.

Wir wollen jetzt nicht diese Struktur mit einem Katalog möglicher Lernziele füllen. Dies würde eine systematische Darstellung interaktionspädagogischer Modelle und Methoden auf dem Hintergrund schulischer Realisierungschancen voraussetzen und damit den Rahmen dieses Buches sprengen. Wir wollen statt dessen die pädagogischen Felder auf ihre Möglichkeiten hin untersuchen und dann im fünften Abschnitt einen deutlichen Schwerpunkt bei der beispielhaften Darstellung interaktionspädagogischer Methoden bilden, um die eher theoretischen Darstellungen mit „Zähnen und Klauen" für die Praxis auszustatten.

4.2. Intermittierendes Training, Projektprinzip, Gruppenarbeit

Der Lehrer wird es üblicherweise nicht mit kleinen face-to-face-groups (maximal 12 Schüler) zu tun haben, sondern er muß soziale Lernprozesse im Klassenverband mit 30 und mehr Schülern im Rahmen eines bestimmten Unterrichtsfachs initiieren. Dabei hat der Lehrer zunächst die Aufgabe, Schüler zu einem sozialen Verhalten zu führen, das Unterricht überhaupt erst möglich macht (Ruhe, Disziplin, gegenseitige Rücksichtnahme, Wille zur Leistung, Selbstbeherrschung usw.) Damit erhält soziales Lernen eine Funktion für die Aneignung des Unterrichtsstoffes und bleibt latent. Im Rahmen der institutionellen Anforderungsstruktur entwickeln Schüler tendenziell Konformitätsorientierungen (der Schüler lernt aus Angst; eigener Aufwand und notwendiger Belohnungswert werden miteinander in Beziehung gebracht; die schulischen Anforderungen werden generell akzeptiert), die als „heimlicher Lehrplan" sich (unbemerkt?) über die Vermittlung der „Stoffe" hindurch bilden. Hinter dem Begriff „Soziales Lernen" steht zunächst die Forderung nach einem *intentionalen* Einbezug des „heimlichen Lehrplanes" in die pädagogische Reflexion. Dem folgt das Entwickeln von Lernzielkatalogen, um den Begriff „Soziales Lernen" mit Substanz zu füllen (z. B. Becker 1971, S. 109). Gegen Lernzielkataloge dieser Art gibt es mehrerlei einzuwenden. Zunächst sind diese Kataloge ziemlich formal und wenig konkret gehalten, dann beziehen sie sich nicht auf den Prozeß, in dem diese Ziele zwischen Lehrer und Schülern als verbindlich ausgehandelt werden. Nicht zuletzt enthalten diese Kataloge weder Hinweise auf schulorganisatorische Realisierungschancen noch methodische Erörterungen.

Wir werden nun untersuchen, welche Möglichkeiten der Lehrer besitzt, im Rahmen seiner Schulklasse intentionales „Soziales Lernen" (oder wenn man so will: gruppendynamisches Training) zu initiieren.

4.2.1. Gruppendynamische Prinzipien im Unterricht

(1) *Hier-und-Jetzt:* Aus der Überlegung, daß in der Schule die Lernbedürfnisse der Schüler unterdrückt werden, weil schulisches Lernen als ein von der Wirklichkeit abgesondertes Feld, das mit künstlichen Erfahrungsgegenständen ausgestattet wird, erscheint, fordert v. Hentig (1972), die wirklichen Probleme und Erlebnisse der Schüler zum Gegenstand schulischen Lernens zu machen. Er betont, daß bisher die in der Schule vermittelte Theorie unnötig von den wirklichen Erfahrungen der Schüler abgeschottet wird und die Erlebnisse, die in der Schule anfallen auf eine erschreckende Weise ungenutzt und unreflektiert bleiben. Als eine Möglichkeit, zwischen „unwirklicher" Theorie und wirklichen Erlebnissen zu vermitteln und so reflektierte Erfahrungen zu ermöglichen, betrachtet v. Hentig Lernprozesse, die bei Hier-und-Jetzt-Problemen der Schüler ansetzen. Zunächst sind es Probleme, die sich aus der besonderen Lage des Schülers ergeben (klein zu sein, nicht beachtet zu werden, keinen „Erfolg" bei Mädchen zu haben usw.) Zum anderen sind es auch Interaktionsprobleme.

Beispiel: In einer achten Klasse an der Robert-Bosch-Gesamtschule Hildesheim war das Verhältnis zwischen den Mädchen und den Jungen gekennzeichnet durch ein ablehnendes Desinteresse der Mädchen gegenüber den Jungen. Die Mädchen hatten überwiegend Kontakte zu älteren Schülern außerhalb der Schule und bezeichneten ihre Mitschüler in der Klasse häufig als „unreife, kleine Jungen". Die Jungen antworteten darauf mit verschiedenen Formen der Aggression.

Diese Beziehungsstruktur spitzte sich dramatisch während einer Übung zur Unterrichtseinheit „Kommunikationstraining" zu. Die Schüler hatten die Aufgabe, in kleinen Gruppen „absurde Szenen" vorzubereiten und sie dann der gesamten Klasse vorzuspielen. Die meisten Mädchen bildeten unter sich Gruppen und schlossen die Jungen aus. Die Jungen zogen „beleidigt" in den Gemeinschaftsraum und wollten ohne die Mädchen nichts vorbereiten. Ich schlug den Jungen vor, doch mit den Mädchen zu reden und ihnen die Situation klarzumachen. Das lehnten sie als „unter ihrer Ehre" ab. Schließlich gingen doch zwei und wurden prompt abgewiesen. Die Erregung steigerte sich unter den Jungen. Ich ging selbst zu den Mädchen und fragte nach den Gründen. Ich hörte Äußerungen wie: „Sind doch alle unreif", „kleine Jungen – die sind viel zu albern", „die stören uns doch nur". Ich versuchte, den Mädchen die emotionale Situation der Jungen klarzumachen und bat sie, ihnen doch eine Chance zu geben, so lernten die Jungen doch eher das gewünschte „reife" Verhalten. Die Mädchen versprachen, es sich zu überlegen. Nach einigen Minuten erschien eines der „selbstbewußteren" Mädchen und erklärte den Jungen „etwas von oben herab", man habe es sich überlegt, einige der Jungen könnten im Chor mitmachen. Empörung brandete ihr entgegen. Gleichwohl folgte ein Schüler (ein „Außenseiter") dieser Aufforderung. Das wurde von den Jungen mit starkem Mißfallen quittiert.

Man setzte sich zusammen und redete sich den ganzen Unmut vom Leibe. Vorsichtig versuchte ich das Gespräch zu strukturieren. Zunächst ging es um den „verräterischen" Außenseiter. Man sammelte „Unrat auf seinem Haupt". Auf die Frage: „Warum macht er das eigentlich?" änderte sich die aggressive Grundstimmung ein wenig. „Ja, wie wir den behandeln, da würde ich auch so handeln", sagte schließlich ein Schüler. Man stellte bestürzt fest, daß das kritisierte Verhalten auch Reaktion auf eigenes Verhalten sein kann und überlegte sich, wie man sich wohl verhalten müsse, um ihrem „Außenseiter" ein anderes Verhalten zu ermöglichen. Mitten in diese Überlegungen platzte ein Schüler mit der Bemerkung: „Es ging doch um die Mädchen, warum beschäftigt man sich denn so lange mit V. (dem „Außenseiter")? Man kam wieder auf die Mädchen zurück und interpretierte die Situation auf dem Hintergrund der Erfahrungen mit „V". Man überlegte sich, was an ihrem eigenen Verhalten denn so verkehrt sei, daß die Mädchen so reagierten. Man fand keine befriedigenden Antworten. Ich schlug „naiv" vor, die Mädchen doch einfach zu fragen. Man winkte „müde" ab, mit einer Geste, die mir zeigen sollte, daß ich von „diesen" Mädchen keine Ahnung hätte. „Das hat keinen Zweck", sagte einer der Jungen, „die machen sich dann doch nur lustig über uns, die nehmen uns ohnehin nicht für voll." „Und wenn wir mit der ganzen Klasse darüber reden würden? Wär' das sinnvoll"? schlug ich vor. Das wurde bezweifelt: „Dann gibt's Streit: Die machen uns Vorwürfe – wir machen ihnen Vorwürfe; das führt zu nichts." Ob man das nicht ändern könne, fragte ich. Nein, das ginge nicht, das sei nun mal so, das könne man nicht ändern, wurde mir kategorisch erklärt. Ich machte ein zweifelndes Gesicht. „Naja, wenn wir sie so verblüffen könnten, daß ihnen das Wort im Halse stecken bliebe, dann könne sich 'was ändern", räumte einer ein. „Aber die lassen sich doch nicht verblüffen, denen fällt zu allem etwas ein und wir ziehen den kürzeren", bezweifelte ein anderer. „Könnte es sein", brachte ich ein, „daß ihr vor den Mädchen Angst habt?" Empörung brannte auf. „Und die Mädchen vor Euch"? fuhr ich fort. Man überlegte und gab mir schließlich recht. „Aber hilft uns das weiter"? gab ein Schüler zu bedenken. „Mir fällt dazu eine Geschichte ein", sagte ich. Man wollte sie hören. Ihr erinnert mich an einen Jungen und an eine Katze", begann ich, „die Katze hat sich auf einem Baum verstiegen; sie hat Angst herunterzufallen und krallt sich mit aller Kraft an dem Ast fest. Der Junge sieht das und möchte sie aus der Lage befreien. Aber sobald er das versucht, kratzt und beißt die Katze. Sie hat Angst vor dem Jungen und der kleine Junge hat jetzt Angst vor der Katze. „Ja, alle haben Angst: Katze und Junge – wir und die Mädchen", sagte einer. „Aber dabei brauchte doch keiner Angst zu haben", setzte ein anderer fort. „Aber das mußt Du der dummen

Katze je erst klar machen, die spricht doch kein Deutsch", hielt ein Schüler dem entgegen. „Dann müßte unser Problem ja leicht zu lösen sein", warf einer ironisch ein, „wir sagen den Mädchen einfach, daß sie keine Angst vor uns zu haben brauchen". Gelächter. „Aber wie machen wir es ihnen denn klar, daß sie vor uns keine Angst zu haben brauchen?" brachte jemand vor. Schweigen. Man sah mich an. „Wie ging denn die Geschichte mit der Katze aus"? wurde ich gefragt. „Nun, der Junge hat seine Angst vor der Katze überwunden, sich direkt unter die Katze gestellt, seinen Rücken krumm gemacht. Nach einiger Zeit ist die Katze drauf' gesprungen und dann auf die Erde", entgegnete ich. „Na, die Katze hätte ihn ja ganz schön zerkratzen können", meinte einer. „Das war sein Risiko", entgegnete ich. „Und Sie meinen, wir müßten auch solch Risiko eingehen, „zerkratzt" zu werden", erkundigte sich ein Schüler. Ich bejahte es: „Wenn Ihr Euch verwundbar darstellt habt Ihr die besten Chancen". „Wenn wir also offen sagen was Sache ist und wie uns zumute ist, dann glauben Sie, daß das etwas helfen würde?" folgerte ein Schüler. Ich stimmte dem zu. Zweifel kamen auf: „Dann lachen die über uns und wir sind bis auf die Knochen blamiert", warf einer ein. „Das ist Euer Risiko", meinte ich, „und schließlich bin ich ja auch noch da, um das Schlimmste zu verhüten". Die Schüler diskutierten eine zeitlang und fanden dann das Risiko dosiert.

Man bereitete sich sorgfältig auf die Aussprache vor, die „Aggressiven" wurden „vergattert", sich zurückzuhalten. Man legte fest, was gesagt werden sollte, um die Mädchen nicht zu Aggressionen zu reizen, was auf Gegenargumente etwa entgegnet werden könnte usw. Die nachfolgende Mathe-Stunde wurde kurzentschlossen abgesagt, die Klasse setzte sich in Kreisform. Es war so still wie noch nie in dieser lebhaften Klasse. Die Jungen brachten wie abgesprochen ihre Gefühle, Argumente und Fragen vor. Die Mädchen antworteten: Mit den Jungen könne man „persönliche Sachen" nicht besprechen, dann würden die Jungen lachen. Außerdem seien die Jungen so grob, hätten so wenig Verständnis für ihre Situation und Gefühle. Die Jungen waren betroffen. Man erkannte im Laufe des Gesprächs, daß man sich in einer Situation befand, die durch fehlende Aussprachefähigkeit und mangelndes Verständnis füreinander, Mißtrauen und Angst gekennzeichnet war. Man sprach über die Ursachen und diskutierte über Strategien zur Veränderung der Situation. Es wurde ein langes Gespräch. Der Beginn der Mittagspause wurde beharrlich ignoriert. Hinterher fühlten sich alle erleichtert und befriedigt. In der Klasse kam zum erstenmal so etwas wie ein Wir-Gefühl auf. In diesen beiden Stunden haben die Schüler wahrscheinlich mehr erfahren und gelernt als in vielen Stunden vorher. Dieses Gespräch sollte noch viele Wochen und Monate danach seine Wirkungen zeigen: Man veränderte die Sitzordnung, Jungen und Mädchen setzten sich in Tischgruppen zusammen; das Verhältnis zwischen Jungen und Mädchen wurde positiver und verständnisvoller.

Einige mir wesentlich erscheinende Punkte dieses Beispiels möchte ich herausstellen:

(a) Gruppendynamisches Training, das an die unmittelbaren Interessen der Schüler anknüpft und entstehende Probleme lösen hilft, kann als relevante Form „Sozialen Lernens" angesehen werden.

(b) Situationen wie die geschilderte sind kaum planbar. Ein „geschlossenes Curriculum“ auf dem Gebiet des „Sozialen Lernens“ erscheint nicht sinnvoll.

(c) Es ist vielmehr notwendig, daß der Lehrer in die Klasse „hineinhorcht“ und flexibel mit einem breiten Instrumentarium verschiedenster Methoden zu reagieren lernt, um Probleme lösen und Defizite ausgleichen zu helfen.

(d) Der „fruchtbare Moment im Bildungsprozeß“ (wenn wir Situationen wie die geschilderte einmal so nennen wollen) ist zwar nicht planbar und direkt herstellbar, durch die Förderung angemessener Bildungsprozesse und der „fortschrittlichen Tendenzen“ in der Klasse können aber solche Momente ermöglicht und vorbereitet werden.

(e) Gruppendynamisches Training in der Schule erfordert eine intensive, reflektierte Interaktion zwischen Lehrer und Schülern und eine Beziehungsstruktur, in der der Lehrer nicht „Erzwinger“, „Durchsetzer“, „Zuchtmeister“, „Psychotechniker“, „Unterrichtstechnologe“ ist, sondern „Ermöglicher“, „Moderator“, „Erbauer“, „Künstler“ und „Mensch“.

(2) *feedback:* Um einen optimalen Lernprozeß im Rahmen der Klasse zu erreichen, ist es notwendig, daß die Beteiligten lernen, einander feedback zu geben. Diese feedback-Absprache sollte sich sowohl auf die Schüler untereinander erstrecken als auch die Lehrer-Schüler-Interaktionen umfassen. Die Absprache sollte universelle Gültigkeit besitzen, d. h. Lehrer und Schüler sollten zu jeder Gelegenheit das Recht besitzen, einander feedback zu geben. Da feedback nicht nur die Funktion der Spannungsentlastung für den feedback-Geber hat, sondern auch (und gerade) beim feedback-Empfänger Wirkungen, Lernprozesse und ggf. Verhaltensänderungen auslösen soll, kommt es darauf an, personenangemessenes feedback zu lernen (das, was der eine ruhig annehmen kann, bringt den anderen in schwere seelische Konflikte). Wegen der Größe der Klasse erscheint es (zumindest zu Beginn) unumgänglich, sich auf funktionales feedback zu beschränken, d. h. lediglich rückzumelden, wie der andere verstanden wurde und welche Wirkungen er durch sein Verhalten erzielt hat. Feedback sollte (auf jeden Fall am Anfang) sehr vorsichtig und nur punktuell eingesetzt werden, um die Schüler an die neue Möglichkeit zur Verhaltenssteuerung zu gewöhnen.

Die gegenwärtige Situation ist meist dadurch bestimmt, daß es der Lehrer ist, der sehr massiv leistungsbezogenes feedback gibt. Die Monopolisierung gilt es zu verändern. Die Schüler müßten untereinander „Verstärkerwert" erhalten, der Lehrer müßte Schüler-feedback ernst und wichtig nehmen. Möglich wäre es am Anfang, Formen des verzögerten, formalisierten feedbacks zu verwenden. Zum Beispiel könnten Schüler das Lehrerverhalten zunächst anonym (nach vorgegebenen Kategorien) einschätzen. Die Ergebnisse wären dann ein Ausgangspunkt, mit den Schülern ins Gespräch zu kommen. Wichtiger für die Lernprozesse wäre das unmittelbare feedback, das jedoch wegen der Klassengrößen häufig auf Schwierigkeiten stoßen kann. Ansätze z. B. wären, wenn Schüler während des Unterrichts äußern dürften, wann ihnen etwas langweilig, zu schwierig, unverständlich vorkommt. Unser Beispiel zu (1) macht die Wichtigkeit des feedbacks in den Schüler-Schüler-Interaktionen deutlich.

(3) *unfreezing:* Um die Unterrichtssituation zu verbessern, wird es notwendig (so bescheiden, punktuell und partiell es auch sein mag), „gefrorene" Verhaltensstrukturen und die vom Konkurrenzdenken bestimmten inhumanen Beziehungsformen „aufzutauen", „Sprachzerstörungen" deutlich zu machen und teilweise aufzuheben. Eine wichtige Aufgabe ist es, im System der Klasse *offene Kommunikation* zu ermöglichen. Schüler müßten lernen, Wünsche, Vorstellungen und auch Gefühle offen zu äußern. Das setzt voraus, daß es in der Klasse gelingt, eine Atmosphäre des Vertrauens und des gegenseitigen Akzeptierens zu schaffen. Das System der Schule und der Schulklasse, latente Angst und Konkurrenz unter den Schülern stehen der Entwicklung derartiger Beziehungsformen jedoch konträr gegenüber. Auch wird es schwierig sein, daß die Beteiligten im Unterricht die *Gefühle der anderen respektieren* und beachten lernen. Wichtig ist es auch, daß die Schüler (und der Lehrer) lernen, sich wechselseitig Wertschätzungen entgegenzubringen und auch lernen, welche Art der Wertschätzung beim anderen ankommt.

(4) *Selbstbestimmung:* Sind die bisher erwähnten Prinzipien nur mit erheblichen Schwierigkeiten und in einem langwierigen Prozeß in das System der Schulklasse zu übertragen, so stößt man bei der Selbstbestimmung der Schüler auf noch größere Probleme. Im Abschnitt 3.2.3. (6c) hatten wir bereits auf die Schwierigkeiten hingewiesen. Selbstbestimmung ist nicht etwas „naturhaft" Vorgegebenes, das man einfach zu gewähren brauchte. Es ist vielmehr so, daß die Schüler in einem allmählichen Prozeß erst lernen müssen, ihr System „selbstbestimmt" zu strukturieren. Der Lehrer müßte also verschiedene Phasen der „Selbstbestimmung" mit den Schülern durchlaufen. So könnte der Lehrer z. B. damit

beginnen, Vorschläge über Unterrichtsinhalte zu sammeln und diese Vorschläge berücksichtigen oder er könnte den Schülern Alternativen anbieten, aus denen sie wählen müßten. Der nächste Schritt könnte der sein, mit den Schülern (oder zunächst erst mit einer interessierenden Schülergruppe) über die Inhalte zu diskutieren, Vor- und Nachteile zu erwägen. In einer späteren Phase würden z. B. die Schüler an der Bestimmung der Lernziele, der Abschlußqualifikationen (Testinhalte) mitwirken. Sie könnten dann auch über Methoden mitbestimmen. Es wäre dann auch denkbar, daß Schüler ihre Defizite feststellten und aus dieser Erkenntnis Forderungen nach bestimmten Inhalten und Methoden ableiteten. Die Schwierigkeiten, die der Lehrer bei der Initiierung solcher Selbstbestimmungsprozesse hat, sollten nicht verkannt werden, zumal wenn er unter dem Zwang steht, bestimmte Stoffe durchzunehmen und bestimmte Teste schreiben lassen zu müssen.

Eine Möglichkeit, die formalen Qualifikationen für Selbstbestimmung- und Mitbestimmungsprozesse zu trainieren, besteht in der sogenannten *„Beratungsstunde"*. An vielen Gesamtschulen wird dem „Stammgruppenleiter" (Klassenlehrer) eine oder zwei Stunden zur Verfügung gestellt, in der die Klasse anhand einer selbstbestimmten Tagesordnung über sie interessierende Themen sprechen kann. Leicht können solche „Beratungsstunden" lediglich dazu führen, Schüler mit „Geschäftsordnungsbestimmungen" bei Diskussionen vertraut zu machen und sich durch „taktisch geschicktes Verhalten" durchzusetzen. Aber es ist äußerst schwierig, in Gruppen mit 30 Schülern und mehr freie „Aussprachen" zu führen, die den erörterten Prinzipien auch nur ansatzweise gerecht werden. Eine zunehmende Gruppengröße führt zu einer zunehmenden Bedeutung der Führung und zu einer Zunahme an Formalität im Interaktionsprozeß.

(5) *Reflexionsprozesse:* Während das im Rahmen der Schulklasse mögliche feedback höchstens Wahrnehmungsdefizite ausgleicht (z. B. Divergenzen zwischen Selbst- und Fremdbild herausstellt) und grobe Dysfunktionalitäten im Interaktionsprozeß abzubauen in der Lage ist, zielt die Reflexion (zumal die Selbstreflexion) auf die Aufklärung der Ursachen von Interaktionsprozessen. Das Einleiten von Reflexionsprozessen ist nur unter größeren Schwierigkeiten im Rahmen einer Schulklasse möglich. Beim Lehrer ist ein „Fingerspitzengefühl" notwendig, das Bedürfnis seiner Schüler zu spüren, für eine bestimmte Situation eine Erklärung zu haben. Geschickter (und wirkungsvoller) ist es allemal, den Schülern durch ein

„indirektes Verfahren" Deutungen der Situation durch die Schüler selbst finden zu lassen. Und wenn schon Deutungen notwendig werden, dann empfiehlt es, wenn der Lehrer sie in Frageform einbringt. Abzulehnen wäre es, wenn der Lehrer seine „Deutungen" den Schülern aufdrängt oder gar sie damit geißelt. Günstig wäre es, wenn es dem Lehrer gelänge, das „psychische Material" der Schüler durch ein „induktives Frageverhalten" zur Disposition bringen zu lassen. Notwendig dazu ist ein Vertrauensverhältnis zwischen den Beteiligten, die Gewißheit der Schüler, daß der Lehrer ihre psychische Realität nicht abwertet und verunglimpft, sondern sie annimmt und behutsam mit den Schülern den Rahmen erweitert, innerhalb dessen sich diese Realität ordnet und bestimmt.

Um die Motivation der Schüler auf Veränderung ihres Bewußtseins und ihrer Verhaltensmuster anzuregen, mag es manchmal sinnvoll sein, in anschaulicher Form theoretische Kenntnisse über Gruppenprozesse und Sprachzerstörungen zu vermitteln. Die Arbeit an „kasuistischem Material" (Szenen, die die Schüler mit verteilten Rollen spielen oder sprechen) dürfte ein wirkungsvoller Einstieg sein, „Gesetzmäßigkeiten", Axiome der Kommunikation, Sprachzerstörungen zu erfassen, Alternativen zu entwickeln, ein Grundbestand an Kenntnissen zu erarbeiten, die Begrifflichkeit zu präzisieren und die Sensibilität für Gruppenprozesse als wünschbares Ziel für die Schüler entstehen zu lassen. Schwieriger gestaltet sich schon die Initiierung von Reflexionsprozessen durch Rollenspiele. Hierbei ist man auf Gruppenarbeit angewiesen.

(6) *Grenzen des gruppendynamischen Modells im Unterricht der Klasse:* Die Übertragung gruppendynamischer Prinzipien auf eine Schulklasse gestaltet sich – wie wir gesehen haben – recht problematisch. Man darf am Anfang nicht sehr viel erwarten und muß sich auf einen langwierigen und schwierigen Prozeß einlassen. Einigen kritischen Äußerungen Graffmanns (1973, S. 102) kann man eigentlich nur zustimmen. Möglich ist es, daß durch eine vorsichtig dosierte Übertragung der gruppendynamischen Prinzipien der Unterricht emotional bereichert, für die Beteiligten durchsichtiger, effektiver wird, viele der Widerwilligkeiten in der Beziehung Lehrer/Schüler abgebaut, Schule etwas erträglicher gemacht werden kann. Es ist auch denkbar, daß Motivationsquellen für nachfolgende andere gruppendynamische Trainingsformen in der Schule erschlossen werden.

4.2.2. Gruppenarbeit und themenzentrierte interaktionale Methode

(1) Unter Gruppenarbeit versteht man, daß eine Arbeit statt von einzelnen oder von der gesamten Klasse von einer Gruppe oder von mehreren Gruppen durchgeführt wird. Bezogen auf Schule und Schulklasse ist Gruppenarbeit eine Arbeitsform, die im Rahmen des Klassenverbandes einzelne Gruppen von Schülern (Tischgruppen) als wesentliche Träger der unterrichtlichen Bildung (und Sozialerziehung) ansieht und die gewonnenen Arbeits- und Übungsergebnisse für die Klassengemeinschaft fruchtbar macht. Entscheidend dabei ist für Dietrich (1969, S. 34), daß die Schüler auf sämtlichen Stufen des Bildungserwerbes innerhalb und mit Hilfe der kleinen Lerngruppe selbständig lernen sollen, daß sachliche und soziale Initiative geweckt, daß „soziale Tugenden" geformt und gepflegt werden. Im Rahmen einer umfassenden empirischen Untersuchung hat Dietrich (1969) in drei Grundtheoremen die Überlegenheit des Gruppenunterrichts gegenüber anderen Unterrichtsformen herausgestellt:

1. die leistungs- und lernmäßige Überlegenheit,
2. die persönlichkeitsformende Überlegenheit und
3. die Überlegenheit hinsichtlich der Verbesserung der sozialen Beziehungen in der Klassengruppe.

Walz (1968, S. 13) betont die sozialerzieherischen Zielsetzungen der Gruppenarbeit und wehrt sich dagegen, diese Ziele lediglich als Nebenwirkungen zu berücksichtigen. Sie schreibt:

„Die Gruppenarbeit im gruppenpädagogischen Sinne erstrebt neben der Erreichung vorteilhafterer Arbeitsbedingungen, besserer Arbeitsergebnisse und Leistungen die Pflege und Förderung mitmenschlicherer Beziehungen und demokratischer Lebensformen und ist auf die Entfaltung und Festigung der sozialen Mitverantwortung des einzelnen und der Gruppe ausgerichtet. Sie zielt auf die individuelle soziale Reifung des Menschen in der pädagogisch geführten Gruppe und erfordert eine Änderung der inneren sozialen Haltung und der Verhaltensweisen der Gruppenmitglieder und der Gruppenführung. Sie verlangt also eine Umstellung des Gesamtverbandes und der Einzelperson von der reinen Sachbezogenheit auf eine sachliche und soziale Verbundenheit. Erst dann kann von gruppenpädagogischen Bemühungen gesprochen werden. Gruppenarbeit im Sinne der Gruppenpädagogik setzt also den Akzent eindeutig auf das sozialerzieherische Moment, mindestens sucht sie eine fruchtbare Ausgewogenheit zwischen dem Sachlichen und dem Menschlichen. Sie verzichtet notfalls lieber auf eine schulische Forderung, die nur durch Vernachlässigung oder unter Gefährdung der Erziehung zur Menschlichkeit und Mitmenschlichkeit verwirklicht werden könnte."

In diesen Sätzen ist bereits einiges von dem keimhaft entfaltet, was wir als Ziele gruppendynamischen Trainings formuliert haben. Die Realisierung gruppenpädagogischer Arbeit ist hingegen nicht einfach und setzt bereits bestimmte Verhaltensmuster bei den Schülern voraus. „Erst (...) wenn in der Klasse bestimmte Formen und Inhalte der Kooperation und des Zusammenlebens angebahnt sind, ist Gruppenunterricht sinnvoll und als ein sekundäres Mittel zur Verbesserung des Leistungs- und Sozialniveaus der Klasse und der Schüler von größter Bedeutung" (Dietrich 1969, S. 188). Inzwischen hat sich der Gedanke der Gruppenpädagogik international ausgebreitet. Die von E. Meyer herausgegebenen Sammelbände „Gruppenpädagogik zwischen Moskau und New York", Heidelberg 1972 und „Einführung in die Praxis schulischer Gruppenarbeit", Heidelberg 1973 (um nur zwei der neuesten deutschsprachigen Erscheinungen zu nennen) geben da interessante Hinweise. Gruppenpädagogische Methoden sind systematisiert worden (z. B. Meyer 1973, S. 66ff.), kommunikationstheoretische und gruppendynamische Erkenntnisse werden bei der Planung der zu bildenden Sozialformen und der Organisation des Gruppenunterrichts zunehmend berücksichtigt (z. B. Sjølund 1973, S. 9ff.). In der Tendenz überwiegen technisch-funktionale Vorstellungen: Gruppenunterricht ermöglicht in bestimmten Bereichen (Austausch von Informationen, Aufgabenlösung) Leistungsvorteile. Es dominiert die Aneignung des Unterrichtsstoffes, wobei der Prozeß der Auswahl kaum problematisiert wird. Das Training sozialer Verhaltensweisen hat einen mehr funktionalen Stellenwert erhalten: Die Schüler sollen lernen, Dysfunktionalitäten im Interaktionsprozeß wahrzunehmen und abzuändern. Der Schwerpunkt liegt auf funktionaler Verhaltensänderung. Die Ursachenfrage wird kaum thematisiert. Auch kreative und antizipatorische Prozesse sind zunehmend aus dem Blickfeld geraten. Die emotionale Seite des Lernprozesses glaubt man durch die Arbeitsform „Gruppe" bereits hinreichend berücksichtigt zu haben.

(2) Eine Veränderung dieser Tendenz scheint durch eine vorsichtige Übernahme der durch Ruth Cohn entwickelten „themenzentrierten interaktionalen Methode" (im weiteren abgekürzt „TZI" genannt) auf die unterrichtsbezogene Gruppenarbeit in der Schule möglich zu sein. Inzwischen sind zahlreiche Arbeiten über die TZI erschienen (z. B. Cohn 1974, S. 150ff., Vopel 1973, Held 1973, Genser u. a. 1972), so daß wir uns bei der Darstellung dieser Methode kurz fassen können.

Die TZI ist ein methodisch-didaktischer Ansatz, ein Lernen in Arbeitsgruppen zu ermöglichen, das vom Lernenden als anregender und engagierter Prozeß erlebt wird. Die TZI beabsichtigt eine Verbindung von Persönlichkeitsentwicklung und Sachlernen. Alle denkbaren Themen und Aufgaben können Gegenstand der Gruppenaktivität sein. Kinder, Heranwachsende und Erwachsene können teilnehmen; die optimale Gruppengröße soll zwischen 12 und 20 Teilnehmern liegen. Das Ziel ist eine zunehmende Personalisierung der in der Regel unpersönlichen Erziehungs- und Kommunikationsprozesse. Die Lernsituation wird bestimmt durch die drei Faktoren
ICH (jedes einzelnen Lernenden),
WIR (als Gruppe aller Lernenden),
ES (das Thema als Gegenstand der Gruppenaktivität).

„Die dynamische Balance zwischen den Anforderungen und Bedürfnissen des Individuums (ICH), der Gruppe (WIR) und des Themas (ES) ist das wichtigste Strukturelement der TZI. Dabei ist die Balance niemals ein statischer Gleichgewichtszustand, sondern eine immer neu zu erfüllende Forderung, d. h. relative Gleichgewichtszustände werden von immer neuen Ungleichgewichten abgelöst. (...) Es ist in erster Linie Aufgabe des Gruppenleiters, für eine dynamische Balance zwischen ICH-, WIR- und ES-Ansprüchen zu sorgen. Eine allgemeine Regel für das Balancieren besagt, daß der jeweils am stärksten vernachlässigte Faktor der Lernsituation (ICH oder WIR oder ES) durch den Gruppenleiter im Gruppenprozeß betont werden soll“ Genser u. a. 1972, S. 10/11).

Als notwendig wird es angesehen, daß die Funktion des Gruppenleiters rotiert, so daß nach Möglichkeit alle von Zeit zu Zeit diese Aufgabe übernehmen können. Auf diese Weise wird nicht nur die Selbstentfaltung jedes einzelnen am besten gefördert, sondern es wird für die Beteiligten auch deutlich, daß dadurch die größtmögliche Freiheit für *jedes* Gruppenmitglied geschaffen werden kann.

Zwei Postulate bestimmen die Arbeit:

(a) Am Anfang werden die Teilnehmer aufgefordert, den wichtigsten Grundsatz der Methode zu beachten. Man könnte mit Ruth Cohn (1974, S. 151) etwa folgendes sagen:

„Sei dein eigener Chairman, sei der verantwortliche Leiter deiner selbst in dieser Gruppe, Sprich oder sprich nicht, wie du es für richtig und wichtig hältst. Gib anderen, was dir wichtig ist zu geben, versuche zu bekommen, zu nehmen, was du willst in bezug auf unser Thema. Sieh unser Thema von deiner eigenen Warte, und wenn du nicht beim Thema bleiben kannst, und dir etwas anderes sehr viel wichtiger ist, sage es. Ich werde das gleiche tun.“

(b) Bei einer entsprechenden Situation wird das „Störungs-Postulat“ eingeführt, nach Cohn (1974, S. 153) etwa mit folgenden Worten:

„Störungen, Spannungen, leidenschaftliche Gefühle haben den Vorrang, wenn du beim besten Willen nicht imstande bist, dem zu folgen, was in der Gruppe vorgeht – wenn du gelangweilt, gespannt oder zerstreut bist, oder du nicht den besten Willen hast. Damit kannst du dir helfen, das, was dich beschäftigt, zu bewältigen. Und du hilfst der Gruppe, dich wiederzufinden. Es ist unmenschlich, tiefen Schmerz und helle Freude zu unterdrücken, wenn eine Mitteilung für dich sehr wichtig ist.“

Zu diesen beiden Postulaten hat Cohn Hilfsregeln entwickelt, die taktvoll und nicht diktatorisch angewandt werden sollten:

1. Vertritt dich selbst in deinen Aussagen; spricht per „Ich“ und nicht per „Wir“ oder per „Man“.
2. Wenn du eine Frage stellst, sage, warum du fragst und was deine Frage für dich bedeutet. Sage dich selbst aus und vermeide das Interview.
3. Sei authentisch und selektiv in deinen Kommunikationen. Mache dir bewußt, was du denkst und fühlst, und wähle, was du sagst und tust.
4. Halte dich mit Interpretationen von anderen so lange wie möglich zurück. Sprich stattdessen deine persönlichen Reaktionen aus.
5. Wenn du etwas über das Benehmen oder die Charakteristik eines anderen Teilnehmers aussagst, sage auch, was es dir bedeutet, daß er so ist, wie er ist (d. h. wie du ihn siehst).
6. Sei zurückhaltend mit Verallgemeinerungen.
7. Seitengespräche haben Vorrang. Sie stören und sind meist wichtig. Sie würden nicht geschehen, wenn sie nicht wichtig wären (Vielleicht wollt ihr uns erzählen, was ihr miteinander sprecht?).
8. Nur einer zur gleichen Zeit bitte.
9. Wenn mehr als einer gleichzeitig sprechen will, verständigt euch in Stichworten, über was ihr zu sprechen beabsichtigt.

Welche Möglichkeiten bestehen nun, diese Methode auf die Schulklasse zu übertragen? Zunächst wird man in der TZI eine vorzügliche Methode zur Bereicherung schulischer Gruppenarbeit vermuten. Aber dies dürfte nicht ganz unproblematisch sein. Bereits das „Chairman-Postulat“ setzt Schüler voraus, die gelernt haben, ihre eigenen Bedürfnisse ebenso zu respektieren wie die ihrer Mitschüler. In Verbindung mit dem „Störungs-Postulat“ können leicht chaotische Situationen entstehen, zumal die Schüler untereinander (meist unter Ausschluß des Lehrers) den Interaktionsprozeß bestreiten. Viele TZI-Hilfsregeln setzen bereits ein größeres Vertrauensverhältnis unter den Beteiligten voraus, das sich in einer Schulklasse nur sehr mühsam erringen läßt. Ferner sind eine Sprechdisziplin und die „Einsicht“ in die Notwendigkeit dieser Disziplin erforderlich, was langwierige Lernprozesse bei den Schülern voraussetzt. Die größte Schwierigkeit der Übertragung liegt darin, daß in der TZI Selbstbestimmungsprozesse der Beteiligten als grundsätzlich möglich und erforderlich vorausgesetzt werden. Schule aber gewährt grundsätzlich keine Selbstbestimmung und selbst wenn sie sie gewährt, müßten Schüler erst über einen längeren Zeitraum lernen, im Interaktionsprozeß mit den anderen diese Selbstbestimmungsmöglichkeit konkret auszufüllen.

Die TZI kann als eine wirkungsvolle Methode angesehen werden, selbstbestimmtes themenzentriertes Lernen unter Einschluß der emotionalen Anteile zu initiieren. Sie ist jedoch nicht voraussetzungslos; sie bedarf eines „gewährenden" und „begünstigenden" institutionellen Kontextes (z. B. Seminare auf freiwilliger Basis), und sie bedarf Teilnehmer, die über Grundfertigkeiten der Kommunikation bereits verfügen. Beides kann man im System der Schule nicht voraussetzen. Unter Leistungs- und Lernzwang aber würde die Methode sich selbst ad absurdum führen. Die Schüler könnten z. B. erklären, daß sie zu dem Thema keine Lust hätten und lieber Fußball spielen würden. Das müßte im Rahmen der Methode akzeptiert werden, würde aber den Rahmen einer herkömmlichen Schule auf die Dauer sprengen und hätte daher Restriktionsmaßnahmen zur Folge. Gleichwohl kann man die TZI für die Schule nicht verwerfen. Im Gegenteil! Sie markiert einen wichtigen Punkt in der Entwicklung der Lehrer-Schüler-Interaktionen. Die Bedingungen für ihre Verwirklichung in der Schule müßten jedoch erst geschaffen werden in einem langwierigen Prozeß der Veränderung der institutionellen Gegebenheiten, des Bewußtseins und des Verhaltens der Schüler. Die punktuelle Übernahme gruppendynamischer Prinzipien im Unterricht könnte hier erste Möglichkeiten schaffen. In dem Maße, wie Selbstbestimmungsprozesse der Schüler (z. B. Mitwirkung bei der Auswahl der Unterrichtsinhalte) erreicht werden können, steigt die Chance, die TZI auch für Gruppenunterricht zu verwenden.

Selbstbestimmungsprozesse werden entscheidend begünstigt durch Unterrichtsprojekte (sowie durch Projektwochen und Projektfahrten). Diese Unterrichtsformen ermöglichen auch eher die Übernahme der TZI als „herkömmlicher" Unterricht. Wir wollen uns im folgenden Abschnitt die mit dem Projektprinzip zusammenhängenden Vorstellungen und Probleme näher ansehen.

4.2.3. *Projektprinzip (Unterrichtsprojekte, Projektwochen, Projektfahrten)*

(1) Projektarbeit bietet die Möglichkeit, aus der Schablone individualistisch-konkurrierenden Lernens herauszufinden. Bereits die Realisierung der Zusammenarbeit mit Mitschülern, die Einbeziehung außerschulischer Experten und fächerübergreifendes Arbeiten stoßen im institutionellen Rahmen von Schule auf erhebliche Schwierigkeiten. Hinzu kommt, daß Projekte mehr Zeit auf Seiten der Lernenden und Bereitschaft erfordern, sich in gruppendynamische Prozesse einzulassen. Die Rolle der Lehrenden wird im Projekt neu definiert: Nicht nur haben sie kein Informationsmonopol mehr (sie besitzen allenfalls einen partiellen Informationsvorsprung), sondern werden sich häufig, was Spontaneität, Kreativität und Einfallsreichtum anbelangt, stärker auf die Schüler stützen müssen, wenn es darum geht, stereotypes Denken und ritualisierte Verhaltensmuster aufzubrechen. So gesehen ist für Projekte im durchorganisierten Plan der Schule (das gilt auch für Gesamtschulen) eigentlich kein Ort zu finden, weil ihre besondere Möglichkeit gerade darauf beruht, daß sie quer zu allen konventionellen Lehrplänen, Schulfächern, Einzeldisziplinen und Lehrgewohnheiten stehen.

Klafki (1970, S. 38) kennzeichnet Projekte durch vier Merkmale:

1. Es muß sich um eine Aufgabe handeln, auf deren Auswahl und Gestaltung Schüler einen entscheidenden Einfluß haben.
2. Die Planung und Durchführung muß eine gewisse Leistung der Schulklasse sein.
3. Ergebnis eines Projektes muß ein „gegenständliches Werk" oder eine „Aktion" sein.
4. Das Ergebnis muß von Anfang an als ein den üblichen Unterrichtsrahmen überschreitendes „Werk", als eine Aktivität geplant sein, mit der die Klasse gestaltend oder verändernd in das „Schulleben" oder in die Beziehungen zwischen Schule und außerschulischer Realität hineinwirken will.

Projekte sind eine seit langem bekannte methodische Möglichkeit. Einen Überblick über die Entwicklung der Projekt-Methode gibt Bossing (1967, S. 115 ff.).

Projekte bieten – wie kaum eine andere Methode – die Realisierung emanzipatorischer Zielsetzungen. So können Erkenntnisse über die eigene Lage im Zusammenhang der gesellschaftlichen Situation „motivationsträchtig" gewonnen werden. Die Umsetzung dieser Erkenntnisse in Handlungen und Handlungsstrategien (insbesondere „Aktionen") dürfte etwas unproblematischer möglich sein, als bei „herkömmlichen“ Methoden. Rolff und Tillmann (1974, S. 16) sehen deutliche Grenzen bei der Realisierung des Projektprinzips:

> Projekte „dürfen nicht gegen bestehende Gesetze, Verordnungen, Lehrpläne usw. in einer Weise verstoßen, die die Schulaufsicht zu starken Gegenmaßnahmen provoziert (...). Sie müssen realisierbar sein, ohne daß die wesentlichen Organisationsstrukturen der bestehenden Gesamtschule bereits jetzt verändert werden müssen. Sie müssen so angelegt sein, daß sie auf Unterstützung – zumindest aber Tolerierung – eines Kollegiums stoßen, (...). Solche Erfahrungsbereiche müssen das gegenwärtige Bewußtsein der Eltern einkalkulieren und ihre möglichen Reaktionen antizipieren, jedoch die Eltern auch in die Lernprozesse einzubeziehen versuchen“.

(2) Im Rahmen der Schule und des „üblichen“ Unterrichts gibt es Möglichkeiten, mit Schülern kurz- oder langfristige Projekte zu planen und zu realisieren, die, unter Relativierung des Leistungsprinzips, die Chance haben, selbstbestimmte kollektiv ausgeführte Tätigkeiten zu üben. Im Rahmen der bestehenden Fächeraufteilung wäre insbesondere an die Fächer Deutsch, „Gesellschaft“ (ein Fach, das mit durchschnittlich 4–5 Wochenstunden an Gesamtschulen unterrichtet wird und die bisherigen Fächer Geschichte, Erdkunde, Gemeinschaftskunde zusammenfaßt), Kunst und Musik (unter Einschluß von Theater) zu denken. Langfristig wird man nicht umhin kommen, fächerübergreifende Komplexe zu planen. Die Entwicklung in den Gesamtschulen deutet zumindest in diese Richtung. So dürfte z. B. das Projekt „Werbung“ sowohl für das Fach Deutsch als auch für Gesellschaft, Kunst und Musik interessant sein. Bei der Organisation von Unterricht in Form von Projekten kommt es darauf an, diejenigen Vorhaben auszuwählen, die sowohl den Interessen der Schüler entsprechen als auch geeignet sind, den Lebenszusammenhang der Schüler zu thematisieren *und* zu verändern. „Solche Projekte, wie sie in verschiedenen Gesamtschulen schon durchgeführt worden sind, können sich auf die Einrichtung von Spielplätzen in Neubauvierteln, auf Industrieerkundungen oder Vorhaben im Bereich der Sozialarbeit beziehen, und damit Schule ihres Freiraumcharakters entheben, indem sie den Schüler in die Mitarbeit an der Gesellschaftsveränderung als mehr und mehr vollwertiges Mitglied einbeziehen“ (Keim 1973, S. 317). Ein konkretes Beispiel für die Planung und Durchführung eines Unterrichtsprojekts („Selbstbedienungsladen“) ist in Abschnitt 6 enthalten.

(3) Sonderformen des projektorientierten Unterrichts sind die sogenannten „Projektwochen“ und „Projektfahrten“. Die Projektwoche ist eine an Gesamtschulen (so z. B. an der Robert-Bosch-Gesamtschule in

Hildesheim) entwickelte Methode, das Projektprinzip punktuell zu institutionalisieren. Für einen bestimmten Zeitraum (5 bis 10 Schultage) fällt der „normale“ Schulbetrieb aus. Statt dessen bieten die Lehrer (nach Absprache mit den Schülern) Projekte an. Die Schüler wählen das sie interessierende Projekt aus und arbeiten dann vormittags und nachmittags unter Hilfe des Lehrers (oder des Lehrerteams) für den Zeitraum zusammen. Jeweils ca. 15 Schüler und 1 Lehrer bilden eine Projektgruppe, bei einem Lehrerteam entsprechend mehr Schüler. Am Ende findet ein Austausch der Ergebnisse unter den verschiedenen Projektgruppen statt (z. B. in Form einer Ausstellung, einer Demonstration, einer Aufführung, einer Diskussion). Ähnlich aufgebaut sind Projektfahrten. Es fahren z. B. Schüler eines Jahrgangs für eine Woche in ein Schullandheim, arbeiten vormittags in Projektgruppen und haben nachmittags Freizeit.

4.3. Trainingsgruppen, Freizeitgruppen und Tutorensystem

Im Abschnitt 4.2. haben wir untersucht, welche Sozialformen des „herkömmlichen“ Schulsystems geeignet sind, Aspekte des gruppendynamischen Trainings zu realisieren. Als Ergebnis dieser Untersuchung kann festgestellt werden, daß gruppendynamisches Training nur in bescheidenen Ansätzen, etwa als *Beratung* der Schüler in der aktuellen Situation, die gemeinsam durchgestanden werden muß, möglich ist. Der Lehrer müßte sich bemühen, Situationen im Rahmen seines Unterrichts zu planen (bzw. anzubieten), in denen sich Prozesse der Selbstreflexion, der Aktion und der Antizipation ergeben können. Das gruppendynamische Training müßte also subtil in die Unterrichtsaktivitäten eingebunden werden. Optimal erschiene eine projektorientierte Arbeitsweise, die die Grundsätze der TZI punktuell verwirklichen würde (etwa in Projektgruppen) und die Selbstreflexionsprozesse im Rahmen der Projekte nicht ausschlösse. Umfassendere Selbstreflexionsprozesse und weitergehende Antizipationen sind aber auch dann kaum möglich. Zum einen ermöglicht die Mitgliederzahl einer Klasse (ca. 30 Schüler) keine intensiven feedback-Prozesse; die Bildung eines intensiven auf Verständnis hin angelegten Vertrauensverhältnisses wird durch die Größe der Klasse erheblich behindert, meist unmöglich gemacht. Das hat nicht nur Auswirkungen auf die notwendigen Selbstreflexionsprozesse und die damit zusammenhängende Zielvorstellung, Sprachzerstörungen zu rekonstruieren, sondern auch auf mögliche Antizipationen (die wiederum mit Selbstreflexionsprozessen eng zusammenhängen).

Es ist von daher notwendig, Sozialformen im Bereich der Schule zu bilden, die von ihrer Struktur geeignet sind, diese intensiveren Prozesse zu ermöglichen. Zum anderen könnten Sozialformen dieser Art Gegengewichte zu dysfunktionalen Tendenzen in „modernen" Schulformen bilden. Keim (1973, S. 309) hebt z. B. die bedrohliche Labilisierung und Desorientierung von Schülern aufgrund bestehender Gesamtschulsysteme (Differenzierung, Leistungsdruck) hervor und fordert Verfahren zur Stabilisierung von Gruppen, die solchen Tendenzen entgegenwirken. Er sieht in den gruppendynamischen Methoden eines dieser Verfahren, sofern individualpsychologische wie gesellschaftliche Zusammenhänge in die Methoden einbezogen sind.

Wir werden uns nun mit drei Sozialformen beschäftigen, die sich dadurch auszeichnen, daß sie *flankierend* zu den auf Unterricht ausgerichteten Veranstaltungen eingesetzt werden: den Arbeitsgemeinschaften, den Freizeitgruppen und dem Tutorensystem. Dabei werden wir untersuchen, welche Möglichkeiten diese Gruppierungen für die Initiierung gruppendynamisch orientierter Lernprozesse bieten.

4.3.1. Trainingsgruppen in der Schule

Im Rahmen von Arbeitsgemeinschaften, die in vielen Schulen ihren festen Platz haben, können auch Kleingruppen (maximal 12 Schüler) gebildet werden, die gruppendynamisches Training zum Inhalt haben. Schreiner (1974, S. 89/90) betont, daß gruppendynamische Trainingsverfahren in der Schule sinnvoll sein können, um die soziale und politische Sensibilität der Schüler zu üben. Eine unkritische Übernahme gruppendynamischer Verfahren ist dabei nicht angezeigt. Um die komplexen Zielvorstellungen „Selbstreflexion", „Antizipation" und „Aktion" angemessen verwirklichen zu können, ist die Planung einer sinnvollen Abfolge verschiedener interaktionspädagogischer Verfahrensweisen, die aufeinander aufbauen und die die besondere Situation der Schüler (und des Lehrers) berücksichtigen, erforderlich. Ein vorläufiges Modell habe ich bereits entwickelt (Fritz 1974b und 1974c). Wir werden in diesem Abschnitt zunächst erörtern, welche interaktionspädagogischen Verfahren im Rahmen einer schulischen Trainingsgruppe möglich und sinnvoll sind, was sie bewirken und wie man sie so einsetzt, daß sie aufeinander aufbauen. Im fünften

Abschnitt werden wir uns dann beispielhaft mit den einzelnen Methoden auseinandersetzen.

(1) *Spielen:* Zu Beginn interaktionspädagogischer Arbeit in Gruppen empfiehlt es sich, mit den Schülern Spiele zu machen. Dies gilt insbesondere bei jüngeren. Mit einem breiten Spektrum verschiedenartiger Spiele ist man in der Lage, Grundlagen zu schaffen, sei es die Sensibilisierung für zwischenmenschliche Beziehungen, die Entwicklung der Kommunikations- und Kooperationsfähigkeit, das Schulen der Beobachtungsfähigkeit, das Üben der motorischen Koordination, das Entwickeln der mimischen und sprachlichen Fähigkeiten, das Üben der Konzentrationsfähigkeit, das Erkennen und Herstellen von Sinnzusammenhängen, die Förderung der Aussprachefähigkeit (insbesondere im Gefühlsbereich), das Überwinden von Ängsten, das Entwickeln von Neuem, ganz Anderem, das Sensibilisieren für neue Formen der Wahrnehmung. Um dieser Vielzahl der Ziele näher zu kommen, ist es notwendig, daß der Lehrer über ein breites Spektrum an Spielmöglichkeiten verfügt. Die „Schwalbacher Spielkartei" bietet hierzu eine Fülle an Anregungen. Besonders empfehlenswert ist auch das Buch von Daublebsky, „Spielen in der Schule" (1973). Daublebsky hat 167 verschiedene Spiele zusammengetragen, ausführlich erläutert, mit Beispielen aus ihrer Praxis belegt und nach verschiedenen Gesichtspunkten geordnet (z. B. „Spiele mit geschlossenen Augen", „Geschicklichkeitsspiele", „Geräusche machen", „Gegenstände verstecken", „Spiele im Kreis", „Verkleiden").

Spiele sind m. E. sinnvoll insbesondere für Schüler bis zum 7. Schuljahr. Wichtig ist, daß den Schülern die Spielstunden Spaß bringen. Das Spielen sollte freiwillig und die Atmosphäre während des Spielens frei und entlastet sein. Der Lehrer darf daher nicht dominieren. Daublebsky (1973, S. 116ff.) hat eine Reihe von Hinweisen gegeben, die ein Lehrer beachten sollte, um zu optimalen Ergebnissen zu kommen:

1. Lehrer und Erzieher, die mit Kindern spielen wollen, müssen sich klar darüber sein, daß sie den Kindern keine Gnade erweisen.
2. Der Spielleiter muß immer versuchen, einzelnen zu helfen, aber er darf die Kinder dabei nicht zu stark an sich binden.
3. Der Spielleiter hat die Aufgabe, Gruppen vor unbewältigbaren Schwierigkeiten zu bewahren, darf sie aber nicht zu stark schützen, sondern muß sie soweit wie möglich ihre eigenen Erfahrungen machen lassen.
4. Die Kinder sollen sich frei gruppieren dürfen, aber der Spielleiter muß denen, die nicht gewählt werden, helfen.

5. Der Spielleiter sollte versuchen, soweit wie möglich die Konkurrenzhaltung der Kinder abzubauen.
6. Der Spielleiter muß eine offene Atmosphäre schaffen und durch sein eigenes Verhalten dazu beitragen, daß Kinder sich gegenseitig helfen können.

Günstig ist es, zwischen einer und zwei Zeitstunden für das Spielen anzusetzen. Die Dauer der einzelnen Spiele sollte sich vor allem nach dem Wunsch der Kinder richten. Die Ergebnisse einer Spielstunde kommen häufig überraschend. Erfolge stellen sich eher dann ein, wenn die Spiele nach den Bedürfnissen der Kinder variiert werden, auf sie eingegangen und auch spontan von den Plänen abgewichen wird.

Beispiel: Mit einer Klasse hatte ich eine Doppelstunde Spielen vorgesehen und bestimmte Spiele ausgewählt. Die Klasse hatte vorher bei einem „strengen“ Lehrer einen „schlecht ausgefallenen“ Test zurückerhalten. Es war eine ziemliche Unruhe unter den Schülern, als ich das erste Spiel erklären wollte. Einige der Schülerinnen brachten durch „Grimassen-Schneiden“ viele zum Lachen. Ich schlug spontan ein Ratespiel vor: Einer oder mehrere Schüler gehen hinaus, die übrigen einigen sich auf einen bestimmten Schüler. Wenn die nach draußen Geschickten hereinkommen machen alle Schüler die Bewegungen und den Gesichtsausdruck desjenigen Schülers nach, der dazu bestimmt wurde, „Vormacher“ zu sein. Das „Rateteam“ muß den „Vormacher“ herausfinden. Das Spiel brachte allen viel Spaß und wurde fast eine Zeitstunde gespielt. Immer neue mimische Veränderungen wurden gefunden; dabei nahmen sich einige Schüler gegenseitig „auf die Schippe“, indem sie typische Bewegungen oder eine typische Mimik von jeweils einem der Mitschüler „vormachten“. Den größten Erfolg hatte ein Schüler, dem es gelang, bestimmte Lehrer „vorzumachen“.

Es ist zwar wichtig für den Lehrer, spontan und flexibel zu sein, dennoch müßten Spielstunden geplant sein. „Man kann den Erfolg der Spielstunden nicht vorausplanen, doch man muß planen, wenn man über den Augenblick hinaus handlungsfähig bleiben will. So unerläßlich die Flexibilität ist, ohne Planung wird sie orientierungslos“ (Daublebsky 1973, S. 150). Wichtig zu planen ist es auch, um sich ein immer größer werdendes Repertoire von Spielen einzuprägen, damit man auf die Bedürfnisse der Kinder spontan und flexibel eingehen kann. Bei der Planung der Spiele kann man nicht (im strengen Sinne) lernzielorientiert arbeiten. Man kann sich natürlich überlegen, ob das eine oder das andere Spiel eher geeignet ist, die Schüler weiterzubringen. Dabei kommt es darauf an, möglichst viele Lernmöglichkeiten im Laufe eines längeren Zeitraumes zu verfolgen und möglichst viele Fähigkeiten in seinen Stunden anzusprechen. Daublebsky (1973, S. 159) ist daher zuzustimmen, wenn sie es für die „Planung“ als vorrangig ansieht, „eine ‚systematische Sensibilität' für die Bedürfnisse und Defizite der Kinder zu entwickeln; auf diese diagnostische Sensibilität mit einer Einschätzung der Spielmöglichkeiten zu antworten und schließlich ein den Bedürfnissen und Defiziten entsprechendes reichhaltiges und vielfältiges Angebot zu machen". Unerläßlich für den Lehrer ist es, sich über Verlauf und Ereignisse der Spielstunde Gedanken zu machen, um offen zu bleiben und sich in Frage stellen zu können. Dadurch vermag man für das Verhalten der Schüler sensibel zu werden und zu bleiben und d. h.: verstehen lernen, *warum* die Schüler so gespielt haben. Ihr Spiel ist eine Mitteilung über ihre Situation. Der Lehrer muß fähig werden und fähig bleiben, sie zu hören.

(2) *Interaktionstraining:* Während das Spielen in einem relativ offenen Interaktionssystem stattfindet, das den Kindern ermöglicht, ein *Spektrum* neuer Erfahrungen mit sich selbst und anderen zu machen, werden beim Interaktionstraining eher *grundlegende* Interaktionserfahrungen gesammelt. Im Interaktionstraining werden Übungen und Spiele unter dem speziellen Gesichtspunkt der rollenabstrahierenden Interaktion in einer didaktisch geplanten Abfolge mit einer Gruppe durchgeführt, die sich regelmäßig trifft (vgl. Nickel 1973, S. 23ff.). Die komplexen Situationen des alltäglichen Rollenhandelns sind meist so kompliziert, daß ein spielerisches Ausprobieren nicht gewagt, sondern eher auf die vertrauten Verhaltensmuster zurückgegriffen wird. Von daher wird es sich als günstig erweisen (insbesondere bei jüngeren Kindern), simple Grundformen, aus denen sich Interaktionen zusammensetzen, herauszugreifen, als geregelten Spielraum aus dem komplexen Interaktionsgefüge „herauszuschneiden" und diese reduzierten Interaktionsformen zu spielen, in Spielen zu trainieren. Beim Interaktionstraining geht es um die „Aufweichung" erstarrter Verhaltensmuster, die Entwicklung und Ausbildung neuer Fähigkeiten der Interaktion in gewählten Situationen. Damit wäre das Interaktionstraining neben dem Spielen eine grundlegende und einführende Verfahrensweise der Interaktionspädagogik.

Zwei Zielbereiche stehen im Mittelpunkt: (a) die Verfeinerung der sinnlichen Wahrnehmungen und (b) die Sensibilisierung für Grundformen der Aktion und Reaktion im zwischenmenschlichen Verhalten.

(a) Wir haben im dritten Abschnitt erörtert, in welch starrer Weise der Mensch in seinen Wahrnehmungen und seinem Verhalten festgelegt ist. Im Interaktionstraining sollte erreicht werden, daß die Schüler relativ unvoreingenommen werden, vieles „ungefiltert" wahrnehmen, die Welt „staunend neu begreifen". Das ist schwierig. Wutte (1974, S. 11ff.) beschreibt zahlreiche Übungen, die zur Verfeinerung der sinnlichen Wahrnehmungen beitragen können. Hier seien einige auszugsweise wiedergegeben, um zu verdeutlichen um was es geht.

Es empfiehlt sich, mit Lockerungsübungen zu beginnen, z. B.

Du bist ein kleines Kätzchen, das den ganzen Tag herumgelaufen ist und jetzt sehr müde ist. Das Kätzchen schüttelt die rechte Hand und läßt sie müde herunterfallen, dann die linke Hand. Auch diese ist schlaff und müde. Der Kopf fällt ihm auf die Brust, die Augen hat es geschlossen, der Oberkörper sinkt zusammen, ganz langsam, fast schon eingeschlafen, geht es in die Knie, ruht sich aus, – rollt vorsichtig auf den Boden – und schläft ein.

Es schließen sich Beweglichkeits- (Spannungs-)übungen an, z. B.

Zwei Kater mit einem großen Buckel stehen sich fauchend gegenüber und greifen einander an. Wenn ich klopfe, hören sie das Geräusch, verhalten sich still, ihr Buckel verschwindet, sie sind friedlich, wenn ich wieder klopfe beginnt der Kampf von neuem. Paßt auf, ich klopfe unterschiedlich, und ihr sollt sofort reagieren.
Wir sind in einer Nachtbar und zeigen den Gästen einen Bauchtanz.
Wir machen einen imaginären Boxkampf, bei dem sich die Partner nicht berühren dürfen. Versuche, deinen Gegner durch k.o. zu schlagen.
Die Hälfte der Spieler stellen eine Brücke dar, durch die eine Eisenbahn fährt. Die anderen spielen die Eisenbahn. Sie legen sich auf den Bauch und schieben sich langsam durch die Brücke hindurch, indem sie das Becken heben. Paßt auf, daß sich kein Wagen aushängt, sondern der Zug als Ganzes fährt.

Es folgen dann Übungen zur Belebung und Sensibilisierung des Kopfes, der Schultern, der Arme, der Finger, der Beine und Füße. Dabei vermag der Schüler die „Gesetzmäßigkeiten“ seines Körpers zu erfahren und anzuwenden. Im Interaktionstraining lernt der Schüler dann, seine Sinneswahrnehmungen zu verfeinern. Man könnte mit Übungen beginnen, die den Schüler zur genauen Wahrnehmung anregen, z. B.

Schau dir die Augen deines Nachbarn genau an. Welche Farbe haben sie?
Wähle dir einen aus der Gruppe. Schau ihn dir genau an. Berichte uns evtl. etwas, was dir vorher noch nicht an ihm aufgefallen ist.
Hört euch das Ticken verschiedener Armbanduhren an. Achtet auf Lautstärke, Tonhöhe, Klangbild, besondere Eigenarten.
Seid ganz leise und versucht euch alle Geräusche, die jetzt kommen, zu merken.
Bringen Sie verschiedene Brot (Wurst-, Käse-)Sorten mit und lassen Sie sie kosten.
Mischen Sie verschiedene Säfte. Lassen Sie von den Schülern bestimmen, welche Säfte Sie verwendet haben und ggf. zu welchen Anteilen.
Lassen Sie Gegenstände unter einer Verpackung raten.

Bringen Sie verschiedene Stoffe mit und lassen Sie die Unterschiede ertasten.
Bringen Sie Gewürze mit. Die Schüler können Unterschiede „herausriechen" oder die Gewürze nur nach dem Geruch bestimmen.

Eine Vorübung auf das Theaterspielen und ein Training der nichtsprachlichen Kommunikation wäre eine Übungsreihe, in der die Schüler auf „eingebildete" Sinneswahrnehmungen reagieren müßten (vgl. Wutte 1974, S. 37–40), z. B.

Du siehst etwas Lustiges. Berichte der Gruppe was es gewesen ist.
Du erlebst einen Verkehrsunfall. Erzähle einem Mitschüler anschließend davon.
Du schaust auf das Meer hinaus und versuchst ein Schiff auszumachen. Die Sonne blendet Dich.
Jemand spricht dich unerwartet an. Du erkennst nicht gleich wer es ist.
Du verfolgst im Fernsehen eine spannende Stelle im Krimi.
Du hörst einen lustigen Witz.
Du liest ein Buch. Plötzlich klingelt es an der Tür.
Deine Freundin erzählt dir etwas von ihren Sorgen.
Du hörst, wie deine Eltern sich streiten.
Du ißt etwas, was dir sehr gut schmeckt.
Du kostest eine versalzene Suppe.
Du ißt eine heiße Kartoffel.
Du lutscht ein Bonbon, dessen Geschmack du nicht kennst.
Du verwechselst eine Apfelsaftflasche mit einer Essigflasche.
Du ißt zähes Fleisch, Fleischreste bleiben zwischen den Zähnen hängen.
Das Essen schmeckt dir nicht. Du möchtest es aber deiner Mutter nicht merken lassen.
Du tastet dich im Dunkeln nach einem Lichtschalter.
Sand rieselt durch deine Finger. Was spürst Du?
Du riechst dein Lieblingsgericht.
Du atmest die frische Lust nach einem Regen ein.
Zur Hauptverkehrszeit gehst du an der Hauptstraße entlang und riechst die Auspuffgase der Autos.
Du spürst den frischen Wind in deinem Gesicht. Es ist dir angenehm.

(b) In den nachfolgenden Übungsreihen können die Schüler lernen, die physischen und psychischen Verhaltensweisen der anderen mitzuerleben und auf sie zu reagieren.

Beispiel: „Fangspiel": Zwei Spieler halten sich an den Händen gefaßt, alle anderen laufen frei im Raum herum. Sobald jemand berührt wird, bildet er mit den beiden „Jägern" eine Dreiergruppe, die weiter abschlägt. Wird ein Vierter abgeschlagen, teilt sich die Fängergruppe in zwei Zweierketten, die weiter abschlagen, bis alle Spieler Jäger geworden sind. Dieses Interaktionsspiel lockert auf (schnelle Bewegung, physische und psychische „Erwärmung“, Berührung) und vermag der Gruppe das Phänomen „Interaktion“ deutlich werden zu lassen. Um jemanden fangen zu können, müssen sich die zwei (oder drei) Jäger einigen, wen sie fangen und in welche Richtung sie laufen wollen. Nach dem Spiel kann man durch Fragen wie „Wer bestimmte, wer abgeschlagen werden sollte?“, „Wie wurde dies bestimmt?“, „Wer ließ sich einfach von seinem Partner mitziehen?“ die stattgefundene Interaktion (und Kooperation) problematisieren.

Beispiel: „Partnerwahlspiel“: Alle Spieler sitzen im Kreis. Ein Stuhl ist frei. Der daneben sitzende Spieler ruft: „Mein rechter Platz ist frei, ich wünsche mir den ‚Klaus‘ herbei.“ „Klaus“ kommt und setzt sich. Der Nachbar von „Klaus“ fährt fort. Mögliche Variationen wären: (a) Der Spieler spricht in einer besonderen Weise, z. B. lockend, bittend, befehlend; in einer besonderen Rolle: als Lehrer, Freund, Verliebter, Vater usw.; der Spieler fordert Mitspieler averbal (durch Blicke, Gesten usw.) auf, sich neben ihn zu setzen. (b) Der Spieler nennt den Namen nicht, die gewünschte Person wird beschrieben: durch Kleidung, Aussehen, Eigenschaften usw. (c) die gewünschte Person kommt nicht einfach, sondern von ihr wird eine bestimmte Bewegung (kriechend), ein bestimmter Ausdruck, eine bestimmte Rolle, eine Tätigkeit verlangt. (d) Der Spieler darf nur einen andersgeschlechtlichen Mitspieler wählen. Es können schwierige Aufforderungsformeln vereinbart werden (auch Formeln in fremden Sprachen). Bei Versprechern oder anderen Fehlern bekommt der Mitspieler einen Kuß.

Der Vorteil dieses Spiels ist, daß immer der Nachbar des Gewählten der nächste Spieler wird; dieser Wechsel verhindert die Konzentration auf eine Clique. Das Spiel ist bei den Schülern recht beliebt. Der Zusammenhalt und das Vertrauen in der Gruppe werden durch die positiven Aspekte des Wählens und Gewähltwerdens verstärkt. Neben dem Training verbaler und averbaler Fähigkeiten wird die Beziehungsstruktur der spielenden Gruppe konkret anvisiert. „Warum wird gerade dieser Spieler so oft herbeigewünscht?“, „Warum wählen Mädchen nur Mädchen?“: das können Fragen sein, die die Beziehungsformen der Teilnehmer untereinander problematisieren, sie überhaupt ins Bewußtsein rücken können. In dieser Übung sind bereits Gesichtspunkte angesprochen, die in späteren Phasen des gruppendynamischen Trainings stärker in den Mittelpunkt treten (z. B. Gruppenstruktur).

Beispiel: „Blinde Kuh“: Es werden Paare gebildet. Dem einen werden die Augen verbunden, der andere führt, danach Wechsel. Der „Blinde“ fühlt sich wie ein Kind, bekommt die „Welt“ gezeigt und darf „entdecken“.

Dieses Spiel vermittelt neue Erfahrungen, indem die gewohnte Umgebung umstrukturiert wird. Der Verzicht auf die üblichen Interaktionsvermittler wie Auge und Sprache reizt, befreit und verstärkt die normalerweise vernachlässigten Sinne, führt von den höheren Abstraktionen zu grundlegendem, körperlichem Begreifen. Damit werden die Übungen und Spiele des Interaktionstrainings insbesondere in der Schule ein notwendiges Gegengewicht gegen die abstrakt-rationale Art des Lernens über Begriffe. „Mit der Bevorzugung der Körpersprache und den nonverbalen Spiele und Übungen wird zugleich der vernachlässigte Bereich der Emotion einer klärenden Erfahrung zugänglich gemacht. Die verbale Ausdrucksfähigkeit, die in engem Zusammenhang mit sozialer Klasse, schulischem Erfolg und beruflicher Karriere steht, wird relativiert" (Nickel 1973, S. 26). Zum anderen ist gerade das „Blinde-Kuh-Spiel" als Vertrauensübung geeignet, Angst und Mißtrauen, „Schutzpanzer" und Abwehrmechanismen abzubauen und damit die Grundlage für weitgehend „unverzerrte" Rückmeldungen (feedback), die den Lernerfolg in den späteren Phasen des gruppendynamischen Trainings entscheidend begünstigen, zu schaffen.

Beispiel: „Assoziationsspiel": Die Schüler sitzen im Kreis. Einer sagt ein Wort. Sein Nachbar sagt ein anderes, das ihm dazu einfällt. Es geht bei dieser Übung darum, Vorstellungen miteinander zu verknüpfen. Es entstehen Assoziationsketten, am Anfang noch recht blaß, später „persönlicher", spannungsreicher, differenzierter. Die Schüler „erkennen" ihre Mitschüler an ihrer Art zu assoziieren: Einige bleiben fast immer „ängstlich" in der Nähe des vorgegebenen Wortes, andere sind „kühner", „einfallsreicher" in ihren Einfällen, „kreative" Schüler erfinden neue Assoziationsregeln, z. B. wäre eine Regel, nur phonetisch ähnlich klingende Wörter zu assoziieren. Dabei ergeben sich oft frappierende Zusammenhänge: Schule – Huhle (ein Lehrer an der Schule); Liebe – Hiebe; Klasse – ist „klasse"; pauken – Rabauken. Der Schüler lernt bei dieser Übung auf den Partner einzugehen und intuitiv und spontan seine Assoziationen in Worte zu fassen. Mit geübten Gruppen ist es möglich, „geschlossene Assoziationsketten" zu bilden, z. B. Garten – Baum – Äpfel – madig – verfault – schmeckt nicht – wegwerfen. Die Schüler müßten also die gesamte Assoziationskette im Kopf haben, um unmittelbar und persönlich auf einen sprachlichen Impuls zu reagieren und das Spiel zu einem Ganzen abzurunden.

Auf diesen Grundübungen bauen Gestaltungsspiele und Improvisationen auf. Bei den Gestaltungsspielen hat der Schüler die Aufgabe, eine bestimmte Tätigkeit darzustellen, z. B. Fenster putzen, einen Brief schreiben, Radio hören. Die Gegenstände sind dabei nicht vorhanden. Bei diesen Übungen kommt es auf Details an. Der Schüler muß sich den Handlungsverlauf also in allen Einzelheiten vorstellen und ausführen. Methodisch ist es günstig, diese Übungen in Form von Ratespielen durchzuführen.

Beispiel: „Pantomime“: Es werden fünf Schüler hinausgeschickt. Die Restgruppe einigt sich auf eine bestimmte Gestaltung. Der erste von den Fünfen wird hereingeholt; er schaut sich an, wie einer aus der Restgruppe die Übung vormacht. Es wird nicht gesagt, um was es sich handeln soll. Der erste Schüler soll sich alle Details genau ansehen und sie dann dem nachfolgenden Schüler vormachen. Der fünfte Schüler soll schließlich raten, um was es sich gehandelt hat. Meist treten von Schüler zu Schüler starke Verzerrungen in der Darstellung auf, insbesondere dann, wenn die einzelnen Handlungsteile nicht verstanden, d. h. nicht zu einer „geschlossenen Gestalt“ integriert werden können. Besonderen Spaß bringt es, wenn das Baden und Windeln eines Babys dargestellt wird und Jungen nach draußen geschickt werden.

„Von den Gestaltungsübungen kann zu den Improvisationen gegangen werden, wenn die Spieler einen Gegenstand, eine Situation, ein Produkt der Natur oder der Technik im Spiel Schritt für Schritt allein oder mit einem Partner anhand ihres Körpers erschließen und das Spiel als geschlossenes Ganzes darbieten“ (Wutte 1974, S. 56). Zu Beginn der Improvisationen erhalten die Schüler eine Anregung, die in das Spiel zu integrieren ist. Später fällt diese Anregung fort oder muß von den Schülern selbst gefunden werden. Dabei sollten die Schüler in ihrem Verhalten auf den Partner eingehen und mit ihm zusammen das Spiel entwickeln. Anregungen für eine Improvisation könnten sein eine thematische Festlegung (du kommst zu spät nach Hause; zwei Mädchen unterhalten sich über Jungen), eine dynamische Grundstruktur, Requisiten oder Bilder.

Beispiel für eine dynamische Grundstruktur als Anregung für eine Improvisation: „Herr-und-Sklave-Spiel“: Jeder Mitspieler ist einem anderen einmal ein guter Sklave, dann ein guter Herr. Diese Rollen sollten wirklich prägnant gespielt werden, d. h. der Sklave sollte z. B. ohne Gegenrede die Befehle des anderen ausführen. Das Autoritäre und das Unterwürfige kann in diesem Spiel mehr oder weniger spielerisch ausgelebt werden. Nach dem Spiel ist es notwendig, über das Geschehen zu reden. Fragen wie „Woran konnte man den Sklaven vom Herrn unterscheiden?“, „Welche Bewegungen machte der eine, welche der andere?“, „Wer spielte seine Rolle überzeugender und warum?“, „Wer konnte den Sklaven, wer den Herrn besser spielen?“ dehnen das Interesse und das Training über die reduzierte Interaktionsdynamik aus auf persönlichkeitsbezogene Eigenarten und ihre Formung durch das interaktionsdynamische Kräftespiel.

Spiele wie „Herr-und-Sklave“ markieren den Übergang vom Interaktionstraining zu „psychodramatischen/soziodramatischen Stegreifspielen“ und zu Rollenspielen, weil jene Spiele interaktionsdynamische Komponenten mit affektiv besetzten Rollenvorgaben verbinden und damit „Interaktionstraining in affektiven Rollen“ möglich wird. Sobald sich die formelhaft vorgegebenen „affektiven Rollen“ in konkrete Rollen umformen („Herr“ = autoritärer Vater; „Sklave“ = unterdrückte Tochter), gelangen wir in das Gebiet des Rollenspiels bzw. der psychodramatischen/ soziodramatischen Spiele. Der Übergang gelingt oft nahtlos. Die Schüler, die in Interaktionsspielen – also noch vor der Fixierung in Rollen – soziale Fähigkeiten trainieren, werden bei zunehmender Sicherheit und Stabilität daran interessiert sein, ihre neu erworbenen Fähigkeiten auf ihre konkreten Erfahrungen und Erlebnisse zu übertragen, spielend in diesem Feld damit zu experimentieren.

Beispiel: „Interaktionstraining wird zum Soziodrama“: Dieses Beispiel stammt aus meiner Arbeit mit einer Schülergruppe an der Robert-Bosch-Gesamtschule. Nach dem „Herr-Sklave-Spiele“ wurde von den Schülern vorgeschlagen, die Mutter als „Herrin“ und die Kinder als „Sklaven“ einzusetzen. Auch der Wechsel der Rollendynamik (Mutter als „Sklavin“, Kinder als „Herren“) wurde erprobt. In einem längeren Gespräch brachten die Schüler teilweise ihre eigene Situation ein und entwickelten Vorstellungen einer optimalen Interaktion Mutter/Kinder.

Schüler wollen häufig das ihnen angesonnene neue Verhalten, die trainierten Fähigkeiten oder die Ergebnisse ihrer spielerischen Experimente auf komplexe, für sie bedeutsame Situationen übertragen und erproben, welche dieser neuen Verhaltensweisen in der tatsächlichen Situation „durchschlagen“. Hier beginnen die Probleme. Die Spiele und Übungen des Interaktionstrainings sind eher Lockerungs- und Konzentrationsübungen, die von der zunächst richtigen Auffassung ausgehen, daß erst die Fähigkeit zu „lockerer Gespanntheit“ unverstellte Aufnahme und deutlichen Ausdruck ermöglicht. Die einzelnen Übungen und Spiele sind im Grunde Ausdrucks- und Sensibilisierungsspiele, die den Kontakt und das Vertrauen zum Spielpartner schaffen und die das gemeinsame Tun spielerisch vorbereiten sollen. Sie bieten die Möglichkeit, in Ansätzen die verkrusteten Strukturen „erstarrter“ Verhaltensmuster aufzubrechen und Alternativen als möglich zu erfahren. Es kommt in den weiteren Phasen des gruppendynamischen Trainings darauf an, die partielle „Befreiung der Phantasie“ und die Erfahrung des „Anders-sein-Könnens“ nicht zu verschütten, sondern als ein notwendiges Gegenstück zu den bestehenden, in Rollensegmenten eingebundenen und verfestigten Handlungsmustern zu erfahren mit der Folge, daß Möglichkeiten für Alternativen geschaffen werden. Da das Ausbilden der Fähigkeiten im Interaktionstraining unter weitgehender Absehung des komplexen Bedingungsgefüges menschlicher Interaktion geschieht, ist eine direkte Übertragung auf konkrete Situationen der Schüler fraglich. Es ist daher in den nachfolgenden Phasen erforderlich, das „ABC der Interaktion“ so weit zu vervollständigen, daß das „Bestehende in Sätzen ausgedrückt werden kann“.

Abschließend noch einige Hinweise zu den Spielen und Übungen: Brauchbare Spiele für das Interaktionstraining lassen sich durch die Abstraktion von gewünschten Interaktionsmustern der Wirklichkeit finden. Man könnte auch bestehende Spiele variieren und den jeweiligen Bedürfnissen und Fähigkeiten der Teilnehmer und der Situation der Gruppe anpassen. Eine Fülle von Anregungen ergibt sich beim Studium der Literatur zur sogenannten „Marathon-Methode“, die hochstrukturierte Interaktionsrituale als Spielformen vorsieht. An informativer deutschsprachiger Literatur wäre zu empfehlen: (a) Bach und Bernhard 1972, (b) Bach und Deutsch 1972, (c) Schutz 1971, (d) Svensson 1972. „Rückführung auf die formalen Grundmuster, daraufhin Ausweitung und Verengung der Regeln, Umsetzung in andere Medien, Veränderung der Zahl der Mitglieder, insgesamt Variationen jedes Parameters führen zu einer Fülle von neuen Spielen, die allerdings nicht alle interessant und nicht alle nützlich sind“ (Nickel 1973, S. 27).

(3) *Psychodrama, Soziodrama und Rollenspiel:* Während beim Interaktionstraining das „Anders-sein-können“ im „Hier-und-Jetzt“ (also während des tatsächlichen Geschehens in der augenblicklichen Situation) in den Mittelpunkt gestellt wird, ermöglicht diese Phase des gruppendynamischen Trainings ein Erfahren der eigenen psychischen, sozialen und rollenbezogenen Situation. Das Interaktionstraining hat das „unfreezing“, die Auflockerung erstarrter Beziehungsformen zum Gegenstand; Psychodrama, Soziodrama und Rollenspiel dienen der *Selbstreflexion*, wollen also Undurchschautes bewußt machen und über diese Selbsterfahrung bestehende Verhaltensweisen verändern.

(a) *Psychodrama:* Im Mittelpunkt des Psychodramas steht die modellartig verkürzte Wiedergabe der im realen Leben wirksamen Beziehungen eines Menschen zu seiner Umwelt und deren Anforderungen. Es kommt darauf an, die Verhaltensmuster und Beziehungsstrukturen eines Menschen so aufzugliedern, daß sie für die betreffende Person verständlich und auch veränderbar werden. Man kann damit beginnen, daß man Informationen über eine charakteristische Situation eines Teilnehmers erbittet und diese Situation dann szenisch nachspielen läßt. Dieses Spiel einer bestimmten Situation erhöht den Informationsgehalt beträchtlich und stellt die Realität, in der sich der betreffende Teilnehmer bewegen muß – wie unter einer Lupe – drastisch dar. Das Spiel dient als Ausgangspunkt für eine Interpretation und Diskussion.

Beispiel: Eine Schülerin von 15 Jahren hat ein gespanntes Verhältnis zu ihrem Vater. Der Vater soll rechthaberisch und extrem dominant sein. Es kommt häufig zu einem Streit zwischen Vater und Tochter. Im Verhältnis zu den Mitschülern fällt das aggressive und intolerante Verhalten der Schülerin auf. Der Lehrer übernimmt im Spiel den Part des Vaters und wird von der Schülerin instruiert, wie er sich zu verhalten habe. Es kommt zu einer aggressiven Auseinandersetzung, die damit endet, daß der „Vater" gegen den Widerstand der „Tochter" seinen Willen behauptet. In der Rollenumkehr gelingt es der Schülerin mühelos, den Part des Vaters überzeugend zu spielen und ein stark dominantes Verhalten zu zeigen. In der nachfolgenden Interpretation und Diskussion wird ihr deutlich, daß sie durch ihr Verhalten die dominanten Verhaltensmuster des Vaters nur verstärkt anstatt sie abzubauen, zu relativieren oder zu unterlaufen. In nachfolgenden Spielen (Szenen zwischen Mitschülern) erfährt sie, wie sie die Interaktionsmuster zwischen ihr und dem Vater in die Schulsituation überträgt und dadurch leicht in Schwierigkeiten gerät. In einer Rollenumkehr, in der die Schülerin eine tolerante, verständnisvolle Mitschülerin spielen soll, wird ihr die Wirkung ihres offensichtlich aggressiven und teilweise feindseligen Verhaltens auf andere bewußt. Mit der Erkenntnis über die Ursachen und Wirkungen ihres Verhaltens wächst ihr Interesse nach einer Verhaltensänderung im häuslichen und schulischen Bereich.

Neben die selbstreflexive Bedeutsamkeit der Rollenmuster tritt also auch eine auf Verhaltensänderung hin angelegte Effektivität. Die Effektivität kann dadurch verstärkt und gesteigert werden, daß der betreffende Teilnehmer die Zuschauerrolle einnimmt und die Modifikationen der Verhaltensmuster erleben kann. Während sich also der Teilnehmer scheinbar völlig passiv verhält, kann ihm effektives Verhalten vorgeführt werden, z. B. wenn Lehrer und (eine als Co-Trainer fungierende) Lehrerin die Szene Vater/Tochter spielen, damit eine Aufforderung zur Imitation ausüben und das Nach-Spiel der Schülerin erleichtern. Wichtig ist dabei, daß der Schüler immer das Gefühl hat, er könne von sich aus das dargestellte Vorbild, oder besser die vorbildliche Darstellung durch den Lehrer, gerade noch imitieren (vgl. Zapotoczky 1972, S. 83). Über die Identifikation mit dem Lehrer (bzw. der Lehrerin) wird dem Schüler eine Veränderung seiner Verhaltensmuster ermöglicht.

Es gibt noch weitere psychodramatische Methoden zur Verhaltensänderung. Bei der Methode des *„Doublens"* verkörpert der Lehrer zugleich mit dem Schüler ein und denselben Part. Der Wert dieser Rollenverstärkung besteht in der Angstbewältigung, in der Möglichkeit des Teilnehmers, sich „anlehnen" zu können. Das im obigen Beispiel erwähnte Mädchen konnte seine aggressiven Verhaltensmuster gegenüber dem

„dominanten Vater" eher aufgeben, als es sich durch das Da-Sein des „Doubles" sicherer fühlte.

Eine weitere Möglichkeit des Psychodramas ist der *Monolog*. Zu Beginn der Stunde dient er als „warming up" zur Einführung in die betreffende Situation. Die Schülerin erzählt z. B., wie sich eine Auseinandersetzung zwischen ihr und dem Vater zuträgt. Der Monolog *inmitten* der psychodramatischen Aktion vermag alle Zweifel, Gedanken, Gefühle und Zwiespältigkeiten zu Tage zu fördern und auszusprechen. Der Monolog *nach* einer Reihe von psychodramatischen Übungen kann deutlich machen, daß der Betreffende imstande ist, seine Situation sprachlich auszudrücken, sich ihr allein gegenüberzustellen und „im Wort zu bleiben" (vgl. Zapotoczky 1972, S. 85).

Das Psychodrama ist im Grunde keine pädagogische, sondern eher eine therapeutische Methode. Seine Möglichkeiten in der Schule sind daher beschränkt. Die Wirksamkeit des Psychodramas hängt davon ab, inwieweit es gelingt, dem Teilnehmer durch genaue Analyse seines Verhaltens und seiner Entwicklung zu ermöglichen, befriedigende Beziehungen zu realisieren – und zwar mit entsprechender Motorik, sprachlichem Ausdrucksvermögen und Beherrschung des interpsychischen Spannungsfeldes. „Dazu ist es notwendig, daß eine totale Integrität von Selbstgefühl, körperlichem Ausdrucksvermögen und Schauplatz, der in die Aktion miteinbezogen wird, erreicht wird" (Zapotoczky 1972, S. 89). Die therapeutische Funktion des Psychodramas wird auch darin deutlich, daß für den Erfolg des Psychodramas die *allmähliche Annäherung an die Konfliktsituation* angesehen wird (vgl. Zapotoczky 1972, S. 91). Es wird eine Konflikthierarchie aufgebaut, die darin besteht, daß der Teilnehmer im Laufe der psychodramatischen Übungen schrittweise an die ihn am meisten belastende, ihn ängstigende und in Bestürzung versetzende Situation herangeführt und mit ihr allmählich vertraut wird.

Welche Bedeutung hat das Psychodrama für das gruppendynamische Training? Es werden psychische Dispositionen und bestehende Verhaltensmuster bewußt gemacht. Konkrete, auf das einzelne Individuum bezogene Interventionen sollen Verhaltensänderungen ermöglichen. Dadurch kann der Schüler befähigt werden, den folgenden Phasen des gruppendynamischen Trainings psychisch und vom Bewußtsein her besser gewachsen zu sein. Psychodramatische Übungsphasen sollten nach Möglichkeit dann eingeschoben werden, wenn der Lehrer bei vielen seiner Schüler „hartnäckig verkrustete", stark dysfunktionale Verhaltensmuster wahrnimmt, die nicht primär aus der gruppendynamischen Situation erklärbar sind.

(b) *Soziodrama:* Während im Psychodrama, ausgehend vom einzelnen Individuum, die im realen Leben dieses Individuums wirksamen Beziehungen modellhaft verkürzt thematisiert werden, erfolgt im soziodramatischen Stegreifspiel die Dramatisierung gesellschaftlicher Verhältnisse anhand konkreter Erfahrungen einzelner, die durch den gleichen kulturellen Hintergrund der anderen als kollektive Erfahrung verstanden werden kann (vgl. Scherf 1973, S. 111). Während also das Psychodrama sich um die individuelle Situation, deren Aufklärung und die Veränderung von Verhaltensmustern aufgrund dieser Situation bemüht, stellt das Soziodrama diese individuelle Situation in den Zusammenhang der gesellschaftlichen Verhältnisse, die es über die konkreten Erfahrungen einzelner aufzuklären gilt. Psychodrama und Soziodrama ergänzen sich also, bauen aufeinander auf, vom individuellen Konflikt zur komplexen kollektiven Problematik.

Mit welchen Methoden erreicht das soziodramatische Stegreifspiel seine Ziele? Grundvoraussetzung ist ein bestimmtes Maß an Disziplin. Für die Spieler ist die Ruhe im Zuschauerraum notwendig zur eigenen Spielkonzentration. „Den Partner im Spiel nicht mehr verstehen, bedeutet sprachlos werden und keine Rolle mehr spielen können" (Scherf 1973, S. 113). Zu Beginn der soziodramatischen Spiele einigt sich die Gruppe auf eine Spielidee, die beliebig gefüllt werden kann. In einer Gruppe von 12jährigen Schülern entstanden z. B. während eines Nachmittags folgende Ideen, die gespielt wurden:

- Mutter als Sklavin der Kinder.
- Kinder als Sklaven der Mutter.
- Die Tochter möchte mit ihrem Freund erst spät abends nach Hause kommen. Es gibt Ärger mit den Eltern.
- Der Vater kommt angetrunken nach Hause und versucht, die Fassade seiner Autorität aufrechtzuerhalten.

Das Spiel kann man damit beginnen, daß ein Spieler auf die Bühne geht und vor sich hinredend entwirft, was er denkt, fürchtet, hofft, tut. Der zweite Schüler versucht sich und seine Vorstellungen in die geschaffene Situation einzufügen. Jetzt können sich die beim Spielen und beim Interaktionstraining erworbenen Fähigkeiten entfalten, z. B. als Sensibilität für den anderen und seine Situation, als Kompetenz, bestimmte Absichten sprachlich, mimisch und gestisch umzusetzen, als Kreativität, originelle Lösungen zu finden und die sich aus dem tatsächlichen Erleben gründende Interaktionsstruktur zu verändern. Im Gegensatz zum Psychodrama kommt es darauf an, die Spielidee möglichst komplex zu realisieren und neue Szenen aus den Andeutungen im Spiel zu finden.

Beispiel: „Die Tochter möchte die Pille": Die Spielgruppe (14- und 15jährige Schüler und Schülerinnen) fand spontan dieses Thema und wollte eine Szene zwischen Vater und Tochter spielen. Schnell wurde herausgefunden, daß diese Szene zu wenig Vorinformationen enthält, um spielbar zu sein. Außerdem war diese Szene zu stark angstbesetzt. Man schaltete zunächst eine Szene zwischen der Tochter und ihrem Freund vor. Diese Szene modifizierte man so lange, bis eine für die Teilnehmer hinlängliche Übereinstimmung zwischen Freund und Tochter gefunden wurde. Dieser Konsensus wurde dann eingebracht in die Szene „befreundetes Paar unterhält sich mit Freund und Freundin" und dadurch verstärkt. Dann folgte die Szene „Mutter und Tochter unterhalten sich über die Pille". Erst nach diesen „Vorbereitungen" wagte man die Szene „Mutter und Tochter erörtern mit dem Vater das Problem der Pille". Zur weiteren Minderung der Angst wurde ein quasi „Hilfs-Ich" in Form einer „emanzipierten Großmutter" eingeführt, das die Auffassungen von Tochter und Mutter argumentativ abstützte. Für dieses „Hilfs-Ich" wählte sich die Gruppe eines der reifsten und verbal „stärksten" Mädchen der Spielgruppe.

Der Ablauf der Spielszenen zeigt, daß die Abfolge der Szenen an den notwendigen Situationen, die zur bildlichen Darstellung des Konflikts möglich oder wahrscheinlich sind, orientiert ist. Würde sich z. B. in der Auseinandersetzung zwischen Tochter und Vater ein Hinweis auf die Berufssituation des Vaters ergeben, könnte man eine derartige Szene spielen (z. B. der Vater wird von seinen Vorgesetzten „abgemessert"). Dahinter steht die Absicht, gesellschaftliche Vorgänge in Handlungen aufzulösen. Dies läßt sich durch *Rückgriffe* in der Szenenfolge erreichen. Bei einem Rückgriff geht man einen Schritt hinter eine bereits gespielte Szene zurück. Der Rückgriff ist die in Handlung aufgelöste Beantwortung der Frage: „Wie ist das gekommen?", in unserem letzten Beispiel z. B. die Frage: „Warum ist es für die Tochter wichtig, mit ihrem Vater über die Pille zu sprechen?". Die Tochter ist nicht „an sich" an der Pille interessiert, sondern aus einem konkreten Grund, nämlich der Freundschaft zu einem Jungen, mit dem sie schlafen möchte. Diesen situativen Hintergrund kann man in einer Szene konkret darstellen und problematisieren. Durch Rückgriffe dieser Art wird die Gegenwart im Spiel zur Vergangenheit in Beziehung gesetzt und wird selber im Bezug auf die zukünftige Gegenwart zur Vergangenheit. Damit ist methodisch die Möglichkeit gegeben, Geschehen in seinen Bedingungen von Ursache und Wirkung konkret zu begreifen. „Das soll nicht heißen, daß das Stegreifspiel die abstrakte Erkenntnis von bedingenden Ursachen und bewirkenden Folgen abfragbar macht, vielleicht aber, daß es als ein konkretes Muster zur Herstellung von Zusammenhängen in der Zeit verinnerlicht wird, das in der Reflexion über Situationen selbständig angewandt werden kann. Das würde den einzelnen aus dem Diktat der vereinzelten konkreten Situationen befreien und könnte ihm die Möglichkeit zum Vergleichen und Überblicken von Situationen und deren Abhängigkeiten geben und damit die Bedingungen schaffen für wirksameres Verhalten im sozialen Handeln“ (Scherf 1973, S. 121).

Um die für das Soziodrama notwendige Komplexität der Spielidee zu erreichen, wird es notwendig, *Fragen* zu stellen. „Fragen verhelfen erst dazu, das Erlebte, die verschüttete Erfahrung aufzudecken, die nicht ganz unmittelbar an der Oberfläche liegt. Fragen bedeutet im Spiel, den Punkt der Ratlosigkeit, des „Was-nun“ nicht zum resignierten „Es-geht-nicht-mehr“ und damit zum Ende werden zu lassen, sondern gerade an diesem Punkt den neuen Anfang, der sich aus dem bekannten Alten ergibt, zu provozieren und zu produzieren“ (Scherf 1973, S. 117).

Beispiel: „Gastarbeiter ziehen in das Mietshaus ein“: In einer Szene empört sich der „Vater“ über seine „Tochter“, weil sie mit einem Italiener aus dem Hause befreundet ist. Er behauptet, Italiener seien dreckig. Darauf die Frage der „Tochter“: „Was ist denn an ihnen dreckig?“ Darauf könnte die Antwort kommen: „Sie waschen sich nicht“. Mit neuen Fragen kann man nun das vorgeblich konkrete Beispiel überprüfen.

Insbesondere bei jüngeren und gehemmteren Kindern kann es vorkommen, daß sie im Dialog steckenbleiben, sich entmutigt fühlen, den Dialog fortzusetzen. In einer solchen Situation kann man den „Alleingelassenen“ ermuntern, vor-sich-hinredend zu sagen, was in ihm vorgeht. Das reicht meist um fortzufahren. Auch das Selbstgespräch des Akteurs (z. B. „vorm Einschlafen“) dient nicht vornehmlich als Mittel zur Kommunikation, sondern zum „Sortieren“ von Vorgängen und Absichten, von eigenen Möglichkeiten und Unfähigkeiten.

Zumindest am Anfang der Arbeit mit dem soziodramatischen Stegreiftheater ist es günstig, die Spieler pro Szene auf zwei bis drei zu begrenzen. So fällt es den Spielern leichter, sich aufeinander einzustellen. Das Übernehmen einer Rolle durch unterschiedliche Spieler läßt die Mehrschichtigkeit des Problems den Schülern bewußt werden. Außerdem ermöglicht ein Rollenwechsel eher einen Vergleich zwischen den unterschiedlichen Auffassungen über die Rolle. So könnte z. B. ein dominanter Vater offen aggressiv sein, er könnte aber auch durch Zynismus und Ironie seinen Machtanspruch durchsetzen. Wenn man mit Schülern aus unterschiedlichen Schichten zusammenarbeitet, treten auch schichtspezifische Unterschiede in der Ausfüllung von Rollen auf. Die Unterschiede bieten gute Ansatzpunkte für fruchtbare Diskussionen. Rollenwechsel und Rollenvariation sind auch Techniken beim Rollenspiel.

(c) *Rollenspiel:* Während im Psychodrama und Soziodrama das Schwergewicht auf *Selbstreflexion* liegt, auf dem Durchschauen der psychischen und gesellschaftlichen Situation, wird im Rollenspiel die reale Handlungsebene anvisiert, kommt es auf *konkrete Verhaltensänderungen* an, um die entsprechenden Situationen bewältigen zu können. Im Psychodrama und insbesondere im Soziodrama geht es um selbstgewählte Spiele in meist *fiktiven* oder stark emotional getönten Situationen. Das Rollenspiel ist ein Training für *tatsächlich bestehende* Situationen, zu deren Bewältigung bestimmte Fähigkeiten erforderlich sind, nicht Spiel im engeren Sinne, sondern Vorbereitung zum Handeln, nicht Selbstreflexion, sondern Aktion. Häufig werden freie und gebundene Improvisationen auch als Rollenspiele bezeichnet. Wir werden an dieser Stelle uns mit Rollenspielen im ersteren Sinne befassen. Die Möglichkeit des Rollenspiels als Improvisation werden wir im 5. Abschnitt anhand des Spiels „AIR“ erörtern.

„Das Rollenspiel ist eine der effektivsten Methoden zum Training sozialer Fertigkeiten“ (Argyle 1972, S. 397). Ziel sollte es sein, vor allem in der Familie, an der Schule und in Freundes- und Interessengruppen neue Bedingungen für effektives Handeln in *Rollen* zu trainieren. Schüler könnte man durch Rollenspiele mit neuen Interpretationen für Konflikte ausstatten und sie stärken, ihre Bedürfnisse wirkungsvoller zu vertreten. Dabei darf man nicht der irrigen Vorstellung anheimfallen, Rollenspiele befähigten einen Schüler, die festgefrorenen Interaktionsstrukturen eines Familiensystems zu verändern. Es kann sich höchstens um das Aufbrechen verfestigter Vorstellungen der Autoritäts- und Geschlechterrollen handeln. Die Möglichkeiten der Verhaltensänderung durch Rollenspiel im Bereich der Schule sehen etwas günstiger aus (insbesondere an Gesamtschulen).

Wie läßt sich das Training von Verhaltensweisen für konkrete Situationen methodisch lösen? Zunächst müßte eine Diskussion über die sozialen Fertigkeiten, die gelehrt werden sollen, erfolgen. In einer Reihe von Situationen und Problemen werden die möglichen und angemessenen Verhaltensweisen von den Teilnehmern abwechselnd durchgespielt. Beispiele für solche Situationen: „ein Schüler kann sich gegenüber seinen Mitschülern nicht behaupten", „ein Hausmeister hat die von der Klasse aufgehängten Poster entfernt", „ein Lehrer regt sich bei jeder Kritik auf". Nach jedem Rollenspiel findet ein Rückmeldungsgespräch statt. Dabei werden Fehler korrigiert (z. B. unfreundlicher Tonfall oder unfreundliches Aussehen). Es können bessere soziale Techniken vorgeschlagen werden, etwa mögliche Wege zur Bewältigung von Situationen, die während des Rollenspiels entstehen. Es ist auch möglich, die Sensibilität für das zu erhöhen, was während der Begegnung geschieht. Günstig wäre auch die Verwendung von Video-Bändern, die der Gruppe unmittelbar nach der Aufnahme vorgespielt werden. So kann die Aufmerksamkeit der Gruppe besser auf bestimmte Aspekte der Interaktion gelenkt werden.

(4) *Gruppendynamische Gespräche und Spiele:* Im Rahmen des gruppendynamischen Trainings wird es nun notwendig, daß die bislang mitbehandelte Beziehungsstruktur der Gruppe deutlich akzentuiert und thematisiert wird. Die Schüler müßten sich „im Spiegel der anderen" erfahren lernen. Während in der vorhergehenden Phase durch Reproduktion der eigenen, individuellen Situation Erfahrungen über das Dort-und-Damals (abgeschlossene Interaktionserfahrungen – etwa in der frühkindlichen Sozialisation) und über das Dort-und-Jetzt (bestehende Sozialbeziehungen außerhalb der Trainingssituation) von den Schülern gemacht werden können, liegt das Schwergewicht nun beim Hier-und-Jetzt, bei den in der Trainingsgruppe sich gerade ereignenden Prozesse. Damit ähnelt diese Phase dem Interaktionstraining, in dem auch das Hier-und-Jetzt die wesentliche Bedeutung hat. Der Unterschied liegt in der höheren Komplexität gruppendynamischer Gespräche und Spiele gegenüber dem Interaktionstraining. Kam es beim Interaktionstraining darauf an, grundlegende Interaktionserfahrungen zu machen, erscheinen diese Interaktionen nun eingebunden in die hohe Komplexität einer dynamischen Kräften ausgesetzten Gruppe, die darüber hinaus auch noch von den Importen aus dem Dort-und-Damals und dem Dort-und-Jetzt bestimmt wird. In gruppendynamischen Gesprächen und Spielen sollen die Schüler nun die sie bestimmenden Kräfte in der Gruppe erfahren; sie sollen mit den anderen Teilnehmern ein effektives System aufbauen, Verhaltensweisen entwickeln, die es ihnen ermöglichen, zielorientiert, demokratisch, solidarisch, offen miteinander zu arbeiten.

Diese Ziele verweisen zunächst auf gruppendynamische Methoden, wie sie in gruppendynamischen Laboratorien Verwendung finden (vgl. Abschnitt 1). Man wird jedoch bei der kritiklosen Übernahme dieser Methoden auf Schülergruppen leicht „Schiffbruch" erleiden. Auf die Problematik hatten wir bereits im Abschnitt 2.5. (2) hingewiesen. Welche Methoden helfen weiter? Man kann bei der beschriebenen Abfolge der unterschiedlichen interaktionspädagogischen Methoden davon ausgehen, daß die Schüler in den vorangegangenen Phasen bestimmte Erfahrungen gemacht, Spielformen kennengelernt haben und langsam daran gewöhnt worden sind, daß sich die Interaktionsmuster Lehrer/Schüler ändern können. In diesem behutsamen Tempo gilt es fortzufahren. Wie das im Abschnitt 5 noch näher zu erläuternde „Gruppendynamische Interaktionsspiel" (GIS) zeigt, ist es durchaus möglich, auch etwas „direktiver" Sensibilisierungsprozesse auszulösen. Durch den Spielcharakter, der für trainerunabhängige Prozesse Raum läßt, kann man die Autoritätsproblematik auch abtragen, zwar nicht so schnell und dramatisch wie durch „initiale Unstrukturiertheit", aber für Schüler wahrscheinlich wirkungsvoller und mit mehr Aussicht auf Erfolg. Hat man durch Spiele dieser Art Interesse für Gruppenprozesse geweckt und Bereitschaften für Verhaltensänderungen entwickelt, könnte man die Gruppe zu problemorientierten Gesprächen provozieren, diese Gespräche aufzeichnen und sie zum Gegenstand interaktionsdynamischer Reflexionen machen. Dabei wird die Beziehungsstruktur der Gruppe häufig problematisiert und das Weiterentwickeln der feedback-Prozesse möglich.

Mit Methoden wie dem noch zu erörternden „offenen Soziogramm" (SOMEKA) gelangt man behutsam in das Gebiet des Sensibilisierungstrainings für zwischenmenschliche Beziehungen. In der zunehmenden Erfahrung seines eigenen Verhaltens wird es eine fruchtbare Aufgabe, die in den vorhergehenden Phasen durch soziodramatische Spielformen reproduzierten Interaktionsmuster aus dem Dort-und-Damals und aus dem Dort-und-Jetzt mit dem im Hier-und-Jetzt erfahrenen Interaktionsweisen in Verbindung zu bringen. Das Training kooperativer Verhaltensweisen und die Verbindung zu schaffen zwischen sachlichen und interaktionsdynamischen Problemen ist nach meinen Erfahrungen am ehesten in für Schüler angemessenen Spielen möglich. In diesen Spielen können auch die Methoden der TZI punktuell verwirklicht werden. Gruppendynamische Kooperationsspiele sind nach meinen Erfahrungen recht sinnvoll (auch mit Blick auf das kooperative Lernen im Rahmen der Klasse, etwa in Gruppenarbeit oder bei Unterrichtsprojekten). Von daher ist hier auch ein deutlicher Schwerpunkt gebildet worden. Ausführlich kommentierte Spiele dieses Typs sind ebenfalls im 5. Abschnitt enthalten (z. B. GRUK und KEK). Gruppendynamische Kooperationsspiele leiten über zu komplexeren interaktionspädagogischen Formen: Planspiele, Aktionsspiele, Theaterspiele (Vorführtheater) und reale „Aktionen".

(5) *Vorführtheater:* Wenn die Schüler einen Grundbestand an Erkenntnissen und Erfahrungen erworben haben, kommt es darauf an, die gemachten Erfahrungen, die erlangten kommunikativen Fähigkeiten verdichtend zusammenfließen zu lassen und den Transfer, d. h. die Übertragung und Übermittlung des Erfahrenen an andere vorzubereiten. Die Möglichkeit eines Transfers über den Rahmen der Gruppe hinaus ergibt sich unter anderem über ein Theaterstück, das die erfahrenen Probleme der eigenen Situation in sich birgt und dem Publikum mitteilbar gemacht werden kann. Welche Art Stück gewählt wird, ob genau fixiertes Vorführtheater, ob Improvisationen, ob inszenierte Realität (z. B. aus dem „Schulalltag"), ob variable Stücke oder Mitspiele (zu den möglichen Formen vgl. Pörtner 1972), hängt von den Vorstellungen und Fähigkeiten der jeweiligen Gruppe ab. Die Schüler sollten möglichst Inhalt und Form, Handlung und Text, Regie und Bild der Aufführung von sich aus entwickeln. Meist wird man die Schwierigkeit haben, daß die Entwürfe, Szenen, Texte, die von Kindern selbst stammen, in der Regel als pädagogische Muster für andere Kinder (im Rahmen eines Vorführtheaters) unbrauchbar sind. Es handelt sich bei den Entwürfen häufiger um Klischees über Theater als die Verarbeitung von eigenen Erfahrungen. An dieser Stelle können sich die in den vorhergehenden Phasen des gruppendynamischen Trainings gemachten Erfahrungen recht positiv auswirken, weil dadurch Szenen entstehen können, die Einsicht in die Handlungsfähigkeit erlauben und in denen eigene, reflektierte Erfahrungen verarbeitet sind. Zum anderen ergibt sich die Planung des Stücks nahezu zwanglos aus der Arbeit der Gruppe. Das Agieren von Schülern vor einem größeren Publikum kann man dann nicht völlig ablehnen; schon die Bewährung, vor einem größeren Kreis öffentlich zu reden, kann politisch-pädagogisch sinnvoll sein, bringt die Aufführung die Beteiligten doch dazu, sich über ihre Erfahrung und Lernprozesse klarzuwerden und *das* in die Form einer Theateraufführung einfließen zu lassen, was mitteilenswert ist.

Wie sieht das praktisch aus? Im Laufe des gruppendynamischen Trainings kristallisieren sich typische Konfliktstrukturen der Gruppe (z. B. Rivalität zwischen verschiedenen Cliquen) und problematische Erlebnisse (z. B. unzufriedener Vater, überlastete Mutter, Isolation, Kontaktarmut, frustrierende Erlebnisse mit Jungen, unbefriedigende Schulsituation) heraus. Diese Wirklichkeit wird durch dramaturgische Verbindungen in einen Zusammenhang gebracht. Das setzt eine Unterordnung der verschiedenen Szenen unter einen einheitlichen Gesichtspunkt voraus. Dies ist für die beteiligten Schüler meist schwierig zu bewältigen. Bei meiner Theaterarbeit mit Schülern hat es sich als nützlich und sinnvoll erwiesen, auf das dramaturgische Grundkonzept von Märchen zurückzugreifen und daran die Konzeption des Theaterstücks zu entwickeln.

Beispiel: „Aschenputtel als Interaktionskonflikt": Dieses Beispiel stammt aus meiner Arbeit mit einer Gruppe von 12jährigen Mädchen. Häufiger Konfliktgegenstand waren die rivalisierenden Spannungen zwischen den verschiedenen Cliquen. Einige Mädchen wurden wegen ihres weniger attraktiven Aussehens und ihrer nicht ganz so modischen Kleidung von den Aktivitäten der anderen ausgeschlossen. Freundschaften zu Jungen hoben das Prestige des jeweiligen Mädchens beträchtlich und waren in dieser Gruppe Gegenstand des Neides und des „Klatsches". Diese Problematik wurde in den verschiedenen Phasen des gruppendynamischen Trainings bewußtgemacht und problematisiert. Als in der Gruppe der Vorschlag einer Aufführung aufkam, entschied man sich einstimmig für das Märchen „Aschenputtel" als dramaturgisches Grundgerüst. Dieses Märchen wurde „auf den Stand der heutigen Zeit" gebracht: die Fee wurde zur wohlmeinenden, verständnisvollen Freundin, der Prinz zu deren Schwester, der König war ein vielbeschäftigter Rechtsanwalt. Die Entstehung der Aufführung erfolgte in verschiedenen Etappen: Zunächst diskutierte die Gruppe das Grundkonzept, verteilte die Rollen (änderte sie mehrfach im Laufe der Weiterentwicklung des Stückes), besprach dann den Handlungsrahmen für die erste Szene, probte sie, modifizierte sie, bis eine endgültige Fassung entstand, die zu Papier gebracht wurde. So entwickelte sich das Stück Szene für Szene weiter. Dabei kristallisierten sich die zunächst nur vage bezeichneten Rollen zunehmend deutlicher heraus. In dem Bemühen, die Handlungsverläufe so realistisch und folgerichtig wie möglich zu entwickeln, wurden in Diskussionen die Begründungen für die Entwicklung des Märchens gesucht. Dabei flossen die in den vorhergehenden Phasen gemachten Erfahrungen ein. Die Frage: Warum kommt es zu Spannungen zwischen „Aschenputtel" und den Stiefschwestern?, ließ den Schülern die Prozeßhaftigkeit des Konflikts deutlich werden. Von daher fanden sie auch die Begründung: „Aschenputtel" kommt aus einer wohlhabenden Familie, sie kann vor den beiden Stiefschwestern, die arm sind, mit ihrer Kleidung prahlen und die beiden von oben herab behandeln, ihnen „Almosen" (nicht mehr benötigte Kleidung) schenken. Damit beginnt die Spannung zwischen den dreien. Als nun die Stiefmutter, mit Verfügungsgewalt über das Vermögen von Aschenputtels Vater, die Stieftöchter überreichlich mit Kleidung und Luxusartikeln ausstattet, verliert „Aschenputtel“ zunehmend „an Boden“. Sie „schwärzt“ die Stiefmutter beim Vater an und versucht, den Stiefschwestern gegenüber andere Vorteile ihrer sozialen Schicht zur Geltung zu bringen (Bildung, Geschmack, Kenntnisse, exquisite Freunde und Hobbys). So eskaliert die Spannung. Nach vielen Demütigungen gelingt es „Aschenputtel“ mit Hilfe ihrer Freunde aus ihrer „Schicht“, die Stiefschwestern „auszustechen“ und die Position der Stiefmutter ins Wanken zu bringen. Bei den Proben entwickelten die Schülerinnen erhebliche Aggressionen, die kaum einzudämmen waren. Die latent vorhandene aggressive Spannung unter ihnen brach offen aus. Gegenstand der meisten Proben war die Beziehungsproblematik, die sich erst nach etwa einem Jahr entspannte.

An diesem Verlauf wird deutlich, in welchem Ausmaß die Teilnehmer ihre eigene Problematik in das Stück einbezogen und wie deutlich sie Situationen nicht als „schicksalgegeben“, sondern als prozeßhaft begriffen haben.

Eine Fülle von Anregungen für das Kindertheater enthalten die beiden Bücher von Schedler (1972 und 1973). Die Übernahme eines fremden Textes ist jedoch ziemlich problematisch. Auch selbstgeschriebener Text kann spieltötend und fordernd, fremd vor der Gruppe stehen, das Spiel zu ödem Drill werden, der Theaterpädagoge zum bloßen „Exerziermeister“. Das Beherrschen der Rollen sollte möglichst wenig als besondere Leistung, viel eher als lustvoller Vollzug erlebt werden. Im Proben der Rollen soll in aller Deutlichkeit den Schülern das „Spiel der Interaktion“, die wechselseitige Steuerung der Individuen bewußt werden. Die Teilnehmer sollten sich intensiv in ihre Rollen „hineinleben“ und im Proben die Identität dieser Rolle wahren und auf die Stringenz des Verhaltens achten. In dieser Weise gibt es selbst (und gerade) im Proben der Rollen Möglichkeiten, die eigenen Konflikte spielerisch zu überwinden, im Spiel der Akteure sich selbst intensiv zu erfahren und zu stärken. Die in diese Richtung hin angelegten Vorübungen enthält das Spiel „AIR“ (5. Abschnitt). Neben der Vorbereitung der Aufführung ermöglicht das Proben der Rollen auch, kommunikative Fähigkeiten zu steigern und das „Rollenrepertoire“ zu erweitern.

Beispiel: Die im vorigen Beispiel erwähnte Theatergruppe wählte für die Hauptrolle (Aschenputtel) ein Mädchen, das durch sein Äußeres weder bei den Mädchen noch bei den Jungen viel Beachtung fand. Dieses Mädchen vermochte sich sehr gut in ihre Rolle „hineinzuleben“; sie konnte in dieser Rolle die durch das Wenig-beachtet-Sein verkümmerten Fähigkeiten (wie Dominanz, gewandtes Auftreten, Beachtung-finden-Können) entfalten und die Rolle als Kompensation ihrer eigenen Situation annehmen. Ähnlich angemessene Rollen fanden auch andere Mädchen.

In dem Maße, wie die Schüler aus dem Fundus an Erfahrungen ein Stück schreiben, in dem sie das Bedeutsamste ihrer Erfahrungen anderen mitteilen, müssen sie pädagogische Entscheidungen in ihrer Planung mitberücksichtigen. Um etwas „lehrstückhaft" mitzuteilen, ist es notwendig, das in dem Stück realisierte Kräftefeld *offen* zu zeigen, die Bedingungen (Normen) dieses Kräftefeldes klarzulegen, zu zeigen, wie sich kontrollierbare Beziehungen innerhalb dieses Kräftefeldes bilden, bekämpfen, ausgleichen. Es ist notwendig, daß den Zuschauern Einblick in ein lebendiges Modell der Wirklichkeit gewährt wird – gleichsam wie die Automobilausstellung den Blick unter die Motorhaube zeigt. „In dieser Simulation, die den vollen sinnlichen Reiz der Wirklichkeit noch übertreffen kann, ist Theater jeder anderen Darstellungsform überlegen" (Nickel 1972b, S. 131).

Die Aufführung als Höhepunkt enthält ein starkes Bewährungsmoment und ermöglicht Erfolgserlebnisse. Diese Erlebnisse können sich um so eher einstellen, als nicht das Feststehende, das Textbuch zwanghaft reproduziert wird, sondern das Agieren als spontane Schöpfung aus einer neuen Situation (eben der Begegnung mit dem Publikum) begriffen wird, wenn die Aufführung möglichst wenig „an sich" bedeutsam wird, sondern erst in der Auswirkung auf ein Publikum ihre Berechtigung erfährt.

(6) *Planspiel, Aktionsspiel:* Schüler können über Planspiele eine Vorerfahrung der gesellschaftlichen Realität machen. Außerdem vergrößern sie das Handlungspotential, indem sie über simulierte Situationen das Entwickeln von Handlungsweisen erfordern. Voraussetzung für das Gelingen eines Planspieles ist u. a. die Entwicklung einer für die Teilnehmer, also für die Schüler, angemessenen Ausgangssituation, deren Konfliktstruktur differenzierte, alternative Spielzüge zuläßt. Mögliche Ausgangssituationen wären: „Ein Schüler soll aus der Schule entfernt werden", „Schüler nehmen während des Unterrichts an einer Demonstration teil" (vgl. Ruhloff 1970). Aus der Konfliktstruktur ergeben sich die verschiedenen am Planspiel beteiligten Parteien und Interessengruppen, für die sich die Schüler jeweils entscheiden können und die sie im Spiel vertreten müssen. Es ist erforderlich, die einzelnen Spielgruppen zu isolieren.

Für die Analyse des Planspiels müssen alle Spielzüge eindeutig festgelegt und nachprüfbar werden. Die aus der Ausgangssituation und dem weiteren Spielverlauf notwendig werdenden Spielzüge müssen von den Gruppen daher stets schriftlich erfolgen, möglichst auf Schreibmaschine mit ausreichenden Durchschlägen (z. B. Briefe an andere Gruppen, Aufrufe, interne Anweisungen). Alle Schriftstücke werden direkt an die Spielleitung gegeben, die für die Zustellung an die jeweilige Gruppe bzw. an die Gruppen Sorge trägt. Die Spielleitung und die Gruppen vermerken auf allen eingehenden und ausgehenden Schriftstücken eine fortlaufende Nummer und die genaue Uhrzeit. Die Spielleitung kann durch ihre zentrale Position zu jeder Zeit die Situation des Spiels übersehen und die einzelnen Spielzüge in ihren Auswirkungen beurteilen. Sollte es erforderlich werden, kann sie bestimmte Situationen einspielen. Dies sollte sehr vorsichtig geschehen, um die Entscheidungsfreiheit der Gruppen, den Ablauf des Spiels nach eigenem Ermessen und Vermögen zu steuern, nicht zu behindern. Das Spiel wird durch die Spielleitung abgebrochen, wenn die Konfliktstruktur durch die Spielzüge ausreichend dargestellt ist und für die Gruppen wesentliche Handlungsalternativen nicht mehr vorliegen.

Die Planspielanalyse bietet ausreichende Möglichkeit, die Konfliktstruktur zu erfahren, einzelne Spielzüge in ihrer Bedeutsamkeit zu erfassen und alternativ zu diskutieren, Ausmaß der Aktivitäten der einzelnen Gruppen in der zeitlichen Folge und in ihrem Verhältnis zueinander festzustellen und zu analysieren. Die durch Identifikation mit den vorgegebenen Rollen aufgetretenen Verhaltensweisen werden unter soziologischen und sozialpsychologischen Gesichtspunkten beurteilt und diskutiert. Im Spiel können die Schüler Einsicht in Zusammenhänge gewinnen, sie können die Funktionsfähigkeit komplexer Institutionen und Organisationen prüfen und so „Erfahrung" unmittelbar gewinnen und sind nicht auf theoretische Informationen angewiesen. Die Schüler lernen es, Entscheidungen vorzubereiten, Problemlösungen zu konzipieren, Rollenwechsel zu üben. Durch das Diskutieren von Alternativlösungen und das Analysieren der Spielzüge ermöglichen Planspiele Distanz zu eigenem und fremden Handeln und Denken, desillusionieren und gestatten eine realistische Beurteilung von Situationen. Es kann so unmittelbar Einsicht in komplexe Zusammenhänge gewonnen werden. Durch Identifikation mit der vorgegebenen Rolle können unbewußte seelische Strukturen und Vorstellungen, Klischeebilder und Vorurteile manifest und analysierbar werden. Vor der Gesamtanalyse des Planspiels, an der sich alle Schüler gemeinsam beteiligen, bietet es sich an, die interaktionsdynamischen Vorgänge in jeder am Planspiel beteiligten Gruppe zu analysieren, wobei die aufgetretenen Momente auf ihren gesellschaftlichen Entstehungszusammenhang hin zu befragen sind.

Anhand einer Fülle von Veröffentlichungen kann sich der interessierte Leser über die Planspielmethoden umfassend informieren (z. B. Ruhloff 1970, Müller 1968, Baer 1969, Beck 1970, Rohard und Martin 1973, Prim und Reckmann 1974). Das Planspiel knüpft an gruppendynamische Gespräche und Übungen an (insbesondere Kooperationsspiele), erweitert jedoch die Problematik auf Intergruppenkonflikte und füllt diese Konflikte inhaltlich konkret aus. Der Nachteil des Planspiels liegt in seiner Aufwendigkeit an Mitarbeiter-, Raum-, Material- und Zeitbedarf. Außerdem wird die Spontaneität der Schüler stark eingegrenzt. Planspiele können leicht zu mühsamen bürokratischen Angelegenheiten werden. Diese Schwierigkeiten können durch mündliche Formen des Planspiels ausgeglichen werden (vgl. Peltner 1973, S. 460).

Die im Planspiel erlebte und analysierte „Wirklichkeit“ müßte – noch im Rahmen pädagogischer Bemühungen – mit Außensituationen konfrontiert werden. Hierzu bieten sich „Aktionen“ oder Aktionsspiele an. Erl und Renz (1970, S. 416) berichten z. B. über die Planung und Durchführung einer Aktion gegen Kindesmißhandlung. Seitz (1971, S. 371) beschreibt eine Aktion zur Problematisierung von Denkmälern. Die Möglichkeit, kontroverse Situationen zwischen realen Konfliktparteien auszutragen, skizziert Glaser (1969). Anstelle von Entscheidungsprozessen oder tatsächlichen gesellschaftlichen Handlungen tritt in der von Glaser entwickelten „Spielraumtheorie“ ein Rollenspiel, in dem Aktionen und Reaktionen der teilnehmenden Parteien simuliert werden. Durch gemeinsame Analyse der einzelnen Positionen soll ein auf Verständnis (aber nicht auf Zustimmung) beruhender Lernprozeß bewirkt werden, der in die nachfolgende Aktion eingebracht werden kann.

Damit wäre die Grundstruktur eines gruppendynamischen Trainings im Rahmen schulischer Arbeitsgemeinschaften skizziert. Im Vergleich zu dem im dritten Abschnitt skizzierten Erkenntnisrahmen läßt sich auch hier in den einzelnen Phasen des Trainings eine Zunahme an Komplexität des Erkenntnisgegenstandes feststellen. In dem Maße, wie wir uns selbst Schicht um Schicht den Erkenntnisrahmen der die Interaktion Lehrer/Schüler bestimmenden Kräfte angeeignet haben, gilt es, auch die Schüler in einer sinnvollen Abfolge mit der Komplexität ihres eigenen Bedingungsgefüges vertraut zu machen und Möglichkeiten zu Veränderungen bereitzustellen. Bevor wir uns einzelnen Methoden und Methodenkomplexen zuwenden, ist es notwendig, sich die Sozialformen „Freizeitgruppen“ und „Tutorengruppen“ etwas näher anzusehen.

4.3.2. *Freizeitgruppen*

Viele der dargestellten Methoden und Modelle zielen darauf ab, die Barrieren zwischen Unterricht und Freizeit zunehmend zu durchlöchern. Nahrstedt (1973, S. 306) fordert alternativ zur Pflichtschule des Vormittags eine „Freizeitschule" zunächst am Nachmittag und Wochenende modellhaft zu installieren und zu erproben. Dabei soll nicht nur die Freiwilligkeit der Teilnahme an Lernprozessen berücksichtigt werden, sondern auch, daß die Interessen, die Ziele und Inhalte des Lernens selbstbestimmbar werden. Grundsätzlich sei von den Interessen der Schüler auszugehen. Die Eltern und Lehrer hätten sich zu fragen, inwieweit ihre abweichenden Interessen gegenüber denen der Kinder berechtigt und mit den kindlichen Interessen verknüpfbar bleiben. Eine von Nahrstedt durchgeführte Untersuchung ergab eine Diskrepanz zwischen Schülerinteresse und Wunsch der Eltern für ihre Kinder. Nahrstedt (1973, S. 317) interpretiert die Untersuchungsergebnisse wie folgt:

„1. Bereits die Schüler entwickeln eine eigenständige „Subkultur", die sich von der „Kultur" der Erwachsenen teilweise weit entfernt. Diese „Subkultur" ist durch eine sehr starke Stellung von „Werken", „Sport" und „Spiel" sowie durch eine relative Bedeutungslosigkeit von „Gesellschaft und Politik" gekennzeichnet. „Werken" in einer umfassenden Bedeutung des Begriffs hat dabei offensichtlich vor allem die Funktion der Emanzipation. Alle unter Werken gefaßten Gebiete ermöglichen dem Schüler, seine Selbständigkeit in einem für ihn bereits überschaubaren Zusammenhang zu erproben. Dadurch gewähren sie ihm bereits eine partielle Lösung vom Kindsein. An der höheren Wertschätzung des „Technischen Werkens und Experimentierens" durch die älteren Schüler und an der höheren Wertschätzung des „Tischtennis" durch die Schüler insgesamt zeigt sich dabei, wie im Feld der Freizeitinteressen sich bei den Schülern gegenüber den Erwachsenen Strukturverschiebungen abzeichnen. (...)

2. Ein auf der Grundlage der „Selbstbestimmung" und freien Entscheidung der Schüler entwickelter didaktischer Katalog würde sich damit erheblich von einer durch Erwachsene bestimmten Didaktik entfernen.

3. Aus der Diskrepanz zwischen Schülerinteresse und Elternwunsch lassen sich Vermutungen über das Ausmaß anstellen, in dem eine nur von den Eltern festgelegte Interessenstruktur für die Kinder „autoritär" erscheint und eine „Entfremdung" von ihren eigentlichen Wünschen und Bedürfnissen bedeutet.

4. Für das Gebiet „Gesellschaft und Politik" wird aus dieser Diskrepanz aber deutlich, wie wenig es den „Erwachsenen" mit den bisherigen Lehrverfahren gelungen ist, die Kinder von der Wichtigkeit der von ihnen selbst für außerordentlich bedeutsam angesehenen Inhalte zu überzeugen, wie uneffektiv zumindest in diesem Punkt die bisherige Art der Vermittlung damit organisiert war."

Nahrstedt zieht daraus die Konsequenz, daß eine Freizeitdidaktik für Schüler aus den Schülerinteressen heraus entwickelt werden und in ihrem Aufbau ihrer Selbstbestimmung unterworfen bleiben müssen. Die von den Erwachsenen für bedeutsam gehaltenen Gebiete müßten so angeboten werden, daß sie das kindliche Interesse hervorzurufen vermögen.

In einer Untersuchung von Buddrus (1973, S. 319ff.) über die Freizeitinteressen von Schülern und Lehrern fanden sich erhebliche Diskrepanzen bei den Lehrern zwischen Eigeninteresse und praktischer und theoretischer pädagogischer Einschätzung von Freizeitgebieten:

„Eine Initiierung von Lernprozessen in der Freizeit wäre im Schulbereich durch eine gleiche Interessenlage bei Schülern und Lehrern auf einer Vielzahl von Gebieten durchaus möglich. Falsche Vorstellungen über eine pädagogische Eignung dieser Gebiete sowie mangelnde Durchführungsbereitschaft der Lehrer von Angeboten auf diesen Gebieten verhindern derartige Lernprozesse jedoch:

1. Die Lehrer schätzen die pädagogische Eignung von Freizeitgebieten in der Regel falsch ein. Sie halten gerade die Gebiete für Freizeitgemeinschaften für geeignet, bei denen die Schüler ein ausgesprochenes Desinteresse angeben (z. B. Darstellendes Spiel, Musizieren).

2. Die pädagogischen Intentionen der Lehrer werden durch schichtspezifische Bildungsvorstellungen oder durch die „Kultivierungsvorstellungen“ gängiger Freizeitpädagogik determiniert und nehmen nur selten Bezug auf die eigene Interessenlage oder die tatsächliche Interessenlage der Schüler. (...)

3. Die „informellen Gebiete“ der Freizeitinteressen sind bisher noch nicht als pädagogisch relevant erkannt worden, obwohl sie den Hauptteil der Freizeitinteressen stellen. Darin zeigt sich deutlich die Scheu der etablierten Schulpädagogik, die Gebiete, die planmäßig vorstrukturiertes Lernen kaum zulassen, in ihre Überlegungen einzubeziehen.“

Die eigentliche Schwierigkeit für Lehrer bei der Entscheidung für ein Freizeitangebot sieht Buddrus nicht im Interesse, sondern in der „pädagogischen“ Bewertung dieses Interesses. Deshalb müßten die Lehrer ihr Verhältnis von Interesse und Pädagogik zunächst im Hinblick auf ein Lernen unter den Bedingungen der Freizeit überprüfen. Die Lehrer müßten zu einem „Bekenntnis zu ihrem eigenen Interesse“ finden. Die Inkonsequenz dürfe nicht fortbestehen, daß Lehrer das, was sie für pädagogisch zweckmäßig halten, nicht auch durchzuführen bereit sind, und umgekehrt, daß sie, was sie auch aus Interesse durchführen möchten, aus „pädagogischen“ Bedenken nicht anzubieten wagen.

Ein Modell für Freizeitgruppen ließe sich am ehesten für den Bereich der Gesamtschule skizzieren. So könnte z. B. anstelle eines festen Nachmittagsunterrichts ein „gemischtes“ Programm von Arbeitsgemeinschaften und locker gefügten „Freizeitgruppen“ (sowie Tutorengruppen) treten. In diesen „Freizeitgruppen“ müßte der Pädagoge (unter Verwendung gruppendynamischer Verfahren) Motivationsquellen bei den Schülern freilegen, selbstbestimmte Freizeitaktivitäten ermöglichen und moderieren, in gruppendynamisch orientierten Interventionen Selbstbestimmungsprozesse stimulieren, Gesprächssituationen zwischen Schülern durch feedback oder andere gruppendynamische Techniken „entschlacken“, Möglichkeiten der Begegnung flexibel schaffen usw. und mit ihnen die Freizeit gemeinsam verbringen (zum Schwimmen gehen, Tischtennis spielen, Platten hören, basteln). Diese pädagogischen Aktivitäten müßten sich durch ein hohes Maß an Spontaneität, Flexibilität und Verständnis für die Schüler auszeichnen.

4.3.3. Tutorengruppen

(1) Eine wichtige Funktion bei der Bemühung um „Soziales Lernen“ hat das Tutorium, das in vielen Gesamtschulen den Klassenlehrer ersetzt und gegenwärtig zwischen Unterrichts- und Freizeitbereich angesiedelt ist. Eine Tutorengruppe umfaßt meist zwischen 15 und 20 Schülern. Um hinreichend intensive Lernprozesse zu ermöglichen wäre m. E. eine Begrenzung auf maximal 12 Schüler notwendig (optimal wären 10 Schüler). Die wöchentlichen Tutorenstunden betragen meist zwischen 2 und 5 Stunden. Notwendig wären m. E. mindestens 4 Stunden; ein geringerer Stundenanteil würde kaum mehr als die Erledigung üblicher „Klassenlehrergeschäfte“ erlauben (vgl. auch Fuhrmann 1973).

Welches wären nun die Funktionen des Tutors an der Gesamtschule?

(a) Der Tutor ist Bezugsperson seiner Schüler. Er führt mit ihnen Gespräche, klärt auftauchende Probleme und hilft den Schülern bei schulischen und privaten Schwierigkeiten. Dazu ist es notwendig, daß der Tutor Kontakt hält zu den Eltern, den Fachlehrern, der Schulleitung, dem „Schulpsychologischen Dienst“ und weiteren für die Schüler wichtigen Personen und Institutionen (z. B. Jugendamt).

(b) Der Tutor betreibt mit seiner Tutorengruppe gezielte Sozialerziehung. Dabei können die zu 4.3.1. entwickelten interaktionspädagogischen Modelle und Methoden herangezogen werden. Daneben ist es notwendig, daß der Tutor (bei entsprechendem Stundenanteil) Projekte mit seinen Schülern plant, um soziale Verhaltensweisen (situationsabhängig) zu erlernen. Mögliche Projekte wären:

Vorurteilsbildungen durchschauen (vgl. Büttenbender und Rittelmeyer 1971, S. 78 ff.), z. B. Konfrontation mit Bildern der Vorher-Nachher-Serie aus der Zeitschrift *Brigitte*, Demonstrationsexperimente zum Abbau kognitiver Naivität (Büttenbender und Rittelmeyer 1971 b, S. 97 ff.).

Werbung. Das Teilprojekt „Selbstbedienungsladen" ist im Abschnitt 6 ausführlich dargestellt.

Methoden und Fertigkeiten geistigen Arbeitens (vgl. Beer 1968).

Techniken der Diskussion, der Debatte, des Gesprächs (vgl. Fabian 1967).

Fotografieren, Filmen, Tonbandtechnik und Hörspiel, Synthesizer (Gerät zur elektronischen Klangerzeugung).

(c) Der Tutor plant und organisiert mit seinen Schülern größere Vorhaben wie Feste, Reisen, Ausflüge.

(d) Schließlich übernimmt der Tutor auch Funktionen des bisherigen Klassenlehrers. Er wirkt mit bei der Zusammenstellung der Lerndiagnosen (Zeugnisse), bietet den Eltern Möglichkeiten für Gespräche, berät seine Schüler in Fragen der Schullaufbahn und der Nutzung von Gemeinschaftsräumen (Freizeitbereich, Bücherausleihe, Mittagessen). Der Tutor berät Fachlehrer und arbeitet eng mit dem „Schulpsychologischen Dienst" der Schule zusammen.

(2) Welche Gründe haben zur Einführung eines Tutorensystems an Schulen (insbesondere an Gesamtschulen) geführt? Die unter 3.3.3. dargestellten Tendenzen zur distanzierten Leistungsschule haben zu einer Fülle von Folgeproblemen geführt, die die Lernsituation in der Schule zunehmend belasten. Die Auflösung der Klassenverbände erzeugt bei den Schülern eine emotionale und soziale Verunsicherung. Die Betonung des Leistungsprinzips in einem emotional restringierten Klima fördert die Aggressionsbereitschaft, führt zu einer Zunahme der Disziplinschwierigkeiten, zu latenter Emigration und Disengagement. Hinzu kommen Störungen aus der familialen Einflußsphäre, die durch die Situation der Gesellschaft hervorgerufen werden. Das Tutorensystem ist nicht zuletzt als Reaktion auf diese Probleme initiiert worden (vgl. Fuhrmann 1973). Zusätzlich wird die Einrichtung eines Tutorensystems begründet durch das offensichtliche Fehlen einer entsprechenden anderen Möglichkeit im System der Schule, um soziale Lernprozesse (intentional) zu ermöglichen.

Dadurch gerät die Schule in die Gefahr einer Abtrennung und Entmischung der kognitiven Komponenten des Unterrichts von den affektiven: Im „normalen" Unterricht wird wie bisher gelernt (oder „gestört"), vorgeblich „gereinigt" von emotionalen Störvariablen; dafür gibt es

Tutorenunterricht, um die zu kurz gekommenen emotionalen Bedürfnisse und die nach Selbstbestimmung hindrängenden Tendenzen „abzustillen". Ich vertrete die Auffassung, daß diesen Bedürfnissen in allen Sozialformen der Schule Rechnung zu tragen ist, sei es nun „Kernunterricht", „Kursunterricht", projektbezogener Unterricht, Unterricht in Arbeitsgemeinschaften oder Tutorenunterricht. Ein Plural ineinandergreifender Methoden und Sozialformen hätte m. E. am ehesten eine Chance, emanzipatorische Lernprozesse zu ermöglichen. Bei einer Abtrennung und Entmischung würden sich die verschiedenen Bereiche nicht mehr wechselseitig befruchten können. Im anderen Falle könnten z. B. die in Tutorengruppen und gruppendynamisch orientierten Arbeitsgemeinschaften erlernten sozialen Fähigkeiten einen „emotional aufgeschlossenen" Kernunterricht (zumal wenn er projektorientiert ist) entscheidend verbessern. Ein für die Schüler in der emotionalen und kommunikativen Dimension durchsichtiger Lernprozeß im Klassenverband könnte den Schülern Erfahrungswerte über ihre emotionalen und kommunikativen Defizite vermitteln und so Motivationsgrundlagen legen für ein gezieltes „Soziales Lernen" in Kleingruppen.

(3) Aus diesen Vorstellungen ließe sich für Gesamtschulen folgender organisatorischer Rahmen ableiten:

(a) Vormittags Fachunterricht mit deutlichem Schwerpunkt auf projektorientierte Arbeit im Klassenverband (fächerübergreifende Projekte und Großgruppenunterricht für mehrere Klassen punktuell verwirklichen).

(b) An vier Nachmittagen ein flexibles Angebot an Arbeitsgemeinschaften, Tutorengruppen und locker gefügten Freizeitgruppen. Jeweils drei Tutorengruppen (zu 10 Schülern) bilden eine Klasse mit 30 Schülern. Für Tutorengruppen und Arbeitsgemeinschaften sollten jeweils 4 bis 5 Stunden wöchentlich vorgesehen sein. Die übrige Zeit (2 bis 4 Stunden) müßte den Schülern für Freizeitgruppen zur Verfügung stehen.

(c) Der fünfte Nachmittag (am besten Mittwoch) stünde den Lehrern für Konferenzen zur Verfügung. Die Schüler hätten einen Hausarbeitsnachmittag (z. B. um sich Material für Projekte zu beschaffen oder größere schriftliche Arbeiten anzufertigen).

(4) Das kooperative Lehren und die Kooperation der Lehrer untereinander sind wichtige Grundlagen für das soziale und politische Lernen der Schüler. Ob es dem Lehrer gelingt, dem Schüler emotional-korrigierende Erfahrungen zu vermitteln, hängt auch davon ab, inwieweit ihm

selbst derartige Erfahrungen im Kollegium zuteil werden. Die Wichtigkeit des Lehrers als Modell für die Schüler darf nicht unterschätzt werden. Wenn Schüler nach einer emotional unkontrollierten, undisziplinierten Gesamtkonferenz der Lehrer bestimmte Verhaltensweisen in Tutorengruppen für schlechthin unmöglich, unrealistisch oder zumindest nicht übertragbar halten, dann läßt sich manchmal kaum (für die Schüler glaubwürdig) die eigene Position argumentativ absichern. Der Lehrer ist (zumal an großen Gesamtschulen) darauf verwiesen, sich einer Gruppe gleichgesinnter Kollegen anzuschließen, einer Gruppe, die ihn sowohl emotional stützt (d. h. ihm bei der Bewältigung schulischer, möglichst auch persönlicher Probleme hilft) und *zugleich* versucht, politische und pädagogische Vorstellungen in der Gesamtschule zu initiieren und durchzusetzen (vgl. Keim 1973, S. 322).

5. Methoden und Trainingsmaterialien

5.1. Vorbemerkungen

Im vierten Abschnitt wurden bereits Methoden zu den einzelnen Bereichen des gruppendynamischen Trainings erörtert. Der mit gruppendynamischen Verfahren (im engeren Sinne) zusammenhängende Bereich wurde dabei mehr oder weniger ausgespart. Dieser Bereich ist methodisch überaus vielschichtig, so daß es notwendig wurde, auf deren Methoden in diesem Abschnitt gesondert einzugehen. Das schließt nicht aus, daß einige Übungen und Trainingsmaterialien erörtert werden, die sich in vorhergehenden Phasen des gruppendynamischen Trainings einfügen lassen oder Übergänge zu gruppendynamischen Gesprächen markieren.

Über Spiele und über das Interaktionstraining gibt es bereits einige gute deutschsprachige Veröffentlichungen, die den Bereich der Schule umfassen. Etwas anders sieht es bei den (im engeren Sinne) gruppendynamischen Übungen und Spielen aus. Antons (1973) hat zwar bereits eine gute Zusammenfassung der methodischen Möglichkeiten gegeben, bezieht sich aber fast ausschließlich auf gruppendynamische Trainings mit Erwachsenen. Von daher können die in seinem Buch enthaltenen Übungen und Techniken nur mit Vorbehalten und Einschränkungen in die Schule übertragen werden (ggf. bei Veränderung bestimmter Aufgabenstellungen und inhaltlicher Modifizierungen). Ich habe aus diesem Grunde Übungen und Materialien speziell für die Schule entwickelt und erprobt. Diese Übungen und Materialien sollen hier u. a. erörtert werden. Hinzu kommen Hinweise auf Übungen, Spiele und Techniken aus gruppendynamischen Seminaren, die auch Eingang in die Schule finden können. Die zu erörternden Methoden sind überwiegend für gruppendynamische Gespräche und Reflexionen in Kleingruppen gedacht, können teilweise aber auch für die Arbeit im Rahmen der Schulklasse eingesetzt werden.

5.2. „Warming up“

Beim Übergang von den Spielen bzw. dem Interaktionstraining zu stärker gruppenzentrierten und reflektorisch orientierten Arbeitsformen ist es notwendig, Übungen und Spiele für die Anfangssensibilisierung bereitzustellen, um einen möglichst nahtlosen Übergang zu ermöglichen. Dazu bieten sich lockere Spielformen an, z. B.

(1) Charakterisierung der Gruppe (unsere Gruppe ist wie ...),
(2) Charakterisierung der Schüler (Peter ist wie ...; bei älteren Schülern ggf. auch Charakterisierung durch eine historische Figur),
(3) Raten, welches Hobby der andere ausüben könnte (bei Schülern, die sich noch nicht so genau kennen),
(4) Paarinterviews (Schüler interviewen sich anhand eines Fragekataloges).

5.2.1. *„Gruppendynamisches Interaktionsspiel" (GIS)*

Besonders günstig für die Anfangssensibilisierung in Schülergruppen ist die Verwendung eines Kartensatzes, der verschiedene Aufgaben für die Schüler enthält. Es kommt darauf an, möglichst unterschiedliche Aufgaben zu wählen, z. B. Aufgaben, die sich eng an Übungen des Interaktionstrainings anlehnen, Hinweise für kurze Improvisationen, aber auch Übungen, die sich direkt auf die Sensibilisierung für gruppendynamische Prozesse beziehen. Ich habe dieses Spiel „GIS" (gruppendynamisches Interaktionsspiel) genannt. Die einzelnen Aufgaben habe ich auf verschiedenfarbige Karten geschrieben und nach drei Gesichtspunkten unterschieden: weiße Karten (= sprachliche Aufgaben), gelbe Karten (= nichtsprachliche Aufgaben), rote Karten (= schwierige Aufgaben).

Die Gruppe sitzt im Kreis, die Teilnehmer nehmen reihum eine Karte auf und versuchen, die Aufgabe auszuführen. Dabei dürfen sie die roten Karten ablehnen. Hier einige Beispiele von den rund 40 verschiedenen Aufgaben, die in einem Spielsatz enthalten sein sollten:

(a) weiße Karte: Wähle Dir ein Mitglied aus der Gruppe. Erzähle ihm, was Du an seiner Stelle anders machen würdest und wie.

(b) weiße Karte: Preise Dich mit Deinen Vorzügen an.

(c) gelbe Karte: Bitte, kämme jemandem aus der Gruppe die Haare. „Friseur" und „Kunde" verständigen sich nur durch Mimik und Gestik.

(d) gelbe Karte: Bitte, wähle ein Mitglied aus der Gruppe aus. Fordere es auf, alle Deine mimischen Veränderungen (Gesichtsausdruck: zum Beispiel blinzeln, schnuppern usw.) nachzumachen.

(e) rote Karte: Sage der Gruppe, von wem Du Dich bedrängt oder eingeengt fühlst, wer Dir in einer unangenehmen Weise überlegen ist. Fordere ihn zum Schiebespiel heraus. Beim Schiebespiel berühren sich nur Eure Handflächen, und ihr müßt versuchen, den anderen „an die Wand zu drücken".

(f) rote Karte: Bitte, sage Deinem linken Nachbarn, was Dich an ihm am meisten stört (zum Beispiel ein bestimmtes Verhalten oder einige Charaktereigenschaften).

Jede der Aufgaben hat eine bestimmte, an den Zielvorstellungen orientierte Funktion. Die Aufgaben (a), (d), (e) und (f) enthalten feedback-Elemente. Die Teilnehmer können erfahren, wie sie von den anderen gesehen werden, welche Besonderheiten auffallen, wie sie mimisch wirken, welche Reaktionen ihr Verhalten auslöst. Andere Aufgaben dienen (auch) der allgemeinen „Entspannung" und „Entkrampfung", der individuellen „Stärkung", so z. B. die Aufgaben (b), (c) und (e). Die gut überlegte Mischung verschiedenster Aufgaben bringt feedback-Prozesse in Gang und erzeugt spielerisch – so ganz nebenbei – einen Anstoß, um miteinander ins Gespräch zu kommen.

Es kommt häufig vor, daß der Spaß an diesem Spiel sich herleitet aus der „Schadenfreude", die die Mitschüler empfinden, wenn sich einer „blamiert". Es ist eigentlich eine übliche Verhaltensweise in einer Schule, in der Schüler miteinander konkurrieren müssen. Gleichwohl ist es notwendig, daß der Lehrer in solchen Situationen eingreift, diese Prozesse und ihren Begründungszusammenhang den Schülern bewußt macht und eine „Neukalibrierung" der Spieldefinition anregt. Läßt der Lehrer Tendenzen zur „Schadenfreude" und „Blamage" sich weiterentwickeln, definieren in der Regel die Schüler dieses Spiel als ein „Unterhaltungsspiel", bei dem es darauf ankommt, sich möglichst clever vor der Aufgabe zu drücken, sich auf jeden Fall aber nicht zu blamieren. Dadurch steigt die Angst in der Gruppe, die Vermeidungstendenzen wachsen. Man sollte in diesem Fall durch funktionales feedback und Verstärkung der spielförderlichen Verhaltensweisen eingreifen, ggf. müßte eine Aussprache eingeleitet werden.

5.2.2. *„Assoziationsspiele, Identitätsspiele, Rollenspiele" (AIR)*

Eine weitere Möglichkeit, die Anfangsschwierigkeiten nach und nach abzubauen, bietet der Spielsatz „AIR". Der Handlungsanreiz wird durch verschiedene, in Serien zusammengefaßte Bilder gegeben. Die nachstehend bezeichneten Bilder haben sich im Laufe eines längeren Verwendungszeitraumes aus einem größeren Bestand an Bildern für Schüler von 12 bis 18 Jahren als geeignet herausgestellt. Es ist zu empfehlen, sich eine größere Sammlung dieser Bilder anzulegen.

Die zu den Serien entwickelten Spiele und Übungen enthalten Aspekte aus dem gesamten Spektrum interaktionspädagogischer Verfahren. Um eine Auflockerung im Rahmen gruppendynamischer Gespräche zu erreichen (was in vielen Schülergruppen notwendig werden kann), würde es sich empfehlen, diese Spiele und Übungen auch während der Phase gruppendynamischer Gespräche und Reflexionen punktuell und unter Berücksichtigung der jeweiligen Gruppensituation, der Schülerinteressen und auftretender Defizite, zu verwenden. AIR bietet damit die Möglichkeit, die in den vorhergehenden Phasen ggf. etwas zu kurz gekommenen Aspekte im nachherein zu berücksichtigen.

Im Mittelpunkt des Spielsatzes AIR stehen Identitäts- und Rollenspiele (genauer: Rollenimprovisationen). Die Spiele trainieren notwendige Voraussetzungen, um die Probleme der Identität, der Identitätsbestimmung und des Verhältnisses verschiedener Identitäten zueinander zunächst modellhaft zu erfahren. Beabsichtigt ist, Schüler zu befähigen, sich bei den gruppendynamischen Gesprächen und Reflexionen eher in ihren Interaktionspartner hineinzuversetzen und Wirkungen des eigenen Verhaltens besser abzuschätzen. Die in den Spielen und Übungen angebotenen Rollenvorgaben schützen zunächst die Identität der Schüler, bis im Laufe mehrerer Übungen sie sich soweit gefestigt hat, daß die Schüler ein feedback in Richtung ihrer realen Identität mit weniger Angst annehmen können. AIR hätte damit in der Abfolge des gruppendynamischen Trainings seinen Platz am Ende des Interaktionstrainings, zu Beginn der gruppendynamischen Gespräche und Übungen. Hier nun Spiele und Übungen zu AIR:

Hinweise für AIR (Assoziationsspiele, Identitätsspiele, Rollenspiele)

1. *Ausstattung des Spiels*

Das Spiel besteht aus fünf Bildserien:

(a) Orange-Serie
- (1) Spielzeug fällt auf die graue Stadt
- (2) Canyon (von oben aufgenommen)
- (3) festlich gedeckter Tisch
- (4) Schlacht im 19. Jahrhundert

(b) Gelb-Serie
- (1) demonstrierende Frau
- (2) Frau im Wohnzimmer
- (3) Puppe
- (4) Besitzer eines Hitler-Museums
- (5) Frau auf Motorrad
- (6) Mädchen am Strand

(c) Beige-Serie
- (1) Alte Frau unterschreibt
- (2) Mann trinkt trotz Hektik Kaffee

(3) Boxer sitzt im Ring
(4) Frau trinkt beim Umzug Kaffee
(5) Zwei Mädchen unterhalten sich

(d) Grau-Serie
(1) mechanische Figuren
(2) Kerzen
(3) zwei Kamele

(e) Grün-Serie
(1) Anhalterin
(2) Menschen schwimmen im Meer
(3) Junge
(4) vernagelte Tür
(5) Stein in einer Hand
(6) Zimmer mit einem Waschbecken

2. Die Orange-Serie

Die Bilder dieser Serie eignen sich zur Einführung in die Arbeit mit Bildserien. Sie lassen sich sowohl im Rahmen einer Schulklasse als auch einer Arbeitsgruppe verwenden. Außerdem eignen sich einige Aufgaben und Übungen zu dieser Serie als „warming up" zu Beginn des gruppendynamischen Trainings.

(1) *Bildbeschreibungen:* Die Gruppe einigt sich auf ein bestimmtes Bild und versucht es zu beschreiben, wobei im Kreis herum jeder Schüler ein Detail zu dem Bild mitteilt. Gegen Ende wird es immer schwieriger.

Mögliche Ziele: Wahrnehmungsfähigkeit trainieren, Beobachtungen anderer akzeptieren können, zu neuen Wahrnehmungseindrücken kommen.

(2) *schwierige Bildbeschreibung:* Für die Beschreibung der Bilder dürfen nur Eigenschaftswörter, in einem anderen Fall nur Verben bzw. Hauptwörter verwendet werden (*keine* Sätze oder Satzteile).

Mögliche Ziele: Wie (1), Möglichkeiten des Sprachmaterials ausschöpfen und erweitern.

(3) *Bildbeschreibung als Identifizierungshilfe:* Ein Schüler beschreibt ein Bild der gesamten Gruppe (bzw. einem anderen Schüler). Die Gruppe bzw. der andere Schüler sucht aus der Serie das entsprechende Bild aus (nur sinnvoll, wenn für die Beschreibung ausschließlich Eigenschaftswörter oder Verben verwendet werden dürfen).

Mögliche Ziele: Wie (2), sich auf die Sprachfähigkeiten anderer einstellen.

(4) *Geschichten erzählen:* Die Gruppe wählt ein Bild; einer beginnt, dazu eine Geschichte zu erzählen. Die anderen setzen die Geschichte reihum (oder spontan – je nach Einfall) fort.

Mögliche Ziele: Wahrgenommenes in einen Handlungsablauf bringen, dem anderen genau zuhören, ihn verstehen und den begonnenen Handlungsfaden sinnvoll fortsetzen können.

(5) *komplexe Geschichten erzählen:* Zwei (oder drei) Bilder werden ausgesucht. Die Gruppe (oder eine Teilgruppe) erfindet dazu eine Geschichte, die beide (alle drei) Bilder sinnvoll integriert.

Mögliche Ziele: Wie (4), verschiedene Inhalte durch kreative Einfälle sinnvoll verbinden.

(6) *Assoziationsübung:* Schüler sprechen über ihre Gefühle und Einfälle zu einem Bild. Die Übung könnte man durch Fragen wie diese einleiten: Welche Gefühle habt Ihr bei diesem Bild? In welche Stimmung versetzt Euch das Bild? Was fällt Euch zu diesem Bild ein? Wenn Ihr Euch in die Situation des Bildes versetzen würdet, welche Gefühle hättet Ihr dann?

Mögliche Ziele: Gefühle vor den anderen („öffentlich") verbalisieren, durch Austausch der Gefühle in der Gruppe sich emotional näher kennenlernen, den anderen in seinen Gefühlen akzeptieren.

(7) *Bild identifizieren:* Ein Schüler erzählt der Gruppe seine Einfälle zu einem bestimmten Bild und berichtet über seine Gefühle dazu. Die Gruppe sucht aus der Serie das gemeinte Bild.

Mögliche Ziele: Wie (6), sich mit der Gefühlswelt eines anderen auseinandersetzen.

(8) *Musikalische Einfälle:* Eine Dreiergruppe (oder Fünfergruppe) wählt gemeinsam ein Bild aus. Sie sucht aus einem Musiktonband zu dem Bild die passende Musik aus, führt ihr Ergebnis der Klasse (oder Gesamtgruppe) vor und begründet die Entscheidung. Es ist auch möglich, daß die Dreiergruppe der Klasse nur das Musikstück vorspielt. Die Klasse sucht aus der Serie das „vertonte" Bild heraus.

Mögliche Ziele: Unterschiedliche Reaktionen und Assoziationen auf visuelle und auditive Reize erfahren und akzeptieren, eigene Gefühle deutlicher wahrnehmen und verbalisieren, Einleitung von Entscheidungsprozessen, in denen sehr subjektive Meinungen und Vorstellungen eingehen und toleriert werden sollten.

3. Die Gelb-Serie

Zur Vorbereitung auf differenzierte Rollenspiele eignen sich die Bilder dieser Serie. Das Ziel besteht darin, durch Gespräche und Absprache in Teilgruppen eine Identität projektiv „aufzubauen" und „auszufüllen". Die Schüler müßten also ein stringentes Identitätsmuster mit biographischem Hintergrund erstellen. Dabei stehen sie vor der Schwierigkeit, ihre eigenen identitätsstiftenden Daten mit dem durch das Bild vorgegebenen Reizmuster in Deckung zu bringen. Dabei ergeben sich für die Selbstreflexion wichtige Daten zum Verständnis der Schüler (ähnlich wie „projektive Tests"). So wurde z. B. bei einem durch seine überragende Schulleistung etwas isolierten Schüler das Bild 3 der Gelb-Serie zu einer sprechenden Puppe, die im Museum ausgestellt und von den Leuten bewundert wurde. Die Puppe äußerte sich kritisch distanziert über die Leute und gab durch Bemerkungen zu verstehen, daß sie sich dem „niederen Volk" weit überlegen wähnte.

(9) *Interview:* Es werden Interviewgruppen (3 bis 5 Schüler) gebildet, die sich gemeinsam ein Bild aussuchen. Einer aus der Gruppe versucht sich mit der auf dem Bild dargestellten Person zu identifizieren. Die anderen helfen beim „Aufbau der Identität". Durch eine Befragung (Interview) soll diese Identität den anderen deutlich werden. Das Interview wird der gesamten Klasse (Gruppe) vorgeführt. Nach jedem Interview sollte sich eine kurze Reflexion anschließen: (a) Bericht des Interviewten: Was habe ich gedacht, was gefühlt? Wie wurde die Identität festgelegt? Lag mir die Rolle? Welche eigenen identitätsstiftenden Daten habe ich eingebracht? (b) Diskussion in der Klasse (Gruppe): Konnte sich der Interviewte mit der Rolle identifizieren, hat er sie „echt" gespielt, waren „Brüche" in der Darstellung? Haben die Interviewer durch ihre Fragen die darzustellende Identität „ans Licht gebracht"? Wie sind Originalität und Realitätsbezug des Dargestellten zu beurteilen?

Mögliche Ziele: „Einfühlen" in fremde Identitäten, eigene identitätsstiftende Merkmale erkennen, kooperatives Verhalten trainieren.

(10) *Modifiziertes Interview:* Zunächst wie (9). Der zu interviewenden Person wird ein Erlebnis, eine Tat usw. von der Teilgruppe zugeschrieben. Dabei kommt es darauf an, daß dieses Erlebnis bzw. diese Tat zu der Person paßt und für eine „breitere Öffentlichkeit" von Interesse ist. Durch die Fragen der Interviewer soll sowohl die Identität des Interviewten und

das Ereignis als auch der Zusammenhang zwischen der Identität und dem Ereignis deutlich werden.

Mögliche Ziele: Wie (9).

(11) *Pressekonferenz:* Wie (9) und (10). Die gesamten Teilnehmer bilden die fragenden „Journalisten". Die Mitglieder der vorführenden Teilgruppe stellen der „versammelten Presse" zunächst die Person vor und greifen ggf. in die Pressekonferenz ein, wenn der Interviewte in „Schwierigkeiten" gerät.

Mögliche Ziele: Wie (9), flexibel reagieren, Identität geschickt darstellen.

(12) *Heiratsanzeige:* Eine Dreiergruppe (bzw. Fünfergruppe) sucht gemeinsam ein Bild aus und formuliert dazu eine Heiratsanzeige. Die Gesamtgruppe (bzw. Klasse) diskutiert über die Angemessenheit, Originalität, Wirksamkeit usw. Klischeebilder und Vorurteilshaltungen können bewußt gemacht werden.

Mögliche Ziele: Identität aufgrund visueller Reizmuster ausfüllen und in einen kommunikativen Zusammenhang einbeziehen, Klischeebilder und Vorurteile bewußt machen und in Frage stellen, neue Möglichkeiten, Identität zu bestimmen und auszufüllen, erproben.

(13) *Heiratsanzeige zuordnen:* Wie (12). Die Teilgruppe ordnet anhand einer Sammlung von Heiratsanzeigen eine dieser Anzeigen dem vorher gewählten Bild zu.

Mögliche Ziele: Wie (12).

(14) *Kollektive Identitätsbestimmung:* Eine Dreiergruppe (bzw. Fünfergruppe) wählt sich gemeinsam ein Bild aus und bestimmt anhand einer Liste, was für die im Bild dargestellte Person am wichtigsten ist, d. h. die Teilgruppe bringt die einzelnen Angaben in der Liste in eine Rangfolge, z. B.

( ) Verständnis
( ) beruflicher Erfolg
( ) Sexualität
( ) Geld
( ) neue Menschen kennenlernen
( ) Alkohol
( ) schöne Wohnung
( ) zärtlicher Partner
( ) Auto
( ) Musik
( ) Ruhe und Muße

Auch hier bieten die projektiven Mechanismen (insbesondere bei mehrdeutig interpretierbaren Bildern) Ansätze für Selbstreflexionsprozesse.

Mögliche Ziele: Identität aufgrund visueller Reizmuster partiell ausfüllen, Klischeebilder und Vorurteile bewußt machen und in Frage stellen, eigene identitätsstiftende Merkmale erkennen, kooperatives Verhalten trainieren, Gruppenleistung vom Typus des Bestimmens erkennen und deren Determinierungen durchschauen.

(15) *Konkurrierende Identitätsbestimmungen:* Wie (14). Allen Dreiergruppen bzw. Fünfergruppen wird dasselbe Bild vorgegeben. In der Diskussion über die unterschiedlichen Listen, in der Begründungen für die Ranglisten gegeben werden müßten, könnte den Schülern bewußt werden, wie schnell sie aufgrund von Wahrnehmungsdaten bestimmte Wertorientierungen zuschreiben, die kaum über das klischeehafte hinauskommen.

Mögliche Ziele: Wie (14).

(16) *Alter-Ego-Interview:* Wie (9), (10), (11). Ein „zweiter Interviewter“ formuliert immer kurz nach dem „Erstinterviewten“ den implizit ausgedrückten Beziehungsaspekt des Beitrags, d. h. er bringt in der Ich-Form die „Ich-Definition“ und die „Du-Definitionen“ des „Erstinterviewten“ mit ein.

Mögliche Ziele: Wie (9) und (11), Unterschiede zwischen Inhaltsaspekt und Beziehungsaspekt in der Kommunikation erkennen und darstellen.

(17) *Absurdes Interview:* Wie (9), (10), (11). Es wird eine gänzlich ungewohnte, absurde Identität festgelegt und präsentiert. Die Menschen (Interviewer und Interviewter) verhalten sich ganz anders als sonst.

Mögliche Ziele: Wie (9) und (11). Neue Möglichkeiten der Identität erfahren und erproben, Möglichkeiten anderen Verhaltens erfahren und trainieren.

(18) *Szene:* Eine Dreiergruppe bzw. Fünfergruppe sucht gemeinsam *zwei* Bilder aus. Es wird eine Szene arrangiert, in der sich die beiden treffen. Man führt ein Gespräch, in dem sich die Identitäten darstellen können. Die anderen der Teilgruppe übernehmen identitätshervorbringende Statistenrollen (Kellner, Zeitungsverkäufer, Polizist usw.). Modifikationen nach (16) und (17) sind möglich.

Mögliche Ziele: Wie (9), (11), (16), (17), Interaktion als Mittel zur Bestätigung, Bestimmung und Festlegung von Identität erfahren und arrangieren.

4. Die Beige-Serie

Die in den Übungen und Spielen der Gelb-Serie entwickelten Fähigkeiten, Kenntnisse und Verhaltensmöglichkeiten werden in den Übungen und Spielen dieser Serie weiter ausgebaut. Die Beige-Serie bietet Möglichkeiten, in einem breiten Spektrum verschiedenster Rollenspiele sich zu erfahren, über Selbstreflexion wesentliche Erkenntnisse zu gewinnen und die kommunikative Performanz weiterzuentwickeln. Im Mittelpunkt der Übungen steht die Interaktion: das flexible Eingehen auf den anderen, das Austragen von Konflikten, die Interdependenzen zwischen Inhalts- und Beziehungsaspekt, die wechselseitigen Ich-Du-Definitionen, die Erfahrung der Kontextgebundenheit von Kommunikation und das allmähliche Begreifen der lebensgeschichtlichen, institutionellen und gesellschaftlichen Determinierungen von Interaktion in soziodramatischen Arrangements.

(19) *Rollenspiel:* Teilgruppen von drei bis sechs Schülern suchen sich gemeinsam ein Bild aus. Es wird ein Gespräch mit dem auf dem Bild dargestellten Leuten als Rollenspiel inszeniert und der Klasse vorgespielt. Die Schüler stehen also vor der Aufgabe, projektive Identitäten in einen situativen Zusammenhang zu bringen. Zur Vorbereitung auf das Rollenspiel müßten sie vorher folgende Fragen zu beantworten versuchen: (a) was sind das für Personen, welche Identität (biographischer Hintergrund, Verhaltensweisen, Reaktionsmuster) haben sie? (b) In welcher Situation befinden sie sich, wie verhalten sie sich in dieser Situation? Nach dem Rollenspiel sollte die gesamte Klasse versuchen, darüber ein Gespräch zu führen. Mögliche Gesichtspunkte könnten sein: (a) Stimmigkeit, Echtheit der *einzelnen Identitäten* – Realitätsbezug, (b) Stimmigkeit, Echtheit, Realitätsbezug der *Situation*, bruchlose Verknüpfung der einzelnen Handlungs- und Identitätselemente, (c) Stimmigkeit, Echtheit, Realitätsbezug der *Beziehungsmuster* der Spieler zueinander.

Mögliche Ziele: Wechselseitige Beeinflussung und Bestimmung der Interaktionspartner in der Kommunikation erfahren, Identitäten miteinander in Beziehung setzen, kooperative Verhaltensweisen trainieren, sich in fremde Rollen einfühlen und sie ausfüllen.

(20) *Rollentausch:* Wie (19). Die Jungen nehmen Mädchenrollen, die Mädchen Jungenrollen ein. Die Jungen trainieren die Mädchen für die Rolle, die Mädchen die Jungen. Bei Bild 5 der Beige-Serie z. B. trainierten

die Mädchen die Jungen für die Mädchenrolle, in der die als Mädchen auftretenden Jungen sich über Jungen unterhielten.

Mögliche Ziele: Wie (19), sich in die Denk- und Verhaltensstrukturen des anderen Geschlechts hineinversetzen und dessen Rollen ausfüllen.

(21) *Konflikt:* Wie (19). Aus dem Gespräch ergibt sich ein Konflikt (der gelöst – nicht gelöst wird – werden kann). Mögliche Ziele: Wie (19), Konfliktsituationen und ihre Ursachen erfahren, Lösungsmöglichkeiten erproben, unterschiedliche Interessen darstellen und durchsetzen.

(22) *Alter-Ego-Rollenspiel:* Teilgruppen von etwa 5–8 Schülern suchen sich gemeinsam ein Bild aus. Jeder Rolle werden zwei Schüler zugeteilt: Ego und Alter-Ego. Während Ego sich rollenbezogen verhält, verbalisiert Alter-Ego den bei den Äußerungen von Ego implizit enthaltenen Beziehungsaspekt in der Ich-Form, d. h. Alter-Ego bringt die jeweiligen Ich- und Du-Definitionen von Ego in der Ich-Form in das Rollenspiel ein. Sonst wie (19) bzw. (21).

Mögliche Ziele: Wie (19) bzw. (21). Unterschiede zwischen Inhaltsaspekt und Beziehungsaspekt in der Kommunikation erkennen und darstellen.

(23) *Absurdes Rollenspiel:* Wie (19). Es werden ungewohnte, absurde Identitäten festgelegt und in einen situativen Zusammenhang gebracht. Die Rollenspieler verhalten sich ganz anders als sonst. Möglich ist es auch, daß nur *einer* „aus der Rolle fällt“. Wie verhalten sich die anderen? Eine weitere Alternative: Die Identitäten sind durchaus üblich, nur der situative Zusammenhang ganz anders als sonst. Wie verhalten sich die Menschen in einer solchen Situation?

Mögliche Ziele: Wie (19), Neue Möglichkeiten der Identität erfahren und erproben, Möglichkeiten anderen Verhaltens in der Interaktion erfahren und trainieren, Reaktionen auf „abweichendes“ Verhalten erfahren und über die Ursachen nachdenken, Veränderungen des situativen Kontextes erproben.

(24) *Soziodrama:* Eine Teilgruppe wählt sich ein Bild gemeinsam aus und spielt es der Gruppe vor. Die Gruppe diskutiert, welche anderen Sozialkontakte (Beruf, Freizeit, Schule, Freundeskreis usw.) Einfluß auf das Verhalten in der dargestellten Szene haben könnten. Die Sozialbeziehungen (z. B. im Beruf, in der Schule) werden szenisch nach und nach dargestellt, bis das Geflecht der Ursprungssituation und die diese Situation determinierenden Beziehungen und Einflußsphären deutlich werden. Dahinter steht die Absicht, gesellschaftliche Vorgänge in Handlungen

aufzulösen. Damit ist methodisch die Möglichkeit gegeben, Geschehen in seinen Bedingungen von Ursache und Wirkung konkret zu begreifen. Um die notwendige Komplexität zu erreichen, ist es erforderlich, *Fragen* zu stellen: Warum unterschreibt die Frau den für sie ungünstigen Vertrag (Bild 1)? Warum ist der eine Mann trotz der Hektik so ruhig (Bild 2)? Auch die Gelb-Serie ist als Ausgangspunkt für soziodramatische Verfahren geeignet.

Mögliche Ziele: Bedingungen und Ursachen von Kommunikation erfahren.

5. Die Grau-Serie

Ähnliche Möglichkeiten wie die Beige-Serie besitzt auch die Grau-Serie. Auch hier geht es darum, Identitäten zu bestimmen und in einen situativen Zusammenhang zu bringen. Nur ist es jetzt so, daß das Reizmuster für projektive Tendenzen viel offener ist und auch phantasievollen Möglichkeiten mehr Raum läßt. Bei den Bildern der Grau-Serie geht es nicht um Menschen, sondern um Tiere und Gegenstände, die durch einen kreativen Akt vermenschlicht werden. Dadurch strömt viel von der eigenen Identitätsproblematik in das szenische Arrangement ein. Bei einer Teilgruppe z. B. „verwandelte" sich das Kerzenbild (Nr. 2) in eine Doublette der für diese Teilgruppe typischen Schulsituation: Jeder rivalisierte mit dem anderen, wollte der Beste sein, die Kerze sein, die sich „am besten verkaufen läßt". Die Kerze, die bei diesem Wettstreit nicht mitmachen wollte und sich weigerte, in einen Kerzenständer zu gehen, um „sein Licht besser leuchten zu lassen", wurde vom „Zugwind" ausgeblasen, der nur die „niedrig stehenden Kerzen ausbläst". Die deutliche Symbolkraft vieler solcher Szenen läßt sich gut als Ausgangspunkt für Selbstreflexionsprozesse verwenden.

(25) *Psychodrama:* Arrangement zunächst wie (19). Bei der Besprechung vor der Gesamtgruppe (*un*günstig wären Gruppengrößen ab 12 bis 15 Schüler) käme es darauf an, insbesondere die projektiven Mechanismen bewußt zu machen und dann Schritt für Schritt die Realsituation anzuvisieren (ggf. in einer soziodramatischen „Aufbereitung").

Mögliche Ziele: Selbsterfahrung eigener Problemsituationen, Kenntnis der Ursachen, Entwicklung von Lösungsmöglichkeiten; aber auch: neue Möglichkeiten für Beziehungen am „realitätsfernen Material" entwickeln, mit der potentiellen Realität spielen.

(26) *Musiktheater:* Bei entsprechend geübten Gruppen lassen sich auch musikalische Improvisationen zu den Bildern der Grau-Serie arrangieren, wobei die emotionale Komponente bei der Bestimmung der fremden Identitäten wahrscheinlich besonders deutlich wird (nur für Gruppen bis zu 10 Schülern).

Mögliche Ziele: emotionale Anmutungen und Identifizierungen musikalisch ausdrücken.

6. *Die Grün-Serie*

Die Grün-Serie ist für Einfälle und Vorstellungen der Schüler „offener" als z. B. die Beige-Serie. Die Bilder der Grün-Serie sollen nur einen Auslöser-Reiz bieten für projektive Verhaltensmuster und Ablaufschemata. Sie sollen die Phantasie wecken und die Schüler ermutigen, mit neuen Situationen zu experimentieren, sich in sie einzufühlen, sich in ihnen zu bewähren und sie nach ihren Interessen (phantasievoll) zu verändern.

(27) *Geschichten erzählen:* Wie (4) und (5).

(28) *Bilder wiedererkennen:* Alle Bilder der Serie werden vor den Schülern ausgebreitet. Der Lehrer oder ein Schüler erzählt eine (phantasievolle und spannende) Geschichte. Falls eines der Bilder in der Geschichte in irgendeiner Weise auftaucht, soll die Geschichte unterbrochen werden. Die Geschichte kann auch reihum fortgesetzt werden.

Mögliche Ziele: Dem Erzähler genau zuhören, Kongruenzen zwischen Sprachlichem und Visuellem feststellen und benennen.

(29) *Geschichten spielen:* Eine Teilgruppe (3 bis 5 Schüler) sucht sich gemeinsam ein Bild aus. Es werden eine oder mehrere Szenen inszeniert, in denen dieses Bild *vorkommt*, und der Klasse vorgespielt. Es kommt dabei nicht nur darauf an, projektive Identitäten in einen situativen Zusammenhang zu bringen, sondern auch, phantasievoll zu visuellen Reizen eine Geschichte, also einen Handlungsablauf, zu konstruieren. Die so noch recht offene Aufgabenstellung kann dadurch eingegrenzt und präzisiert werden, daß zusätzlich (alternativ) gefordert werden könnte:

(a) Die Handlung soll tragisch enden.
(b) Es soll ein unversöhnlicher Konflikt dargestellt werden.
(c) Die Akteure sollen sehr um Verständnis für die anderen bemüht sein.
(d) Es sollen ausschließlich komische Rollen verwendet werden.
(e) In der Szene soll es um Erfolg und Macht gehen.
(f) Die Szene soll in der Schule spielen.
(g) Die Szene soll „unwirklich" sein.

(h) Jemand soll in dieser Szene „kaputt“ gehen.
(i) Diese Szene soll „wunderschön“ sein.
(j) Alle Akteure dieser Szene fühlen sich sehr wohl.
(k) Einer der Spieler ist traurig, die anderen sind fröhlich.

In der Kombination zwischen visuellem Reiz und gezielter Aufgabenbegrenzung läßt sich das Handlungspotential der Schüler erweitern und ein situationsabhängiges Training von Verhaltensdispositionen durchführen. Man sollte über eine vorgeführte Szene oder Szenenfolge mit der gesamten Klasse (oder Gruppe) reden unter dem Gesichtspunkt der Originalität, der Schlüssigkeit von Handlungssträngen, der Angemessenheit der Verhaltensweisen der dargestellten Personen.

Mögliche Ziele: Wie (19), neue Verhaltensweisen erproben, bestimmte Situationen bewältigen; aber auch: Selbsterfahrung eigener Problemsituationen, Entwicklung von Lösungsmöglichkeiten.

(30) *Spontanes Spiel:* Die gesamte Gruppe einigt sich auf ein Bild. Einer fängt an zu spielen und beginnt damit, die Situation zu strukturieren (etwa indem er vor sich hinredend die wesentlichen Orientierungsdaten der Gruppe mitteilt). Nach und nach beteiligen sich spontan andere Schüler an der Szene (es sollten am Anfang nicht mehr als drei insgesamt sein), bringen ihre Identitätsmuster ein, versuchen, die Situation gemäß ihrer Interessenlage zu verändern. In der Reflexion über die „spontane“ Szene lassen sich Projektionsmechanismen deutlich machen und die Fähigkeiten, sich spontan auf neue Situationen und fremde Identitäten einzustellen, beurteilen.

Mögliche Ziele: Wie (29), spontan sich in neuen Situationen zurechtfinden und sich auf fremde Identitäten einstellen.

5.3. Wahrnehmung und Beobachtung – Zuhören und Verstehen

(1) In gruppendynamischen Trainings mit Schülern taucht häufig das Problem des Nicht-richtig-zuhören-Könnens, des sich Nicht-Verstehens, des Erstaunens, der Entrüstung und Frustration über die Andersartigkeit des anderen, über seine anderen Wahrnehmungen auf. Die Bearbeitung dieser Wahrnehmungsprobleme erfordert – zumindest am Anfang – die Demonstration. Optische Täuschungen sind dazu auch für Schüler recht geeignet. Anregungen enthalten die von Antons (1973, S. 47 ff.) beschrie-

benen Übungen. Aus dem Gebiet der Kunst ließen sich Bilder von Dali und Escher verwenden.

Man könnte dann Bilder auswählen, die in ihrem Inhalt uneindeutig oder stark gefühlsbezogen sind. Zu den Bildern ließe sich ein Katalog verschiedener Aussagen zusammenstellen. Die Schüler müßten dann ankreuzen, welche Aussagen zutreffend sind und sich aus dem Bild ergeben und welche nicht. Bei der Auswertung der Bögen läßt sich häufig nachweisen (insbesondere bei jüngeren Schülern), in welch starkem Maße Wahrnehmungen von Gefühlen, Vorurteilen, von der Übertragung erlernter Interaktionsmuster bestimmt werden.

(2) Affektiv bestimmte Geschehen können auch sehr wirkungsvoll die Verzerrung der Wahrnehmung belegen. Die Übung „Vorfall inszenieren" (vgl. Antons 1973, S. 59) läßt sich auch für Schüler sinnvoll verwenden. Sie läßt sich sowohl in einer Kleingruppe als auch im Rahmen der Klasse durchführen.

In eine laufende Übung oder ein Gespräch wird ein 2–3minutiger vorgeplanter Zwischenfall eingeblendet, der für die Schüler realistisch erscheint (z. B. affektiver Wortwechsel zwischen einem Schüler und dem Lehrer; der Hausmeister beschwert sich; der Schulleiter kommt herein). Nach diesem Vorfall wird rasch Papier und Bleistift ausgeteilt und die Schüler gebeten, niederzuschreiben, was geschehen ist, entweder in Form eines freien Berichts oder in der Beantwortung gezielter Fragen. Wichtig ist, daß während des Vorfalls ein Tonbandgerät läuft.

Die rasch einzusammelnden Berichte kann man nach folgenden Gesichtspunkten auswerten: Was ist objektiv passiert (Tonband) und was ist wahrgenommen worden? Welche Wahrnehmungsverfälschungen häufen sich? Wieviele Einzelheiten können behalten werden?

Dieses Experiment mag zwar für die Schüler recht spaßig sein, es ist aber in seinen Konsequenzen außerordentlich ernst, da es die Anfälligkeit ungezielter Wahrnehmung in affektiv aufgeladenen Situationen besonders deutlich zeigt.

(3) Um Wahrnehmungsverfälschungen dieser Art einzudämmen, empfiehlt sich ein gezieltes Beobachtungstraining anhand vorgegebener, standardisierter Kriterien. Im Abschnitt 3.2.1. sind hierzu ausführliche Hinweise enthalten. Das Einbringen dieser „objektiven" Wahrnehmungsdaten in den laufenden Interaktionsprozeß gestaltet sich jedoch manchmal problematisch, da Interaktionsprozesse eine Tendenz zur Verselbständigung besitzen und dann dazu führen, daß Schüler unter Umständen einem feedback von Beobachtern kein Interesse oder gar Abwehr entgegenbringen.

5.4. Feedback

Als eines der funktionalen Ziele gruppendynamischen Trainings in der Schule kann der Aufbau eines optimalen feedback-Systems in der Gruppe angesehen werden. Wie wir feststellen konnten, ist dazu eine langwierige Gruppenentwicklung notwendig. Die im Abschnitt 3.2.3. (7c) beschriebene Alter-Ego-Übung wäre ein Wegbereiter für die Realisierung dieser Zielvorstellung. Eine Möglichkeit, sowohl feedback-Prozesse zu intensivieren als auch die Beziehungsstruktur der Gruppe den Schülern deutlich zu machen, bietet sich bei der Verwendung des Trainingsmaterials „SOMEKA" (soziometrischer Kartensatz).

Um die Beziehungsstruktur den Teilnehmern deutlich zu machen, können die Schüler durch verschiedenfarbige Kärtchen ihre Auffassung über die Mitschüler mitteilen. Folgende Karten können ein recht gutes Bild über die Gruppe vermitteln:

rote Karte	=	ist mir sympathisch, angenehm, kann ich gut leiden;
gelbe Karte	=	könnte die Gruppe führen (bzw. führt die Gruppe);
grüne Karte	=	ist recht tüchtig, bringt gute Beiträge;
blaue Karte	=	ist mir unsympathisch, unangenehm, mag ich nicht;
graue Karte	=	fällt nicht auf, hält sich sehr zurück;
weiße Karte	=	ich verstehe ihn nicht; ich werde aus dem Verhalten nicht schlau.

Das soziometrische feedback ließe sich etwa so durchführen, daß jeder Schüler eine bestimmte Anzahl von farbigen Karten erhält, die er reihum den einzelnen Mitgliedern der Gruppe gibt. Nicht benutzte Karten werden zurückgegeben. Es ist auch möglich, daß jeder Schüler für jeden Schüler einen Briefumschlag erhält, in den er die farbigen Karten entsprechend seiner Beurteilung hineinlegt. Bei diesem „geheimen" feedback sind „negative" Äußerungen eher möglich.

Wichtig ist es, mit der Gruppe nach der soziometrischen Wahl ein Gespräch über die Ergebnisse zu führen. Dabei könnte z. B. angesprochen werden, nach welchen Gesichtspunkten Führung zustande gekommen ist („hat der Schüler mit den vielen gelben Karten mehr rote oder mehr grüne Karten erhalten?"), wie sich Beliebtheit in engen Freundschaften auch auf andere Wahlkriterien wie Tüchtigkeit und Führung auswirkt („es ist doch merkwürdig, daß B. nur von seinem Freund gelbe und grüne Karten erhalten hat") und wie sich die Karten nach der Wahl verteilt haben (z. B. viele Schüler rote Karten, wenige grüne und nur zwei Schüler gelbe Karten, wenige Schüler weiße und graue Karten).

SOMEKA ließe sich auch als „formalisiertes feedback" am Ende eines Gesprächs oder nach und während einer Übung sinnvoll verwenden (z. B. bei GIS: der Schüler, der die auf der Karte angegebene Aufgabe ausgeführt hat, erhält mittels der farbigen Karten von jedem Mitschüler feedback). Es ist selbstverständlich auch möglich, daß andere Bedeutungen für die Farben der Karten vereinbart werden.

5.5. Kooperation und Entscheidungsprozesse

5.5.1. Vorbemerkungen

Eines der Schwerpunkte ist das Training der Kooperationsfähigkeit und das Entwickeln demokratischer Entscheidungsprozesse. Die Spiele und Übungen zu diesem Komplex verbinden nicht nur viele bisher erlangten Fähigkeiten, sondern bieten gleichzeitig eine wichtige Etappe zur Bewältigung von Planspielen, Aktionsspielen und Aktionen. Darüber hinaus sind Kooperationsspiele, wie kaum andere Spiele, geeignet, die Aktivitäten im Gruppenunterricht und im projektbezogenen Unterricht zu verbessern. Zur Einführung in diese Spielformen und zur Auflockerung empfiehlt sich die Partnerübung „Haus-Baum-Hund" (vgl. Antons 1973, S. 115).

Je zwei Schüler nehmen gegenüber an einem Tisch Platz und haben zusammen nur ein Blatt und einen Stift. Sie nehmen, ohne zu sprechen, den Stift *gemeinsam* in die Hand und zeichnen gemeinsam ein Haus, einen Baum und einen Hund. Dann ist das Bild gemeinsam zu unterschreiben (auch ohne zu sprechen). Zum Schluß sollen beide gemeinsam *eine* Note für das Bild (ohne zu sprechen) niederschreiben.

Dieses Partnerspiel läßt auf einer physisch spürbaren Ebene die Widerstände gegen kooperatives Verhalten deutlich werden. In der Reflexion läßt sich durch die Befragung der verschiedenen Paare feststellen, ob z. B. immer nur einer geführt hat, ob man sich abgewechselt hat, ob an bestimmten Stellen besondere Schwierigkeiten aufgetaucht sind. Die Ähnlichkeit dieses Spiels mit dem „Fangspiel" (vgl. Abschnitt 4.3.2. 2b) fällt auf.

5.5.2. Entscheidungsspiel „Klassenreise"

Es würden sich Übungen anschließen, in denen der Leistungsvorteil der Gruppe genutzt werden müßte. In Abänderung der Übung „Kohlengesellschaft" (vgl. Antons 1973, S. 121) wäre für schulische Gruppen folgendes Spiel recht sinnvoll.

Die Trainingsgruppe (oder auch die Klasse) wird in Fünfergruppen aufgeteilt. Die Schüler erhalten folgende Instruktion:

„Ihr seid von Eurer Klasse gewählt worden, eine Jugendherberge oder eine andere Unterkunft ausfindig zu machen, die für eine Klassenreise geeignet wäre. Ihr wollt vom 17. 6. bis zum 30. 6. wegfahren. Sowohl von der Klasse, der SMV, Eurem Lehrer, Euren Eltern als auch von der Schulleitung sind Forderungen gestellt worden, die das Heim erfüllen muß, damit Ihr dorthin fahren könnt. Es liegen sieben Angebote vor. Es ist Eure Aufgabe, die passende Jugendherberge zu finden".

Jeder Schüler erhält eine Zusammenstellung der in Betracht kommenden Jugendherbergen, ein Exemplar der Instruktion und jeweils nur eine der fünf Versionen der Forderungen, die das Heim erfüllen muß, damit es genommen werden kann. Hier sind zunächst die Zusammenstellung der Jugendherbergen und die fünf Versionen der Forderungen:

Jugendherbergen, die in Betracht kommen können:

(1) Jugendherberge AUDORF liegt in der Nähe einer Großstadt, hat zwanzig 4-Bett-Zimmer und zehn 6-Bett-Zimmer. Ende Juni hat sich verbindlich eine Gruppe von 70 Schülern angesagt. Der Übernachtungspreis beträgt 4,– DM; für Verpflegung wird täglich 8,– DM verlangt. Bettwäsche ist mitzubringen. Dusche ist vorhanden.

(2) Jugendherberge SINDELHOF liegt abgeschieden in dörflicher Umgebung, hat vier 10-Bett-Zimmer und zwei 12-Bett-Zimmer. Dusche ist nicht vorhanden. An Übernachtung und Verpflegung sind täglich 9,– DM pro Schüler zu zahlen.

(3) Jugendherberge ADLERHORST liegt am Rande einer kleinen Stadt, hat zwanzig 4-Bett-Zimmer. Vom 20. 6.–5. 7. haben sich zwei Gruppen verbindlich angemeldet; die eine Gruppe umfaßt 40, die andere 20 Jungen und Mädchen. Die Übernachtung kostet 3,– DM, Verpflegung 7,– DM pro Tag und Schüler.

(4) Jugendherberge TRAUNSTEIN liegt in der Nähe von München, hat zehn 12-Bett-Zimmer, fünf 8-Bett-Zimmer und drei 4-Bett-Zimmer. Dusche ist vorhanden. Unterbringung und Verpflegung kosten pro Tag 9,– DM.

(5) Jugendherberge GROSSMAREIN, liegt in der Nähe von Düsseldorf, hat zwei 12-Bett-Zimmer, drei 8-Bett-Zimmer, zehn 6-Bett-Zimmer und fünf 4-Bett-Zimmer. In der Zeit vom 10. 5. bis 15. 6. ist sie wegen Renovierung geschlossen (Einbau neuer Duschen und Waschräume). Vom 18. 6. bis 30. 6. hat sich eine Gruppe von 20 Jugendlichen angemeldet. Für die Unterbringung berechnet das Heim 3,– DM, für die Verpflegung 7,– DM pro Tag.

(6) Jugendherberge ST. BLASIUS liegt direkt in München, hat nur 4-Bett-Zimmer (insgesamt 30). Das Heim ist vom 15. 6. bis 20. 6. und vom 25. 6. bis 4. 7. mit je 60 Jugendlichen belegt. Die Kosten betragen pro Tag 10,– DM. Duschen sind in jedem Zimmer vorhanden.

(7) Internationale Begegnungsstätte Haus SONNENBERG liegt in der Nähe einer Großstadt. Es sind 3-Bett-Zimmer mit Dusche vorhanden (insgesamt 45). Vom 15. 6. bis 20. 6. und vom 22. 6. bis 30. 6. finden internationale Seminare mit jeweils bis zu 80 Teilnehmern statt. Die täglichen Kosten betragen für die Unterbringung 5,– DM und für die Verpflegung 9,– DM.

In der Diskussion soll die Gruppe das geeignete Heim finden (geeignet ist nur GROSSMAREIN). In der Reflexion sollte erörtert werden, wie die Gruppen versucht haben, die Aufgabe anzugehen, wie sie sich organisiert haben, ob der Besitz von Informationen als wichtig erkannt und ernst genommen, ob etwa die Information als Machtmittel zur Befriedigung eigener Bedürfnisse benutzt wurde.

Forderung der Klasse (30 Schüler und Schülerinnen) an die Unterbringung: Das Heim soll in einer Großstadt oder zumindest in der Nähe einer Großstadt liegen. Man will nicht mit mehr als 6 Schülern in einem Raum schlafen. Duschen sollten vorhanden sein. Man möchte unbedingt Kontakt auch zu anderen Jugendlichen aus anderen Gruppen haben.

Forderung der Eltern an die Unterbringung: Das Heim soll ordentlich und sauber und nicht überlaufen sein und auf jeden Fall nicht zu teuer. Mehr als 10,– DM pro Tag will man nicht bezahlen. Das Heim sollte möglichst nicht direkt in einer Großstadt liegen.

Forderung des Lehrers an die Unterbringung: Ein kleineres Heim, das nicht überlaufen ist, wird bevorzugt, nach Möglichkeit in der Nähe einer Großstadt. Dusche wird für notwendig gehalten.

Forderung der Schulleitung an die Unterbringung: Das Heim sollte nicht mitten in einer Großstadt liegen (zu starke Gefährdung der Schüler). Die Kosten für Unterbringung und Verpflegung sollten 12,– DM nicht übersteigen. Das Heim sollte ordentlich und sauber, Dusche vorhanden sein.

Generelle Forderung der SMV an die Unterbringung während der Klassenfahrten: Die Schüler sollten mindestens in 6-Bett-Zimmern untergebracht werden. Dusche sollte im Heim vorhanden sein.

5.5.3. Kooperationsspiele

Es folgen dann Spiele, in denen das gemeinsame Tun Gegenstand der Reflexion wird, so z. B. die „Turmbau-Übung“ (vgl. Antons 1973, S. 131), in der verschiedene Teams die Aufgabe haben, gemeinsam einen Turm aus Kartonpapier zu bauen, der im Vergleich zu anderen Türmen nach den Kriterien 1. Höhe, 2. Standfestigkeit, 3. Originalität beurteilt wird. Die Interaktionsprozesse (Aufteilung der Arbeit, Planung, Durchführung) werden durch einen vom Team bestimmten Beobachter notiert und dann der Gruppe mitgeteilt. Im Aufbau ähnlich ist das von Reimann (1973, S. 371 ff.) beschriebene pädagogische Verfahren, die gemeinsame Arbeit an einer Collage als Kooperationsspiel durchzuführen (ebenfalls unter Reflexion des Gruppenprozesses).

Ein für Schüler entwickeltes Kooperationsspiel (GRUK) soll nun etwas ausführlicher dargestellt werden.

In diesem Spiel teilt sich die Gruppe in die „Akteure“ und die „Beobachter“. Die Akteure haben die Aufgabe, eine vollständige kleine Stadt für 5000 Menschen zu planen. Für diese Planung werden ein Lageplan mit topografischen Angaben (Straßen, Eisenbahn, Fluß, Wälder) und Pappkärtchen, die die Grundrisse von

Gebäuden, Parks, Spielplätzen, Fabriken usw. bezeichnen, verwendet. Die Akteure erhalten die Aufgabe, die Stadt so zu planen, daß man sich darin wohlfühlen kann. Es können nicht alle Gebäude, Grünflächen usw. verwendet werden. Es gibt vielmehr alternative Möglichkeiten, über die sich die Akteure verständigen müssen (z. B. können sie die Menschen in Hochhäusern unterbringen, in größeren Wohnblocks, in Ein- und Mehrfamilienhäusern oder Mischformen finden – es besteht die Möglichkeit, größere Kaufhäuser zu bauen oder viele kleinere Geschäfte – es wären wahlweise Sportplätze möglich, Parks, Kinderspielplätze, Tennisanlagen, Minigolf usw. – man kann eine Gesamtschule bauen oder aber Volksschulen, eine Realschule und ein Gymnasium). Aus diesen Andeutungen ergibt sich bereits, daß in der Anlage des Spiels eine Fülle von sachlichen Konflikten enthalten, die die Akteure lösen müssen. Ihre Interaktionen werden von den Beobachtern nach unterschiedlichen Gesichtspunkten notiert und auf Tonband aufgezeichnet. Zwei Muster möglicher Beobachtungsbögen sind am Ende dieses Abschnitts abgedruckt. Die Analyse der Interaktion konzentriert sich nicht nur darauf, die Gruppenprozesse bewußt zu machen und das Einzelverhalten kritisch zu durchleuchten, sondern hat auch die inhaltlichen Entscheidungen zum Gegenstand (z. B. Bungalows in bevorzugter Wohngegend am Wald oder am Fluß; kein Tennisplatz, dafür *zwei* Sportplätze).

Das Spiel läßt sich mit verschiedenen Alternativen spielen:

(a) Die Akteure haben feste Rollen: Schulplaner, Planer für Freizeit, Erholung und Bildung, Planer für Wohnraum, Planer für Industrieansiedlungen, Planer für Gaststätten, Beherbergungsbetriebe und Einzelhandel und schließlich ein „Chefplaner“.

(b) Die Akteure sind Vertreter von Interessengruppen: Mieterverein, Hausbesitzerverein (oder Wohnungsbaugenossenschaft), Einzelhandelsverband, Bauwirtschaft, Gewerkschaft, Vertreter der Stadtverwaltung, Vertreter vom Industrieverband.

(c) GRUK läßt sich auch (im Rahmen der Klasse) als mündliches Planspiel organisieren. Dabei wären folgende Phasen notwendig: In der ersten Phase wird die Stadt „gebaut“. Die interaktionsdynamischen Prozesse sind Gegenstand der Reflexion. In der zweiten Phase wird die Klasse in verschiedene „Interessengruppen“ eingeteilt (Mieterverein ...). Die „Stadterbauer“ bilden die Gruppe der „Stadtverwaltung“. Jede dieser Interessengruppen benennt einen Vertreter, der ihre Position in den Verhandlungen mit der Stadtverwaltung vertritt. Jede Gruppe formuliert die Änderungsvorschläge, legt die Strategie und taktische Alternativen für das Vorgehen ihres Vertreters fest. Man kann eine Zwischenphase einplanen, in der die Interessengruppen untereinander „informelle Treffs“ arrangieren können. In der dritten Phase versuchen die Vertreter im Rahmen eines gemeinsamen Gesprächs mit zwei Vertretern der „Stadtverwaltung“ die Ziele zu erreichen, die von der jeweiligen Gruppe gesetzt worden sind. In Abständen von 30 bis 60 Minuten kann das Spiel unterbrochen werden, um den Gruppen Gelegenheit zu weiteren Beratungen zu geben, Vertreter abzuberufen oder „informelle Treffs“ durchzuführen. Das Spiel müßte in den wesentlichen Zügen protokolliert werden. Die Analyse dieses Intergruppen-Kooperationsspiels ermöglicht nicht nur Einsicht in interaktionsdynamische Prozesse in Gruppen und zwischen Gruppen, sondern vermag es vielleicht auch, komplexe gesellschaftliche Prozesse in Ansätzen transparent zu machen.

(d) Die letztere Absicht läßt sich unter Umständen noch deutlicher machen in der Fassung von GRUK als „Stadtsanierungsspiel“. Diese Variation ist in der Durchführung ähnlich wie die vorhergehende Fassung, nur mit dem deutlichen Unterschied, daß eine Stadt nicht *geplant* werden soll, sondern von einer bereits *fertigen* Stadt auszugehen ist, wobei die Aufgabe der „Stadtverwaltung“ darin besteht, einen Plan zur Stadtsanierung zu entwickeln und in Absprache mit den Interessengruppen durchzubringen. Dabei ist die „Stadtverwaltung“ auf die Unterstützung durch die verschiedenen Interessengruppen angewiesen, die aber auch von sich aus aktiv werden können.

GRUK bietet in seiner Anlage, über den Rahmen als Kooperationsspiel hinaus, die Möglichkeit, rivalisierende Beziehungsformen und Interessengegensätze zu thematisieren und die für solche Situationen notwendigen Verhaltensweisen und Fähigkeiten zu trainieren. Das Interaktionsspiel „KEK“ führt diese Problematik weiter; es soll hier abschließend vorgestellt werden.

Hinweise für KEK (kombinieren, entscheiden, kontern)

1. Ausstattung des Spiels

Das Spiel besteht aus einem Spielbrett, Spielsteinen und einem Würfel. Auf dem Spielbrett sind für jede Partei ein „Wall“ und ein herzförmiger „Kern“ vorgezeichnet. Jede Partei erhält eine bestimmte Menge Straßensteine, Brückensteine und Sperrsteine unterschiedlicher Größe:

48 einfache Straßensteine	(1)
36 doppelte Straßensteine	(2)
16 dreifache Straßensteine	(3)
12 vierfache Straßensteine	(4)
4 sechsfache Straßensteine	(6)
30 Brückensteine	(1)
24 kleine Sperrsteine	(2)
24 große Sperrsteine	(3)
10 kleine Sperrblocksteine	(4)
5 große Sperrblocksteine	(6)

2. Spielregeln

Die Spielparteien wählen ihre Farben (rot, grün, gelb oder blau). Die Farben rot und grün spielen zusammen (bilden eine *Allianz*) gegen die Farben gelb und blau. Es wird ausgelost, welche Partei beginnt.

Nach der Augenzahl des jeweiligen Wurfes entscheiden die Parteien welche Steine sie verwenden und wo sie sie hinlegen wollen. Es bedarf z. B. sorgfältigen Kombinierens, ob man z. B. beim Kontern Straßensteine verwenden muß oder aber Sperrsteine günstiger sind. Jeder Stein kann im Spiel nach Belieben der jeweiligen Partei verwendet werden unter Maßgabe der mit einem Wurf erreichten Augenzahl. Die hinter den Arten der Steine in Klammern gesetzten Ziffern bezeichnen die Augenzahl, die erreicht werden muß, um diesen Stein verwenden zu können. Bei einem Wurf von „vier" kann z. B. ein vierfacher Straßenstein *oder* ein kleiner Sperrblockstein verwendet werden. Es ist auch möglich, mehrere Steine mit der insgesamt erreichten Augenzahl zu verwenden, so in unserem Beispiel etwa einen doppelten Straßenstein (2) *und* einen kleinen Sperrstein (2).

Das Straßennetz jeder Spielpartei beginnt am eigenen „Kern"; der erste Straßenstein wird am farbigen Punkt im „Kern" angelegt. Weitere Straßensteine kann man nur durch Anlegen an das vorhandene eigene Straßennetz verwenden. Dabei kann man jeden beliebigen Punkt im eigenen Straßennetz wählen. Sperrsteine können an jeden beliebigen Punkt mit Ausnahme des Kerns gelegt werden. Der eigene Kern darf nicht mit Straßensteinen belegt werden.

Wenn man eine „eins" würfelt, kann man noch einmal würfeln, wenn man dafür einen selbstgesetzten großen Sperrstein oder zwei kleine Sperrsteine entfernt. Verzichtet man darauf, die „eins" zu setzen, darf man einen beliebigen Sperrstein (selbst gesetzt oder von anderen gesetzt) aus dem Spiel nehmen. Setzt man einen sechsfachen Straßenstein, darf man noch einmal würfeln und gemäß der neuen Augenzahl setzen. Würfelt man jedoch auch das zweite Mal eine „sechs", ist der verwendete sechsfache Straßenstein wieder zu entfernen.

Es ist möglich, Sperrsteine und fremde Straßen zu kreuzen. Man benötigt hierzu 2 Brückensteine und einen dreifachen Straßenstein. Die Brücke kann nur auf einmal gebaut werden. Man muß also eine „fünf" oder eine „sechs" würfeln, um die Brücke legen zu können. Die Brückensteine werden wie einfache Straßensteine verwendet, stehen sich an beiden Seiten der zu kreuzenden Straße oder Sperre am Kreuzungspunkt gegenüber und verbinden damit das eigene Straßennetz mit dem fremden oder der Sperre. Der dreifache Straßenstein wird dann von Brückenstein zu Brückenstein über die fremde Straße oder die Sperre gelegt.

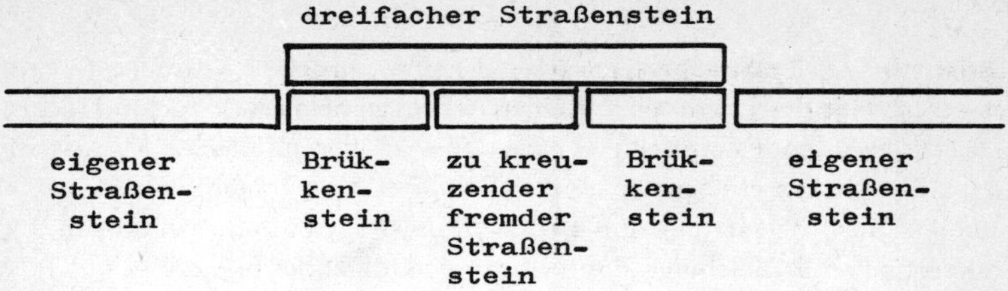

In ähnlicher Weise ist auch das Überqueren von zwei nebeneinander liegenden Straßen oder Sperren, von Sperrblocks und auch von Sperrsteinen mit danebenliegenden fremden Straßen möglich. Man benötigt dann anstelle eines dreifachen Straßensteins einen vierfachen Straßenstein und ist daher auch auf die Würfelzahl „sechs“ angewiesen.

Das Spiel besteht aus zwei Spielsätzen. Nach dem ersten Spielsatz wechseln die Spielparteien ihre Farben im Uhrzeigersinn. Das Spiel gewinnt die Partei mit der höchsten Punktezahl.

Der Spielsatz ist *beendet*,

(a) wenn es einer Allianz (zwei Parteien, die zusammenspielen) gelingt, bis zum Kern einer der beiden gegnerischen Parteien eine Straße zu legen;

(b) wenn eine Allianz 60 Punkte erreicht hat. Je 5 Punkte erhält man für jede Straße, die man aus dem *eigenen* durch den Wall umfriedeten Bereich hinauslegt. 20 Punkte sind dann gutzuschreiben, wenn man eine Straße in den *gegnerischen* vom Wall umschlossenen Bereich hineinlegen kann. Gelingt es, den *gegnerischen* Kern vollständig mit Straßensteinen zu umkreisen, sind 30 Punkte zu notieren. Bei Umkreisung des *eigenen* Kerns sind 10 Punkte gutzuschreiben.

(c) nach Ablauf der vereinbarten Spielzeit (ca. 20 bis 30 Minuten).

Endet der Spielsatz nach (a) und (b) erhalten die Gewinnerparteien je 30 Punkte. Bei Spielende nach (c) werden die Punkte aller vier Parteien zusammengezogen und durch „vier“ geteilt. Die so sich ergebende Punktzahl wird jeder Spielpartei gutgeschrieben.

Bei *sechs* Spielparteien ergeben sich folgende Spielsätze:

1. Satz: Parteien 1 und 2 gegen 3 und 4 spielen;
2. Satz: Parteien 3 und 5 gegen 4 und 6 spielen;
3. Satz: Parteien 1 und 6 gegen 2 und 5 spielen.

Bei *acht* Spielparteien spielen

im 1. Satz die Parteien 1 und 2 gegen 3 und 4,
im 2. Satz die Parteien 5 und 6 gegen 7 und 8,
im 3. Satz die Parteien 1 und 5 gegen 2 und 6,
im 4. Satz die Parteien 3 und 7 gegen 4 und 8.

3. KEK als Trainingsspiel für Kooperationsfähigkeit

Es ist günstig, die Spielparteien (vier bis acht) mit etwa 3–4 Schülern zu besetzen. Hat der Lehrer es mit einer Arbeitsgemeinschaft zu tun (12 bis 16 Schüler), dann empfiehlt es sich, alle Schüler mitspielen zu lassen. Dabei ist jeweils ein Spieler einer Spielpartei Beobachter für die Kommunikationsprozesse (ggf. mit Beobachtungsbögen). Nehmen wir an, es handelt sich um 16 Schüler, dann würde sich folgendes Bild ergeben:

In jeder Spielpartei *drei* aktive Spieler	= 12
für jede Partei einen Spieler, der nur Beobachtungsaufgaben hat, die Gruppe in Spielpausen oder nach dem Spiel berät und die feedback-Daten in den Reflexionsprozeß einbringt	= 4

Beobachtbar wäre die Intragruppenkommunikation (z. B. die Kommunikation zwischen den drei aktiven Spielern der roten Partei) aber auch die Intergruppenkommunikation (innerhalb der Allianzen etwa bei Bitten um Hilfe und zwischen gegnerischen Parteien). Bei einer vereinbarten Spielzeit von 30 Minuten würde es sich empfehlen, das Spiel nach ca. 15 Minuten für ein feedback innerhalb der Parteien mit dem Beobachter zu unterbrechen und danach mit dem zweiten Teil des Spielsatzes fortzufahren. Eine Analyse des Spiels unter interaktionsdynamischen Gesichtspunkten (Dominanz, Führung, Entscheidungsprozesse, Vertretung der Gruppe, Rollenverteilung usw.) ggf. unter Verwendung der quantifizierbaren Daten aus Beobachtungsbögen, unter Berücksichtigung soziometrischer Techniken und anderer Einschätzungs- und Beurteilungsverfahren, würde das Training sinnlicher Wahrnehmung und kooperativen Verhaltens voranbringen.

Bei einer Klasse (z. B. 30 Schüler) könnte man 8 Parteien mit 3–4 Schülern nach gleichem Muster bilden. Es wäre auch möglich – bei Beschränkung auf 6 Parteien (24 Schüler) – zusätzlich Schüler für die Beobachtung der Intergruppenkommunikation zu gewinnen oder andere gezielte Beobachtungsaufgaben zu vergeben (Ausmaß an Vertrauen zwischen den Beteiligten, Verhältnis von Angriff und Verteidigung, Spielstrategien usw.).

Neben dem deutlichen Charakter des Kooperationsspiels (innerhalb der eigenen Partei und innerhalb der Allianz) werden die Schüler das Spiel zunächst als Null-Summenspiel begreifen und spielen, d. h. versuchen, selbst zu gewinnen. In der Anlage des Spiels (z. B. durch die Alternative c) ist KEK aber kein Null-Summenspiel, sondern ein Nicht-

Nullsummenspiel. Mit anderen Worten: Das optimale Spielergebnis liegt darin, daß zwar jede Partei viele Punkte macht, keine aber einen Spielsatz gewinnt. Sobald die Schüler dies in Ansätzen erkannt haben, müßte die psychologische Einkleidung von KEK eingeführt werden.

4. KEK als Paradigma für menschliche Kontakte

(1) Jeder hat das Bedürfnis, den anderen kennenzulernen, zu begreifen, ihn zu verstehen, zu seinem Kern vorzudringen (Ziel des Spiels).

(2) Man benötigt dazu Energie, Zeit, Geduld. Mal gelingt ein großer Schritt, mal ein kleiner. Vieles daran ist zufällig (daher Zufall durch die Augenzahl des Wurfs simuliert).

(3) Auf dem Weg zum anderen stößt man auf Widerstände (Sperrsteine), die man umgehen, bei viel Energie auch übersteigen (überwinden) kann (Brücken).

(4) Je näher man sich dem Kern der Person des anderen nähert, umso größer werden die Widerstände (Sperrsteine).

(5) Der andere versucht auch, uns näher zu kommen; unsere eigenen Widerstände steigen (mehr Sperrsteine als Straßensteine).

(6) Je schwächer der andere ist, umso mehr Möglichkeiten haben wir, uns ihm zu nähern, weil wir nicht so viel Kraft für unsere eigenen Widerstände aufzubringen haben (wir können Straßensteine auslegen).

(7) Je stärker wir selbst sind, umso mehr wird der andere seine Kraft für seinen Widerstand verwenden (und Sperrsteine auslegen).

(8) Wenn ich stark bedrängt werde, helfen mir meine Freunde (legen Sperrsteine meinem Gegner in den Weg).

(9) Ich habe viele Einfälle und Vorstellungen, wie ich mich in der jeweiligen Situation verhalten muß (jede Spielpartei hat mehrere Mitspieler).

(10) Es kommt darauf an, diese verschiedenen Meinungen und Vorstellungen mir bewußt zu machen und sie abzuwägen, um zu einer richtigen Entscheidung zu kommen (optimale Kommunikation zwischen den Mitspielern).

(11) Wenn jede Spielpartei nur auf Abwehr eingestellt ist, also kein Risiko eingeht, kommt ein „Spiel“ nicht zustande („kommt man einander nicht näher“).

(12) Nimmt die Risikobereitschaft zu, besteht die Möglichkeit, zum Kern des anderen vorzudringen.

(13) Zu große Unterschiede in den Würfen (in der Energie) treiben den einen in die verstärkte, ausschließliche Abwehr (Verwendung von Sperrsteinen).

(14) Jeder kann eigene Widerstände aber auch Widerstände des anderen aufheben (bei einer „eins" Sperrsteine entfernen).

(15) Bei ausgewogener Energie und angemessenen Entscheidungen ist es schwer, zum Kern vorzudringen. Es gelingen interessante „Einbrüche" in das andere System. Man kann zwar jetzt die Punkte zählen und den „Sieger" bestimmen, der Reiz liegt aber nicht mehr primär beim Gewinnen, sondern beim überlegten Agieren und Reagieren (Antizipation der Reaktion – kombinieren, entscheiden, kontern).

(16) Wird eine ausreichende Vertrauensbasis hergestellt, können spielfördernde Absprachen getroffen werden (Metakommunikation), etwa

- zunächst keine Sperrsteine zu verwenden,
- darauf zu achten, daß alle Parteien nur bis zu einem zu vereinbarenden Punkt sich dem Kern nähern und erst, wenn alle diesen Punkt erreicht haben, über ihn hinausgehen dürfen.

(17) Die Strategie der antizipierenden Reaktionen impliziert das Moment des Zufalls und der Überraschung:

- bei versteifenden Widerstand den Versuch des Eindringens zunächst aufgeben (der andere vermindert dann die Verwendung der Sperrsteine und benutzt Straßensteine). Je weniger ich dem Anderen Chancen gebe zu gewinnen, desto mehr beraube ich mich der eigenen Chancen zu gewinnen (starkes Eindringen verstärkt Abwehrbereitschaft). Es bleibt das Ziel, zum Kern des anderen vorzudringen. Um dieses Ziel zu erreichen, muß man dem anderen die Chance geben, sich dem eigenen Kern zu nähern (sonst Einigelungsgefahr und Festfahren des Spiels – ähnlich „Mah Jong" in bestimmten Spielphasen). Man will verstehen, aber auch selbst verstanden werden (kontinuierlicher Prozeß). Angst, wenn der andere zu schnell voranschreitet und man selber nicht mitkommt.
- erst bei hoher Augenzahl (großer Energie) Widerstände überwinden.
- ein optimales Ergebnis des Spiels erfordert einen Verzicht auf den ausschließlichen „Sieg". In einer Beziehung „siegt" nicht einer und der andere „verliert", sondern *beide* „gewinnen" oder *beide* „verlieren". Bei diesem Spiel ist es ähnlich.

(18) *Lernziel:* Neukalibrierung von Beziehungsdefinitionen als Nicht-Nullsummenspiele anhand vorgegebenen Spielmaterials.

1

Beobachtungsbogen zum gruppendynamischen Kooperationsspiel

Name: ______________________ **Vorname:** ______________________

Ich habe folgenden Schüler beobachtet: ____________________

Das was jemand tut, sagt, läßt sich nach bestimmten Gesichtspunkten ordnen. Deine Aufgabe ist es, das Verhalten Deines Mitschülers genau zu beobachten und es zu vermerken. Jedesmal, wenn er etwas sagt, machst Du einen Strich.
Der Schüler kann nun freundlich sein, andere loben, ihnen zustimmen, Witze machen, das, was die anderen tun gut finden. Sollte solches Verhalten auftreten, machst Du einen Strich bei Nr. 1.
Meistens wird der Schüler jedoch etwas sagen. Er könnte z.B. seine Meinung äußern oder Informationen geben oder auch Vorschläge machen, was zu tun sei. Bei solchem Verhalten machst Du einen Strich bei Nr. 2

Es kann auch vorkommen, daß der von Dir zu beobachtende Schüler etwas von anderen erfragt, z.B. Meinungen oder Informationen oder um Vorschläge bittet. Dann kommt ein Strich bei Nr. 3.

Möglich ist es auch, daß der Schüler unfreundlich wird, andere beleidigt oder verächtlich macht, sie herabsetzt und andere unmöglich findet. Dann machst Du einen Strich bei Nr. 4.

(1) **positive Gefühle:** freundlich sein, andere loben, ihnen zustimmen, Witze machen, das was die anderen tun, gut finden		
(2) **etwas sagen:** Meinungen äußern, Informationen geben, Vorschläge machen		
(3) **etwas fragen:** Meinungen erbitten, Informationen erbitten, Vorschläge erbitten		
(4) **negative Gefühle:** unfreundlich sein, andere beleidigen oder verächtlich machen, andere herabsetzen		

2

Beobachtungsbogen zum gruppendynamischen Kooperationsspiel:

Name: ______________________ **Vorname:** ____________

Deine Aufgabe besteht darin, genau zu beobachten, zu wem der von Dir zu beobachtende Mitschüler etwas sagt und auf wessen Beitrag er sich dabei bezieht. Nimmt er auf niemanden Bezug, machst Du einen Strich; bezieht er sich auf die gesamte Gruppe, trägst Du eine "O" ein. Das gilt auch, wenn er sich an die gesamte Gruppe wendet (z.B.: "Ich finde Ihr seid heute ziemlich albern"). Für jeden Satz, den der Schüler spricht, machst Du einen Strich. Unterbricht der Schüler mit dem Satz einen anderen, der noch redet, machst Du anstelle des Striches ein Kreuz (+).

gesprochene Sätze	Beitrag wendet sich an	Beitrag bezieht sich auf	gesprochene Sätze	Beitrag wendet sich an	Beitrag bezieht sich auf

6. Gruppendynamik und ästhetische Erziehung

6.1. Curriculare Probleme

Während der fünfte Abschnitt konkrete Methoden für gruppendynamisch orientierte Arbeit in Arbeitsgemeinschaften und Tutorengruppen vorstellt, soll dieser Abschnitt ein Beispiel für projektorientierten Unterricht geben, der die erörterten gruppendynamischen Prinzipien in sich aufnimmt und der sich im Rahmen einer Klasse durchführen läßt. Dabei ist die „ästhetische Erziehung“ (insbesondere der „Kunstunterricht“ oder wie dieses Fach jetzt genannt wird: „Gestaltung/Visuelle Kommunikation“) als fachliche Orientierung gewählt worden. Das hat verschiedene Gründe:

(1) Die ästhetische Erziehung (und speziell die Kunsterziehung) ist im Laufe der letzten vier Jahre einer umwälzenden Revision unterzogen worden. Das Fach hat sich gegenüber neuen Inhalten und Methoden öffnen müssen. Durch Möller (1970, S. 13 und 1971) und später Giffhorn (1971) sind bislang vernachlässigte, für die ästhetische Erziehung relevante Medien wie Film und Fernsehen, Illustrierte, Zeitschriften, Prospekte, Comics, Fotographie und nicht zuletzt auch Werbung Fachinhalt geworden. Die unter dem Begriff „Visuelle Kommunikation“ begonnene Revision der Fachinhalte orientiert sich zwar zunächst auch an den ästhetischen Gegenständen und Produkten (Film, Comics usw.) selbst, bezieht aber in der Ausdehnung auf Massenmedien die gesellschaftlichen Verhältnisse in den Bereich des Erkenntnisses ein. „Analysen und Interpretationen sind sinnvoll nur durchführbar im ständigen Aufweis jeweiliger Bezüge des Unterrichtsgegenstandes zur gesellschaftlichen Umwelt: In den Analysen und Interpretationen visueller Informationen wird die gesellschaftliche Umwelt selbst Gegenstand des Unterrichts“ (Möller 1971, S. 23).

(2) Eine zweite insbesondere von Zimmer (1970a, S. 53) vertretene Richtung versucht die Kritik gesellschaftlicher Verhältnisse mit *Selbsterfahrung* zu verbinden: „Kunst und Kunstunterricht sind Mittel zur Herstellung von Bewußtsein über sich selbst, von Bewußtsein über die gesellschaftlichen Verhältnisse“. Giffhorn (1971) hat diesen Ansatz teilweise aufgegriffen und ihn anhand eigener und fremder Unterrichtsbeispiele konkretisiert. Er verwendet ästhetische Gegenstände als Trainingsmaterial für die Ausbildung der Fähigkeit, sachbezogen zu urteilen, indem

die Reaktion auf ästhetische Phänomene zum Gegenstand von Untersuchungen gemacht wird, um die Schüler zu befähigen und zu motivieren, sich über Grundlagen und Komponenten ihrer Urteile, Wertvorstellungen und Vorurteile Rechenschaft abzulegen. In dieser Entwicklung des Kunstunterrichts besteht für das von uns entwickelte Konzept gruppendynamischen Trainings die Chance, den Bereich der *Selbstreflexion* zu erweitern. Die thematisierten Erkenntnisgegenstände „ästhetisches Produkt", „Gesellschaft" und „Individuum" können miteinander zusammenhängend gedacht werden. Das Individuum kann sich über menschliche Produkte verstehen, seien diese Produkte nun sprachlich, visuell oder haptisch zu erfassen, seien sie vom erkennenden Individuum selbst oder von anderen hergestellt. Die Aktion des Individuums im Machen dieser Produkte oder seine Reaktion auf fremde Produkte vermitteln ihm Erfahrungen über die gesellschaftliche Situation, in der diese Produkte entstehen konnten.

(3) Neben der Erweiterung des Bereichs der Selbstreflexion bietet die ästhetische Erziehung eine entscheidende Bereicherung auf dem Gebiet der *Antizipationen*. Zimmer (1970b, S. 43 und 1970a, S. 52) sieht die Aufgabe der ästhetischen Erziehung u. a. darin, rigide Persönlichkeitsstrukturen und kognitive Verläufe aufzulockern, Zonen zu schaffen, in denen das gewohnte stereotype Rollenverhalten abgebaut werden kann. Ferner müßte transferierbare Kreativität freigesetzt und die Interaktion zwischen Bewußtem und Unbewußtem gesteigert werden, um horizontale Sperren abzubauen, um die Emotionalität zu differenzieren, um ein Ausleben verinnerlichter Konflikte zu ermöglichen. Programmatisch für diese Absichten stehen Unterrichtsentwürfe zum Thema „Soziale und individuelle Rollen". Dieser Ansatz ähnelt teilweise den zentral vom Spielbegriff und der Kreativität ausgehenden Intentionen von Kerbs (1968 und 1970b), der fordert, daß die Erziehung im Interesse der Jugend bemüht sein müsse, die gesellschaftlichen Zustände als veränderbar zu interpretieren, sie zu kritisieren und mit Gegenmodellen zu konfrontieren. Dieser antizipatorische Aspekt des „Kunstunterrichts" gleicht dem „unfreezing" im gruppendynamischen Training. Hier wie dort geht es um die Auflockerung erstarrter, versteinerter Denk-, Bewußtseins- und Verhaltensstereotypen, um zu neuen Formen der Kommunikation und der Lebensgestaltung zu gelangen.

(4) Während neue Formen der Kommunikation Ziel gruppendynamischen Trainings sein können, entfaltet der hedonistische Aspekt der

ästhetischen Erziehung neue Formen der Lebensgestaltung. Über die Auflockerung von Verhaltensweisen, über die Planung der Befreiung und über den Vorausentwurf des Neuen hinaus sollen neue sinnliche Bedürfnisse erfüllt werden, Bedürfnisse, die im Rahmen von Antizipationen das dialogische Prinzip thematisieren. Diese sinnlichen Bedürfnisse sind nicht allein sexueller Natur, sondern es sind alle menschlichen Sinne gemeint, deren Befriedigung Genuß bringt, deren Kultivierung sensiblere Genüsse bringen könnte. Schon die Betrachtung eines Bildes, schon die Selbstdarstellung im Bild kann lustbetont sein (vgl. Kerbs 1970a, S. 567). Die Pädagogik hat sich – und da ist Kerbs zuzustimmen (1970a, S. 568) – bisher immer nur halbherzig zum hedonistischen Prinzip bekannt – und sie hat es bestenfalls viertelherzig realisiert. Bei aller Kritik und Entlarvung gesellschaftlicher Prozesse müßten die eigenen hedonistischen Bedürfnisse behauptet werden. „Wir müssen die radikale Kritik unseres gegenwärtigen Gesellschaftszustandes leisten, ohne uns selbst dabei um die sinnliche und affektive Seite unseres Lebens zu bringen. Das heißt: wir müssen die Sinnlichkeit entfalten, ohne die Reflexion zu beschädigen" (Kerbs 1972, S. 45). Die Schule dürfe keine sinnesfeindlichen Scholastiker herausbilden, die den Kapitalismus bloß theoretisch auseinandernehmen, sondern müsse Menschen erziehen, die ihn praktisch überwinden, also Menschen, die seelisch so organisiert sind, daß sie auf praktische Rückschläge nicht sofort wieder in die Theorie regredieren. Dazu gehöre auch ein angemessenes Verhalten zum eigenen Körper, das auf lange Sicht auch frei sein sollte von theoretisch untermauertem Abscheu vor dem eigenen Genußverhalten. Aus dieser Sicht fordert Kerbs, die emanzipatorischen Momente der Sinnlichkeit mit der politischen Kritik und Aktion zu versöhnen. „Auf die Schule angewendet bedeutet all dies, daß nicht nur die falsche Anschauung, die falsche Sinnenhaftigkeit entlarvt und abgebaut werden muß, (...) sondern daß die emanzipatorischen Inhalte, die an die Stelle dessen treten sollen, auch sinnlich faßbar werden müssen" (Kerbs 1972, S. 45).

Kerbs geht vom Schiller'schen Spielbegriff aus, der einen Trieb umschreibt, der nicht haben und nicht herrschen, sondern sich entfalten will, d. h. schöpferisch erleben und gestalten. „Voraussetzung dafür ist im Materiellen die Überwindung des Mangels, der Lebensnot, die den Menschen zur Arbeit zwingt, und im Psychischen die Aufhebung der repressiven Kontrollen, welche die Moral der Sinnlichkeit auferlegt hat. Mit anderen Worten: erst wenn Entfremdung und Verdrängung aufgehoben sind, kann die lustlose, mühsame Arbeit Zug um Zug durch das freie Spiel der Phantasie ersetzt werden, das sich sowohl im Gestalten wie im Genießen, in der Kreativität wie in der Rezeptivität entfaltet" (Kerbs 1970b, S. 19). Das Spiel ist nur die Vorwegnahme der Freiheit, aber nicht deren Bewerkstelligung. Man wird beides tun müssen: an der Befreiung arbeiten und den Zustand der Freiheit im ästhetischen Spiel vorwegnehmen, um immer schon einen Teil von dem zu realisieren, für dessen allgemeine Verwirklichung man kämpft (vgl. Kerbs 1970c, S. 47).

Die Möglichkeiten der punktuellen Realisierung dieser Form des hedonistischen Aspektes in unserer Gesellschaft sind außerordentlich gering. Zum lustvollen Genießen im „zweckfreien Spiel" fehlen die Voraussetzungen. Der Zwang zur (entfremdeten) Arbeit und die psychischen Einengungen und Determinierungen ermöglichen keine Unterordnung der Arbeit unter die sich frei entfaltenden Möglichkeiten des Menschen und der Natur. Es kann sich wirklich nur um „Glückszufälle" im menschlichen Leben handeln, wenn es dem Individuum gelingt, sich „spannungslos" einem Menschen, einer Sache, Naturschönheiten oder was es auch sei lustvoll hinzugeben und zu genießen. Hermann Hesse z. B. beschreibt in einigen Kurzgeschichten und Romanen solche Erfahrungen.

Die unterrichtliche Verwirklichung im Rahmen der Schule dürfte nahezu unmöglich sein. Würde man Schülern einen Freiraum anbieten, der Möglichkeiten lustvollen Genießens punktuell bietet (wenn dies überhaupt möglich ist), wären die Schüler von ihrem Bewußtsein und ihrem Verhalten kaum in der Lage, diesen „Freiraum" sinnvoll zu strukturieren. Die psychische Struktur der Schüler würde diesen Freiraum sehr leicht zum Projektionsfeld und Abreaktionsfeld für Konflikte und Repressionen werden lassen, denen die Schüler täglich ausgesetzt sind. Diese Vorbehalte weisen auf eine andere Möglichkeit, daß Schüler in der Schule punktuell hedonistische Aspekte verwirklichen können.

(5) Während bei dem von Kerbs in utopischer Weise anvisierten hedonistischen Aspekt Lust und Genuß durch Tun aus der Spannungslosigkeit erwachsen, entwickeln sich beim zweiten Ansatz lustvolle Erfahrungen aus einem Spannungsausgleich, z. B. allein dadurch, daß Schüler malen, ohne durch repressive Aufgabenstellungen zu sehr eingeengt zu sein. Diese Methode hat schon Aristoteles erahnt, als er von der Katharsis der Kunst sprach, d. h. von ihrer Macht, nach außen zu werfen, sozusagen auszuspucken, was die Seele schüttelt und quält. Die Psychotherapie hat das schon seit Jahren erkannt. Sie veranlaßt den Patienten, sich in Bildern

auszudrücken. Er vermag sich dann konkret in einer ihm spürbaren Erleichterung zu entlasten. Auch in der Betrachtung von Kunstwerken (und Naturschönheiten) können Entlastungsgefühle ausgelöst werden, denn „das Kunstwerk, das jeder menschlichen Erregung entgegenkommt, wird früher oder später jedem die Harmonie anbieten, die er sucht und ihm in Klarheit zeigen, worin für ihn die Lösung des Problems besteht" (Huyghe 1964).

Auch hier gehört zum Genuß das Moment des sich Hingebens, des sich „Verlierens", der Versenkung. Der Genuß im Spannungsausgleich gründet sich auf „Harmonie", den Ausgleich der Teile des visuellen (oder ästhetischen) Objekts. Durch Betrachtung des Gegenstandes, durch Kontemplation kann im Beschauer das Gefühl der „Harmonie" und damit Genuß ausgelöst werden. Es ist zwar eine Harmonie, die der Beschauer nicht selbst besitzt, eine im Leben schmerzlich gesuchte aber nicht gefundene Ordnung, durch Übernahme des ästhetischen Objekts in die psychische Struktur kann aber im Emotionalbereich des Subjekts diese Harmonie – und damit Genuß – punktuell hergestellt werden und so für einen kurzen Augenblick jenen hedonistischen Bereich der Utopie aufleuchten lassen, den Kerbs unter Bezug auf Schiller im Auge hat. Auch dieser Genuß kann nicht abgezwungen werden; er bleibt ein Geschenk. Das pädagogische Bemühen kann nur darauf gerichtet sein, Möglichkeiten zu schaffen, daß diese „Glückszufälle" eintreten, Erkenntnisprozesse einzuleiten, daß dieses Glück überhaupt möglich werden kann, Sensibilität zu trainieren, daß Glück überhaupt wahrgenommen werden kann.

(6) Neben der Herbeiführung und Vorwegnahme befriedigender Beziehungen (als eines der Ziele gruppendynamischen Trainings) erschließt die ästhetische Erziehung also einen weiteren Bereich der Antizipation, der wie kaum ein anderer das dialogische Reduktionsprinzip in sich aufgenommen hat. Diese Antizipationen sind auch nicht mit dem Stachel behaftet, den Marcuse (1970c, S. 133) bei „glücksbetonten" zwischenmenschlichen Beziehungen in unserer gesellschaftlichen Situation voraussetzt.

„Liebe, Freundschaft, Kameradschaft gehören zu solchen personalen Verhältnissen, in welche die abendländische Kultur das höchste irdische Glück der Menschen verwiesen hat. Aber sie können, gerade wenn sie wirklich das sind, was sie sein wollen, das Glück nicht beherbergen. Sollen sie eine wesentliche, dauernde Gemeinschaft zwischen den Individuen garantieren, so müssen sie von dem begreifenden Verstehen des anderen getragen sein: sie müssen die kompromißlose Erkenntnis enthalten. Solcher Erkenntnis zeigt sich der andere nicht bloß in der ungebrochenen Unmittelbarkeit der sinnlichen Erscheinung, die als schöne begehrt und genossen werden kann, im Genügen am Schein, sondern in seinem Wesen: wie er in Wahrheit ist. So aber enthält sein Bild daß Häßliche, Ungerechte, Unbeständige, Verkümmerte und Vergängliche – nicht als subjektive Eigenschaften, die durch verstehendes Bemühen überwunden werden könnten, vielmehr als das Hineinragen gesellschaftlicher Notwendigkeiten in jene personalen Sphären, als Notwendigkeiten, welche schon die Triebe, Bedürfnisse und Interessen der Person in dieser Gesellschaft konstituieren. Eben das Wesen der Person findet Ausdruck in den Verhaltensweisen, auf die der andere (oder die Person selbst) in Enttäuschung, Sorge, Mitleid, Angst, Untreue, Eifersucht und Trauer reagiert."

Damit ist auch die Grenze gruppendynamischen Trainings im Bereich der Antizipationen markiert. Die Erkenntnis verhilft den Schülern nicht zum Glück, und ohne sie fallen sie in die verdinglichten Beziehungen zurück. Aus dem Dilemma, daß Glück und personale Beziehungen der Individuen in dieser Gesellschaft auseinanderfallen, hilft keine Pädagogik heraus. Die im kommunikativen, zwischenmenschlichen Bereich der Schule möglichen (und d. h.: notwendig gebrochenen und nur punktuell realisierbaren) Antizipationen können höchstens etwas von einem Glück erahnen lassen, das zu realisieren in dieser Gesellschaft nicht möglich ist. Und trotzdem! Auch der kleinste Schritt in Richtung auf diese Antizipationen trägt bei (und wenn auch noch so gering) zur Veränderung der Systembewegungen. Der Rekurs auf die hedonistischen Möglichkeiten, die die ästhetische Erziehung bereithält, vermag diesen mühsamen Weg zu beflügeln, ja, vielleicht überhaupt erst erträglich zu machen.

(7) Auch das Lernziel *„Aktion"* wird im Rahmen der Revision der Inhalte und Ziele des Fachs „Kunsterziehung" zunehmend stärker berücksichtigt. So sind z. B. Aktionen zum Bau und zur Gestaltung von Kinderspielplätzen, zur Beteiligung und zur Gestaltung von Kinderspielplätzen, zur Beteiligung an Städtebau und Stadtsanierung, zum Wahlkampf und zur Wahlkampfwerbung Inhalte des Fachs geworden. Besonders interessant sind die von Michael Popp (85 Nürnberg, Nunnenbeckstraße 30) herausgegebenen und von dort beziehbaren Bände „manyfold paed-action" und „Spielen in der Stadt – Aktionen, Strategien".

Da sowohl Selbstreflexion als auch Antizipation und Aktion in die Zielvorstellungen des Fachs eingegangen sind, ästhetische Möglichkeiten und Methoden einige Schwächen des gruppendynamischen Ansatzes ausgleichen können, lassen sich Projekte aus dem Bereich „Kunsterziehung" (und Ästhetik) in das im Abschnitt 4.1.2. entwickelte curriculare Konzept einfügen. Es soll jetzt nicht unsere Aufgabe sein, in einer diffizilen theoretischen Erörterung gruppendynamische und ästhetische Aspekte curricular zusammenzufügen. Wir wollen uns vielmehr anhand eines konkreten Planungsbeispiels bemühen, eine Verbindung zwischen diesen beiden Aspekten zu schaffen.

6.2. Planungsmodell für Projektarbeit in der ästhetischen Erziehung

Da Projekte hinsichtlich ihrer Auswahl und Gestaltung Ergebnis eines Interaktionsprozesses zwischen Schüler und Lehrer sind, also kooperative Arbeitsformen implizieren, würden sich konkrete Planungen im vorwege als relativ problematisch erweisen. Als Planungshilfe könnte jedoch ein Modell nützlich sein, innerhalb dessen die emanzipatorischen Zielsetzungen entwickelt sind und das so flexibel gehandhabt werden kann, daß unterschiedliche Vorstellungen und Gestaltungswünsche danach geplant und strukturiert werden können.

	I Lernziele	II Gegen- stände	III Methoden u. Medien
(1) notwendige Erkenntnisse (Selbstreflexion) (a) über eigenes Bewußtsein und Verhalten (Selbsterfahrung) (b) über gesellschaftliche Gegebenheiten (Gesellschaftsanalyse) (c) über den Gegenstand (sachlogische, genetische, kommunikative und historische Reflexionen)			
(2) erforderliches Verhalten (Antizipation und Aktion) (a) in der Lebenssituation (b) in der Sozialsituation der Schule (c) in der Realisation sachbezogener Aufgaben			
(3) möglicher Genuß (Antizipation) (a) im Hier-und-Jetzt der Schule (b) im Dort-und-Dann der außerschulischen Lebenssituationen			

Das Modell differenziert (I) Lernziele, (II) Gegenstände und (III) Methoden und Medien nach (1) notwendigen Erkenntnissen, (2) erforderlichem Verhalten und (3) möglichem Genuß.

(1) *Erkenntnisse* können gewonnen werden (a) über eigenes Bewußtsein und Verhalten (Selbsterfahrung), (b) über gesellschaftliche Gegebenheiten (Gesellschaftsanalyse) und (c) über den Gegenstand (sachlogische, genetische, kommunikative und historische Reflexionen). Der sachlogische Aspekt erhellt die formale Struktur ästhetischer Objekte (Bildausbau, Farbe, Bewegungen usw.); der genetische Aspekt beschreibt die Verlaufsformen jener Prozesse, in denen ästhetische Objekte hergestellt werden; der kommunikative Aspekt beschreibt die Verstehensweisen im Bereich der Kunst und der Medien; der historische Aspekt bezeichnet schließlich die geschichtlichen Prozesse, die Bedingungen, die auf inhaltliche Entscheidungen sowie auf die Möglichkeit der Entstehung von Kunst und Medien einwirken. Es müßte versucht werden, das Geflecht der Abhängigkeiten zwischen den drei Teilaspekten im Projekt deutlich werden zu lassen.

Beispiel: Am Gegenstand „Verpackung von Waren" könnten z. B. (als Lernziel formuliert) folgende Erkenntnisse gewonnen werden:

(a) Die Schüler sollen die Wirkungen, die verpackte Waren auf Käufer ausüben, an sich erfahren. Als Methode könnten z. B. quantitative Testverfahren (über Bevorzugungen bestimmter Verpackungen), Assoziationsanalysen und Polaritätsprofile gewählt werden.

(b) Die Kenntnis über die ökonomischen und gesellschaftlichen Ursachen der Warenästhetik ließe sich z. B. durch Gruppenarbeit vermitteln, wenn Informationspapiere für die Gruppendiskussion bereitgestellt würden. Auch wäre an Thesenpapiere zu denken, die die einzelnen Gruppen vorbereiten und in die Diskussion mit der gesamten Klasse einbringen könnten. Es bestünde auch die Möglichkeit, diese Kenntnisse über ein Planspiel sich anzueignen. Interessant dürfte auch ein Kooperationsspiel sein (z. B. „Finde die für eine bestimmte Käuferschicht angemessene Verpackung heraus")

(c) Auch die Reflexion über den Gegenstand ließe sich methodisch ähnlich lösen. Mögliche Lernziele wären: Die Schüler sollen in einer vergleichenden Betrachtung verschiedener Verpackungen die eingesetzten bildnerischen Mittel und die wahrgenommenen Bildstrukturen (Farbdifferenzierungen, Formen, Bewegung, Komposition usw.) benennen können.

(2) Im Bereich des für die ausgewählte Lebenssituation erforderlichen *Verhaltens* geht es um Verhaltensweisen (a) in der Lebenssituation, sei sie für die Schüler bereits existent oder erst später relevant, (b) in der Sozialsituation der Schule und (c) in der Realisation sachbezogener Aufgaben, etwa im Herstellen ästhetischer Produkte (z. B. kleben, zeichnen,

collagieren). Eine enge Verknüpfung mit dem auf Erkenntnisse gerichteten Bereich wäre anzustreben. Am Gegenstand „Verpackung von Waren" ließen sich z. B. folgende (verhaltensbezogene) Lernziele formulieren:

(a) kritischer Warenkonsum, d. h. Lernen, aus den Kaufritualen z. B. eines SB-Ladens auszubrechen; das bedeutet auch, den äußeren Schein einer Ware, also die Verpackung, nicht als alleiniges Kriterium für den Kauf einer Sache ansehen zu können, sondern Kriterien wie Gewicht, Geruch, Geschmack, Preis, Verwendungsmöglichkeiten, Kalorien und Vitamine mit einzubeziehen und sich beim Einkauf auf vorher überlegte und für erforderlich gehaltene Waren zu beschränken. Ein so formuliertes Lernziel läßt sich sinnvollerweise methodisch nur in enger Verzahnung mit den auf Erkenntnis bezogenen Lernzielen lösen.

(b) Die in der Sozialsituation der Schule erforderlichen Verhaltensweisen lassen sich generell mit Lernautonomie und Kooperation umschreiben. Es kann sich um Lernziele handeln wie: Eigenständige Festlegung von Aufgaben und Zielen nach den eigenen Bedürfnissen, Wahl der für diese Ziele effektivsten Sozialformen (Einzelarbeit, arbeitsteiliges Vorgehen, Gruppenarbeit), Wahl der für die Aufgaben angemessenen Methoden und Medien und eigenständige Bewertung der Lernergebnisse (Lernerfolgsrückkopplung). Diese Lernziele sind für Projekte geradezu konstitutiv. Gleichwohl lassen sich diese Ziele nicht voraussetzungslos erreichen. Es bedarf vielmehr des Trainings spezifischer Verhaltensweisen wie „dem anderen zuhören können", „sich verständlich ausdrücken können", „den anderen in der Kommunikation berücksichtigen und ihn in die Diskussion einbeziehen", was Sensibilität gegenüber eigenen und fremden Verhaltensweisen und Reaktionen erforderlich macht. Das Training des Sozialverhaltens läßt sich an konkreten Aufgaben, im Rahmen eines sachbezogenen Projektes festmachen und umschifft so die Schwierigkeiten von Selbsterfahrungsgruppen, bei denen sich der Transfer (die Übertragung des Gelernten) als relativ schwierig erweist. Im Rahmen des beispielhaft herangezogenen Gegenstandes „Verpackung von Waren" wären die methodisch notwendigen Arbeitsgruppen Anlaß, über die Art und Funktion der an den Aufgaben orientierten Sozialformen zu reflektieren und den Interaktionsprozeß im Rahmen der Selbstreflexion als Erkenntnisgegenstand (zu mindest punktuell) zu betrachten.

(c) Verhaltensweisen in der Realisation sachbezogener Aufgaben, also im Herstellen ästhetischer Produkte, lassen sich auch in der Lernzielplanung zum Gegenstand „Verpackung von Waren" erreichen und mit den bisher erläuterten Lernzielen verbinden. Es käme z. B. als Lernziel in Betracht, daß Schüler die Manipulation über „ästhetische Waren" anhand eigener Manipulationsobjekte (etwa im Anfertigen von Verpackungen oder im „Verschönen" von Produkten) erfahren, also selbst manipulieren lernen. Über das Herstellen eigener Manipulationsobjekte können Schüler ein geschärftes Bewußtsein von Manipulationsmitteln hinsichtlich ihrer Funktionen und Wirkungen erlangen und eine Zunahme auch des sachlogischen, genetischen, kommunikativen und historischen Reflexionsvermögens an sich selbst feststellen. Zum anderen ermöglichen diese Erkenntnisprozesse ein differenzierteres Herstellen eigener ästhetischer Produkte. Die Realisation sachbezogener Aufgaben hängt auch eng mit der Ausprägung bestimmter Sozialformen im Bereich der Schule zusammen, etwa in der kooperativen Organisation des Herstellungsvorganges.

(3) Im Bereich des möglichen *Genusses* wird abgestellt (a) auf das „Hier-und-Jetzt" in der Schule und (b) auf das „Dort-und-Dann" der außerschulischen Lebenssituation.

(a) Bereits im Bereich der Schule müßten für den Schüler Genußquellen erschlossen werden, bzw. Möglichkeiten geboten werden, daß der Schüler Fähigkeiten entwickelt, sich diese Quellen selbst zu erschließen. Genuß wird sich losgelöst von Reflexionsprozessen und vom Verhaltenstraining kaum realisieren lassen. Es muß vielmehr ein Ziel der Planung des Projekts sein, Lernziele im Erkenntnis- und Verhaltensbereich eng mit hedonistischen Prinzipien zu verbinden, etwa dadurch, daß das Leistungsprinzip relativiert wird, daß deutlich wird, daß hinter aller gesellschaftskritischen Analyse und hinter dem Warenfetischismus auch lustbetonte Komponenten verborgen sind, die nicht immer einer originären Fremdbestimmung unterliegen und die es gilt, wiederzuentdecken und für die Selbstbefreiung des Individuums in Anspruch zu nehmen, daß Waren, von Menschen hergestellte Produkte nicht nur die Funktion haben, eine repressive Gesellschaft zu stabilisieren, sondern auch Anlaß zum Genuß, zur Lust sein können, daß das Anfertigen ästhetischer Produkte nicht für die Zensur wichtig ist, sondern Spaß bringt und Lust bereiten kann.

(b) Der mögliche Genuß im „Dort-und-Dann" außerschulischer Lebenssituationen ist u. a. eng an die Lernzielplanung zum Bereich des erforderlichen Verhaltens in der Lebenssituation gebunden. Die Auswahlkriterien der Lernziele aus diesem Bereich orientieren sich an der Forderung, daß das Individuum Verhaltensweisen verwirklichen müsse, die über eine Veränderung repressiver gesellschaftlicher Situationen einen Bereich lustvoller Sinnlichkeit entfalten und die die bestehenden Möglichkeiten zum Genuß erschließen könnten, um damit die Utopie partiell und punktuell vorwegzunehmen. Zum Gegenstand „Verpackung von Waren" ließen sich Lernziele formulieren wie etwa „Genuß des hinter dem Warenschein verborgenen Produktes" (und sei es etwas so „banales", unbeachtetes, wie eine Scheibe Brot, die nicht nur eine Möglichkeit ist, Hunger zu stillen, sondern auch zur Quelle des Genusses werden kann).

Mit der hier vorgestellten Planungsstruktur ist nicht beabsichtigt, die Leitidee kreativer, offener Lernziele aufzugeben. Die Struktur soll lediglich Anregungen geben, die kooperativ zwischen Schüler und Lehrer zu entwickelnden und zu planenden Teilvorhaben an ein der Emanzipation orientiertes Lernzielsystem „mittleren Feinheitsgrades" zu orientieren.

6.3. Projekt „Selbstbedienungsladen"

6.3.1. Vorbemerkungen

Obwohl Auswahl und Gestaltung eines Projekts eine gemeinsam und kooperativ zu lösende Ausgabe von Schülern und Lehrern ist, sind Vorüberlegungen und Vorschläge (auch detaillierterer Art), die vom Lehrer in den Prozeß kooperativer Verständigung eingebracht werden, nicht grundsätzlich zu verwerfen. Wenn diese Vorschläge so flexibel gestaltet sind, daß die Auffassungen und Meinungen, Wünsche und Vorstellungen der Schüler weitgehend berücksichtigt werden können, wird sich die Lehrerinitiative für das Gelingen des Projekts vermutlich positiv auswirken, ohne dies mit einem Rückfall in autoritative Verhaltensmuster erkauft zu haben. Derartige, für eine Lehrerinitiative notwendigen Vorüberlegungen sollen hier skizziert werden. Auf die grundsätzliche Problematik der veränderten Lehrerrolle hatten wir bereits im Abschnitt 3.2.3. (6c) hingewiesen.

Ein Projekt, das das interdependente Geflecht unterschiedlicher Lernzielgruppen in sich aufnimmt, erfordert einen hohen Zeitaufwand. Man wird für das Projekt „Selbstbedienungsladen" etwa mit 3 Monaten bei wöchentlich 4–6 Stunden (Kunsterziehung, Werken, Deutsch, Gesellschaft) rechnen müssen. Das Projekt besteht aus einer mehr oder weniger stringenten Abfolge verschiedener Einzelvorhaben, die gegen Ende in das „eigentliche" Projekt einmünden. Das „eigentliche" Projekt müßte verdichtend die bis dahin erarbeiteten Probleme, die gemachten Erkenntnisse und Erfahrungen auf einer quasi „höheren Ebene" integrieren und damit den vorläufigen Abschluß des Gesamtprojekts bilden. Die einzelnen Vorhaben gliedern sich in der Abfolge nach den Gesichtspunkten:

(1) Konfrontation mit bestehenden Denk- und Bewußtseinsstereotypen sowie ritualisierten Verhaltensweisen in der Lebenssituation „Konsum und Selbstbedienungsladen";

(2) kritische Durchdringung und Problematisierung der Lebenssituation; Einleitung kollektiver Aktionen;

(3) Auflockerung der Verhaltensmuster, Training angemessenen Verhaltens in der Lebenssituation einschließlich punktueller Genußmöglichkeiten;

(4) Konstruktion und Betrieb eines eigenen SB-Ladens („eigentliches Projekt).

6.3.2. *Vorbereitung und Motivation*

Die erste Phase des Projekts müßte sich schwerpunktmäßig darauf konzentrieren, Motivationsgrundlagen zu bilden, etwa dadurch, daß Schüler erkennen, daß sie selbst Betroffene sind, daß sie es selbst sind, die „gezwungen" werden, Dinge zu tun und andere Dinge zu unterlassen und daß sie sich über Lernprozesse teilweise von diesen Zwängen befreien können. Daher müßten die Schüler am Anfang „mit sich selbst" konfrontiert werden. Hierfür ließen sich verschiedene Möglichkeiten denken:

(1) Die Technik der Collage eröffnet Möglichkeiten, teilweise auch unbewußte Denk- und Bewußtseinsstrukturen den Schülern transparent zu machen. Ausgehend von einer Themenstellung wie „schöne Sachen zum Kaufen“, „im Warenhaus“, im „SB-Laden“ ließen sich Unterrichtsgespräche initiieren, in denen Schüler durch Interpretation ihrer Arbeiten ihre Bewußtseinslage zur angesprochenen Problematik einbringen müßten. Der Lehrer könnte die unterschiedlichen Beiträge ordnen, sie einander gegenüberstellen, selbst kurze kritische Aspekte einfließen lassen und Stück um Stück die Schüler anregen, in dem Prozeß von Argument und Gegenargument die Collagen auch als Ausdruck einer Bewußtseinslage anzusehen und Veränderungen dieses Bewußtseins vorzubereiten. Wichtig ist, daß dieser Lernprozeß von den Schülern selbst getragen wird und der Lehrer nur zur Initiierung und Beschleunigung dieses Prozesses punktuell bestimmte eingenommene Positionen und Gegenpositionen herausstellt und akzentuiert.

(2) Auch die direkte (experimentelle) Gegenüberstellung der Schüler mit der Lebenssituation bietet sich als Einstieg an. Eine Möglichkeit wäre, Schüler zu bitten, einen Einkaufszettel herzustellen, auf dem der notwendige Lebensmittelbedarf einer vierköpfigen Familie für 2–3 Tage notiert ist. Dieser Zettel wird dann abgegeben und die Schüler aufgefordert, am Nachmittag – ohne Einkaufszettel – durch einen SB-Laden zu gehen und anhand der Auslagen aufzuschreiben, welche Lebensmittel für die Familie notwendig sind und darum zu kaufen wären. Der Vergleich beider Einkaufszettel wäre dann eine gute Möglichkeit, die Beeinflußbarkeit durch Warenauslagen den Schülern deutlich zu machen und über die Ursachen zu reden.

(3) Eine andere Möglichkeit der Konfrontation könnte darin bestehen, Schüler zu bitten, ohne Kaufabsicht einen SB-Laden zu betreten, im Laden zum Kaufen ausgelegte Illustrierte zu lesen und dann – mit leerem Einkaufskorb – die Kasse zu passieren. Mitschüler müßten dann am Ausgang die spontan geäußerten Gefühlsreaktionen der „Nicht-Einkäufer“ notieren (ggf. auf Tonband aufnehmen), ebenso die Reaktionen der erwachsenen Käufer und des Verkaufspersonals. Diese Protokolle und Tonband-Aufzeichnungen könnten dann Ausgangspunkt einer Diskussion in Arbeitsgruppen oder im Rahmen der gesamten Klasse sein. Voraussetzung wäre, daß die Schüler untereinander ein Maß der Aussprachefähigkeit und damit des Vertrauens haben, das es ermöglicht, offen über ihre Ge-

fühle im SB-Laden zu sprechen. Es wird dann möglich, Wesentlichkeitserlebnisse in der Weise zu vermitteln, als Schüler erkennen, daß bei ihren Mitschülern ähnliche Gefühle vorhanden waren (z. B. „Angst“, „schlechtes Gewissen“, weil nichts gekauft wurde). Auf dem Hintergrund dieser Wesentlichkeitserlebnisse ließen sich in einer Diskussion Erfahrungen über den „Kaufzwang“ in SB-Läden, über dort ablaufende rituelle Handlungsmuster systematisieren. Die subjektiven Einzelerfahrungen verdichten sich damit zu kollektiver Erfahrung und lassen bei den Schülern das Interesse entstehen, die Ursachen ihrer gemeinsamen Verhaltensweisen zu erfahren und sich dagegen zu wehren.

6.3.3. Vertiefung und Problematisierung

Sobald diese Motivationsgrundlage erreicht ist, wird es erforderlich, in einer Vertiefung und Problematisierung die Lebenssituation kritisch zu durchdringen und Möglichkeiten kollektiver Aktionen zu erwägen. Hierbei kommt es darauf an, den Schülern die Lebenssituation systematisch erfahrbar zu machen.

(1) Um dem Phänomen „SB-Laden“ gerecht zu werden, dürfte es nützlich sein, Lageskizzen von SB-Läden anzufertigen, also zu notieren, wo welche Waren stehen, wie die Einkaufswege verlaufen, wo der Eingang, wo die Kasse ist, in welcher Höhe welche Waren liegen usw. Die Kriterien nach denen solche Lageskizzen angefertigt werden, müßten die Schüler gemeinsam mit dem Lehrer erarbeiten. Es bietet sich an, die Lageskizzen in Teamarbeit herzustellen. Diese Skizzen wären dann Ausgangspunkt von Gruppenarbeit oder Unterrichtsgesprächen, in denen u. a. Gemeinsamkeiten zwischen diesen Skizzen herausgearbeitet werden könnten. Es müßte dann versucht werden, diese Daten – für die Schüler nachvollziebar – in ökonomisch-politische Erklärungssysteme zu integrieren. Ob man dafür ein Lehrgespräch wählt oder die Erarbeitung Gruppen überläßt, die mit für sie verständlichen Informationspapieren ausgestattet werden, ist eine Frage, die vom Entwicklungsstand der Klasse her und ihrer Fähigkeit, effektive Organisationsformen zu bilden, beantwortet werden muß.

(2) Eine weitere Möglichkeit der Vertiefung wäre die Auseinandersetzung mit Verpackungen von Waren. Der Abschnitt 6.2. enthält hierzu Hinweise.

(3) Ferner bietet die kritische Durchsicht von auf Verbraucherwerbung gerichteter Zeitschriften Ansätze zur weiteren Vertiefung. Man könnte kooperative Arbeitsgruppen, die aus diesen Zeitschriften wichtige „Manipulationstechniken“ exerpierten, vor der Klasse berichten lassen, um anschließend auf die Ursachen dieser Manipulation die Aufmerksamkeit zu lenken.

(4) Neben Ansätzen der Selbstaneignung durch die Schüler könnte auch das Einbringen von auf Video-Recorder aufgezeichneter kritischer Fernsehfilme und die Reaktionen darauf in der Presse („Hör Zu“) ein wirkungsvoller Stimulus für problemorientierte Diskussionen in Arbeitsgruppen und im Klassenrahmen sein.

(5) Gegen Ende dieser zweiten Phase könnte es sich als interessant erweisen, erneut Collagen zu Problemen des SB-Ladens anfertigen zu lassen, die Veränderungen in den Bewußtseinslagen zu diagnostizieren und die Schüler über die Ergebnisse in eine Diskussion zu verwickeln.

(6) Die in Fragen nach der Veränderung der festgestellten Situation einmündenden Diskussionsbeiträge könnten erste kollektive Aktionen entzünden, deren Gegenstand und Zielsetzung gemeinsam mit Schülern und Lehrern gefunden werden müßten. So wäre eine mögliche Aktion, durch Arbeitsgruppen Preisvergleiche zwischen den einzelnen SB-Läden anzustellen und diese Informationen ggf. durch einen Informationsstand zu verbreiten. Diese Aktion setzt die Fähigkeit bei Schülern voraus, differenziertere, in sich interdependente Sozial- und Organisationsformen aufgabenbezogen zu entwickeln.

6.3.4. Unfreezing und Verhaltensänderungen

Parallel zur zweiten Phase käme es darauf an, neben der Problematisierung der Lebenssituation im Kontext der ökonomischen Situation und Vorbereitung auf Veränderung dieser Lebenssituation eigene Verhaltensmuster „aufzutauen“, angemessenes Verhalten in Diskussionen zu bezeichnen und es zu trainieren sowie punktuelle Genußmöglichkeiten zu erschließen und auszuschöpfen.

(1) Eine Möglichkeit des „unfreezing“ von Verhaltensmustern wäre das Durchbrechen des ritualisierten Kaufzwanges in SB-Läden. In einem „brainstorming“ müßte die Klasse bestimmte Rituale benennen und Möglichkeiten für deren Durchbrechung bezeichnen. Bei der Durchbrechung der Rituale könnte es sich handeln um

- durch die Kasse den SB-Laden betreten (weil man z. B. nur wenige Teile braucht, die sich in der Nähe der Kasse befinden),
- ohne Korb den SB-Laden betreten (weil man nur wenige Waren kaufen möchte),
- das Personal ausführlich zu den angebotenen Waren befragen,
- in Kommunikation mit anderen Käufern treten und sie befragen, wo es bestimmte Waren billiger gibt,
- vor Betreten des SB-Ladens die Kassiererin nach den Preisen für bestimmte Waren fragen,
- Waren aus den Regalen nehmen und sie aufessen; Verpackung wird an der Kasse vorgezeigt und dagelassen.

Es erscheint erforderlich, das Durchbrechen der Rituale vorher in der Klasse zu üben, da das Übertreten von ritualisierten Verhaltensweisen mit starken Angstgefühlen verbunden ist.

(2) Um die Arbeit in den Gruppen zu optimieren, käme es darauf an, die Aussprachefähigkeit und interpersonale Sensibilität durch gruppendynamisch orientierte Methoden zu steigern.

(3) Das hedonistische Prinzip, das bei den bisherigen Vorhaben nur in Verbindung mit anderen Zielvorstellungen bedeutsam wurde, gilt es, in dieser Phase stärker zu akzentuieren und damit kritische Ansätze hinsichtlich ihres Absolutheitsanspruchs zu relativieren. Eine Möglichkeit der Realisierung bietet der Genuß von Lebensmitteln. Der Lehrer könnte die Schüler z. B. bitten, ohne Frühstück zur Schule zu kommen und auffordern, nach dem Genuß eines Apfels oder eines Stück Brotes über das, was sie schmecken, riechen und sehen, zu sprechen. Die Konzentration auf den Genuß und die Erfahrung des Genusses könnte in der Diskussion überleiten zur Relativierung der Konsumkritik und der Entdeckung der hinter dem Warenschein verborgenen hedonistischen Möglichkeiten, für deren Realisierung die Schüler ebenfalls vorbereitet werden müßten.

(4) Mit ähnlichen Intentionen ließen sich auch Vorhaben verwirklichen, die genußvolles Essen im Bereich der Schule anstreben. Schüler könnten z. B. mit Einfallsreichtum Brotplatten zum eigenen Verzehr herrichten oder den geistlosen Betrieb mittäglichen Essens durch gezielte Aktion verändern.

6.3.5. Projektphase

Integration und Höhepunkt des gesamten Projekts müßte eine Aktion bzw. ein größeres „gegenständliches Werk“ sein. Welche Aufgabe letztlich gewählt wird, ist insbesondere hier der Entscheidung der gesamten

Klasse vorbehalten. Beispielsweise könnte die Konstruktion und der Betrieb eines eigenen Selbstbedienungsladens geplant werden. Dieses Projektvorhaben bietet den Vorteil, daß die Schüler über die Kritik bestehender Verhältnisse hinaus Gegenmodelle entwickeln können. Ziel dieses Selbstbedienungsladens könnte z. B. Aufklärung anstelle von Absatz, Manipulation und Gewinn sein. In einem „brainstorming" müßten die verschiedenen Vorstellungen der Schüler zur Gestaltung des Selbstbedienungsladens gesammelt und anschließend diskutiert werden. Zu realisierende Vorschläge wären z. B.:

- Der SB-Laden wird für Eltern, Schüler und interessierende Passanten (einschließlich Lehrer) geöffnet.
- Es können Waren gekauft werden, der Preis wird nicht vorgegeben, sondern ist Ergebnis von Verhandlungen, wobei die soziale Lage des Käufers und der Gebrauchswert der Sache für ihn entscheidende Gesichtspunkte sind.
- Die Schüler (und der Lehrer) stellen Gegenstände für den Selbstbedienungsladen zur Verfügung, von denen sie sich trennen wollen („Flohmarktprinzip"). Die Gegenstände werden nach ihrem Gebrauchswert und Tauschwert eingeschätzt. Zu jedem größeren Gegenstand sollte eine „Expertise" angefertigt werden (Gebrauchswert, Tauschwert, Vorteile, Mängel, Alter usw.).
- Es werden Waren mit „schönem Schein" hergestellt oder bestehende Waren verändert (z. B. auffallend und schön bemalte Flaschen oder ansprechend dekorierte Schachteln, in denen nichts enthalten ist (mit der Aufschrift: „kein Inhalt"). An der Kasse werden die Käufer in Gespräche verwickelt (die aufgezeichnet werden können) und befragt, warum sie für den „schönen Schein" Geld bezahlen, so daß Schüler Erwachsene über Manipulation aufklären können.
- Es wird ein Informationsstand aufgebaut, der die Erwachsenen über Preisunterschiede in den verschiedenen SB-Läden der Stadt in Kenntnis setzt.

Literaturverzeichnis

Für die beiden Zeitschriften, in denen mehrere der aufgeführten Beiträge erschienen sind, wurden folgende Abkürzungen verwendet:

dj = deutsche jugend. Zeitschrift für Jugendfragen und Jugendarbeit. Erscheint monatlich, Verlag „deutsche jugend" GmbH, München.

GD = Gruppendynamik. Forschung und Praxis. Erscheint zweimonatlich, Ernst Klett Verlag, Stuttgart.

Adorno, T. W.: Jargon der Eigentlichkeit, Frankfurt 1967 (3).

Adorno, T. W.: Gesellschaftstheorie und Methodologie, Frankfurt 1970.

Adorno, T. W.: Stichworte, Frankfurt 1969.

Adorno, T. W.: Erziehung zur Mündigkeit, Frankfurt 1971.

Adorno, T. W. u. a.: Der Positivismusstreit in der deutschen Soziologie, Neuwied und Berlin 1972.

Adorno, T. W., und *Horkheimer, M.:* Dialektik der Aufklärung, Frankfurt 1971.

Ammon, G.: Gruppendynamik der Aggression, Berlin 1971.

Ammon, G. (Hrsg.): Gruppendynamik der Kreativität, Berlin 1972.

Antons, K.: Praxis der Gruppendynamik, Göttingen 1973.

Argelander, H.: Gruppenprozesse, Reinbek 1972.

Argyle, M.: Soziale Interaktion, Köln 1972.

Argyris, C.: Die Zukunft des gruppendynamischen Laboratoriums, in: GD, Heft I/1970.

Auernheimer, H.: Neue Aspekte für eine Erziehung durch Gruppen, in: dj, Heft 4/1972, S. 157.

Baacke, D.: Die Klassenlage und primärer Status, in: dj, Heft 3/1971.

Baacke, D.: Kommunikation und Kompetenz, Grundlegung einer Didaktik der Kommunikation und ihrer Medien, München 1973.

Bach, G. R., und *Bernhard, Y.:* Aggression Lab. Das Trainingsmanual für faires Streiten um Veränderung. Deutsche Studienausgabe. Herausgegeben durch die Partnerschafts- und Familienberatung Altmann, München 1972.

Bach, G. R., und *Deutsch, R. M.:* Pairing, Düsseldorf und Köln 1972.

Back, K. W.: Die Erlebnisgruppe und die Gesellschaft, in: GD 5/1973, S. 323.

Baer, U.: Ein Modell für emanzipierende Erziehung – das Entscheidungsspiel, in: dj, Heft 9/1969.

Baethge, M.: Ausbildung und Herrschaft. Unternehmerinteressen in der Bildungspolitik, Frankfurt 1970.

Bales, R. F.: Die Interaktionsanalyse, in: König, R. (Hrsg.): Beobachtung und Experiment in der Sozialforschung, Bd. 2, Köln und Berlin 1968 (6).

Bass, B. M.: Anarchismus und T-Gruppe, in: GD, Heft 2/1970, S. 111.

Bateson, G., Jackson, D. D. u. a.: Schizophrenie und Familie, Frankfurt 1969

Battegay, R.: Der Wandlungsprozeß in therapeutischen Gruppen, in: Psychoanalyse und Gruppe, Göttingen 1971.

Battegay, R.: Der Mensch in der Gruppe, Bd. I, Bern 1969.

Beck, W.: Entscheidungsspiele als Methode internationaler Jugendarbeit, in: dj, Heft 12/1970.

Becker, G. E.: Optimierung schulischer Gruppenprozesse durch situatives Lehrtraining, Heidelberg 1973. (Gruppenpädagogik – Gruppendynamik 3).

Becker, G. U.: Soziales Lernen als Problem der Schule, in: *Schäfer, Edelstein* u. a.: Probleme der Schule im gesellschaftlichen Wandel, Frankfurt 1971.

Beckmann, D.: Die Abhängigkeit des einzelnen von Gruppenprozessen, in: GD, Heft 1/1972, S. 62.

Beer, U.: Methoden der geistigen Arbeit, Tübingen 1968 (3).

Belscher, W. u. a.: Verhaltenstherapie in Erziehung und Unterricht, Stuttgart 1973.

Bennis, G.: A Typology of Change Processes, New York 1961.

Berne, E.: Spiele der Erwachsenen, Reinbek 1967.

Bernfeld, S.: Sozialismus und Psychoanalyse, in: Sexpol 1, Frankfurt 1970.

Bernhardt, M.: Soziales Lernen in der integrierten Gesamtschule, in: „Zeitschrift für Pädagogik" 19 (4), S. 517–526 (1973).

Bernhardt, M. u. a.: Soziales Lernen in der Gesamtschule, München 1974.

Bion, W. R.: Erfahrungen in Gruppen, Stuttgart 1971.

Birdwhistell, R. L.: Kinesik, in: GD 1/1974, S. 3.

Bittner, G.: Psychoanalyse und soziale Erziehung, München 1970.

Bittner, G. u. a.: Spielgruppen als soziale Lernfelder. Pädagogische und therapeutische Aspekte, München 1973.

Blume, A.: Weiterführende Anmerkungen zum Thema „Gruppendynamik", in: Neue Praxis, Heft 1/1972, S. 240.

Bönsch, M.: Soziales Lernen in der Gesamtschule, in: „Neue Deutsche Schule" 17 (1972).

Bollmann, H., und *Warm, U.:* Kommunikationseffektives Rollenspiel, in: „Kunst und Unterricht", Heft 21, S. 20 (1973).

Bossing, B. N. L.: Die Projekt-Methode, in: *Blochmann, E.* u. a. (Hrsg.): Das Problem der Unterrichtsmethode, Weinheim und Berlin 1967 (7).

Bradford, L. P., Gibb, J. R., Benne, K. D.: Gruppen-Training, Stuttgart 1972.

Brocher, T., Deichmann, C., und *Fürstenau, P.:* Zur Konzeption berufsbezogener gruppendynamischer Laboratorien, in: GD, Heft 4/1972, S. 400.

Brocher, T.: Gruppendynamik und Erwachsenenbildung, Braunschweig 1967.

Brocher, T.: Anpassung und Aggression in Gruppen, in: Bis hierher und nicht weiter, München 1969.

Brocher, T.: Bemerkungen zum Artikel von *Klaus Horn* „Politische und methodologische Aspekte gruppendynamischer Verfahren, in: Das Argument, 60, Berlin 1970.

Brocher, T.: Methodische Entwicklungsprobleme der Gruppendynamik, in: GD, Heft 2/1971.

Brühmann, H.: Zur Kritik der progressiven Jugendarbeit, in: dj, Heft 8/1970.

Brusten, M., und *Hurrelmann, K.:* Abweichendes Verhalten in der Schule. Eine Untersuchung zu Prozessen der Stigmatisierung, München 1973.

Bubolz, M.: Soziales Lernen im gruppendynamischen Training, in: dj Heft 6/1974 und 7/1974.

Buddrus, V.: Freizeitinteressen von Schülern und Lehrern, in: dj 1973, S. 319ff.

Bühler, C.: Die humanistische Psychologie und Psychotherapie, in: GD 2/1973, S. 123.
Büttenbender, G., und *Rittelmeyer, C.:* Demonstrationsexperimente – Einsatz ästhetischer Phänomene zum Abbau kognitiver Naivität, in: *Giffhorn, H.* (Hrsg.): Politische Erziehung im ästhetischen Bereich, Velber 1971 b.
Büttenbender, G., und *Rittelmeyer, C.:* Selbsterfahrung als Ausgangspunkt politischer Bildung, in: Selbsterfahrung und Klassenlage, München 1971.
Butschkau, U., und *Tilmann, K.-J.:* Politische Sozialisation in der Gesamtschule, München 1972.

Cartwright, D., Zander, A.: Group Dynamics, New York 1968.
Claessens, D.: Rolle und Macht, München 1968.
Cohn, R. C.: Zur Grundlage des themenzentrierten interaktionellen Systems, in: GD, Heft 3/1974, S. 160 ff.
Cohn, R. C.: Die Selbsterfahrungsbewegung: Autismus oder Autonomie, in: GD, Heft 3/1974, S. 160 ff.

Däumling, A. D.: Sensitivity Training, in: Gruppenpsychotherapie und GD, Bd. 2; 1968.
Däumling, A. D.: Die Herausforderung des Sensitivity Trainings, in: Ebd. Band 4, Heft 1; 1970.
Daublebsky, B.: Spielen in der Schule, Stuttgart 1973.
Dietrich, G.: Bildungswirkungen des Gruppenunterrichts, München 1969.
Dreitzel, H. P.: Die gesellschaftlichen Leiden und das Leiden an der Gesellschaft, Stuttgart 1968.
Dreitzel, H. P.: Soziale Rolle und politische Emanzipation, in: Das Argument, 71, S. 110 (1972).
Duhm, D.: Warenstruktur und zerstörte Zwischenmenschlichkeit, Köln 1973.

Eckensberger, D.: Das emanzipatorische Potential der Gruppendynamik, in: GD, Heft 1/1970.
Eckensberger, D.: Streit um die Gruppendynamik, in: GD, Heft 2/1971.
Eckstein, B.: Eine gruppendynamische Übung unter Benutzung eines Fragebogens zur Prozeßanalyse, in: GD, Heft 2/1973, S. 98.
Eckstein, B.: Gruppenzentrierter Unterricht – Ein Werkstattseminar, Heidelberg 1974 (Gruppenpädagogik – Gruppendynamik 9).
Erl, W.: Gruppenpädagogik in der Praxis, Tübingen 1967 (2).
Erl, W.: Methoden moderner Jugendarbeit, Tübingen 1969.
Erl, W., und *Renz, E.:* Sind Eltern Schläger? Bericht über eine Aktion gegen Kindesmißhandlung, in: dj, Heft 9/1970.

Fabian, G.: Diskutieren, debattieren, München 1967 (3).
Feldmann-Duda, S., und *Feldmann, K.:* Emotionale Erziehung in der Schule, in: „Westermanns Pädagogische Beiträge“, Heft 1/1972, S. 19–27
Fittkau, B.: Kommunikations- und Verhaltenstraining für Erzieher, in: GD, Heft 3/1972, S. 252.

Fittkau, B.: Trainingsmöglichkeiten zur Verbesserung der Gruppenfähigkeit, in: *Meyer, E.* (Hrsg.): Einführung in die Praxis schulischer Gruppenarbeit, Heidelberg 1973 a (Gruppenpädagogik – Gruppendynamik 8).

Fittkau, B., und *Schulz von Thun, F.:* Über Alternativen zum autoritären Unterricht, in: „Westermanns Pädagogische Beiträge", Heft 8/1973 (1973 b).

Flitner, A. (Hrsg.): Das Kinderspiel, München 1973.

Floyd, R. W.: Das Laboratorium als Unterdrückungssystem, in: GD, 1/1973, S. 1.

Foulkes, S. H.: Dynamische Prozesse in der gruppendynamischen Situation: in: Psychoanalyse und Gruppe, Göttingen 1971.

Fritz, J.: Gruppendynamik und Jugendarbeit, München 1973.

Fritz, J.: Wie frei ist Jugendarbeit in Erwachsenenorganisationen, in: Schwalbacher Blätter, Heft 3/1970.

Fritz, J.: Wochenendseminare für Jugendgruppen, in: Schwalbacher Blätter, Heft 1/1971 a.

Fritz, J.: Gruppendynamische Seminarformen bei der Ausbildung von Gruppenleitern, in: dj, Heft 2/1971 b.

Fritz, J.: Gruppendynamisches Training für die Jugendarbeit, in: dj, Heft 3/1972.

Fritz, J.: Emanzipatorische Gruppendynamik, München 1974 a.

Fritz, J.: Methoden der Interaktionspädagogik: das Aktionstheater. Teil 1: Vom Interaktionstraining zum Rollenspiel, in: dj Heft 2/1974, S. 77 ff. (1974 b).

Fritz, J.: Methoden der Interaktionspädagogik: das Aktionstheater. Teil 2: Gruppendynamik und Kindertheater, in: dj Heft 3/1974, S. 128 ff., (1974 c).

Fromm, E.: Analytische Sozialpsychologie und Gesellschaftstheorie, Frankfurt 1970 b.

Fromm, E.: Autorität und Familie, in: Sexpol 1, Frankfurt 1970 a.

Fürstenau, P.: Probleme der vergleichenden Psychotherapieforschung, in: *Bachmann, C. H.* (Hrsg.): Psychoanalyse und Verhaltungstherapie, Frankfurt 1972.

Fuhrmann, J.: Grundsatzpapier „Tutoren". Gesamtschule Mümmelmannsberg, Hamburg, unveröffentlichtes Manuskript (1973).

Gadamer, H. G.: Rhetorik, Hermeneutik und Ideologiekritik, in: Kleine Schriften 1, Tübingen 1967.

Genser, B. u. a : Lernen in der Gruppe. Theorie und Praxis der themenzentrierten interaktionellen Methode, „Blickpunkt Hochschuldidaktik" Nr. 25, Hamburg 1972.

Gibb, J. R.: Sensitivitätstraining als Mittel zur Förderung individueller Bildungsprozesse und Verbesserung zwischenmenschlicher Beziehungen, in: *Horn, K.* (Hrsg.): Gruppendynamik und der subjektive Faktor, Frankfurt 1972.

Gibb, J. R.: Die TORI-Veranstaltung, in: GD, Heft 5/1973, S. 306.

Giegel, H. J.: Reflexion und Emanzipation, in: Hermeneutik und Ideologiekritik, Frankfurt 1971.

Giere, W.: Gruppendynamik – ein Spiel ohne Folgen, in: GD, Heft 3/1970.

Giere, W.: Gruppendynamik und politische Bildung, in: Gruppendynamik und der subjektive Faktor, Frankfurt 1972.

Giere, W.: Gruppendynamik und bürgerliches Individuum, in: „Westermanns Pädagogische Beiträge", Heft 8/1973, S. 441–451.

Giesecke, H.: Emanzipation – ein neues Schlagwort? in: dj, Heft 12/1969.
Giesecke, H.: Didaktische Probleme des Lernens im Rahmen von politischen Aktionen, in: Politische Aktion und politisches Lernen, München 1970.
Giesecke, H.: Die Jugendarbeit, München 1971.
Gifford, C. G.: Sensitivity Training und Sozialarbeit, in: Schwalbacher Blätter, Heft 2/1972, S. 42.
Giffhorn, H.: Politische Erziehung im ästhetischen Bereich, Velber 1971.
Glaser, H.: Radikalität – Scheinradikalität – Spielraum, in: Beilage zur Wochenzeitung „Das Parlament", Nr. 12/1969.
Godin, E. v.: Gruppenarbeit nach der thema-zentrierten interaktionalen Methode, in: Schwalbacher Blätter, Heft 1/1972.
Goffmann, E.: Stigma. Über Techniken der Bewältigung beschädigter Identität, Frankfurt 1967.
Goffmann, E.: Wir alle spielen Theater, München 1969.
Goffmann, E.: Interaktionsrituale, Frankfurt 1971.
Goffmann, E.: Interaktion: Spaß am Spiel – Rollendistanz, München 1973.
Goffmann, E.: Das Individuum im öffentlichen Austausch, Frankfurt 1974.
Görres, A.: Methode und Erfahrungen der Psychoanalyse, München 1965.
Görres, A.: Psychoanalyse und Verhaltenstherapie, in: *Bachmann, C. H.* (Hrsg.): Psychoanalyse und Verhaltenstherapie, Frankfurt 1972.
Gold, V. u. a.: Kinder spielen Konflikte, Neuwied und Berlin 1973.
Gottschalk, L. A., und *Pattison, E. M.:* Psychiatrische Aspekte der T-Gruppen und die Laboratoriumsbewegung. Eine Übersicht, in: *Horn, K.* (Hrsg.): Gruppendynamik und der subjektive Faktor, Frankfurt 1972.
Graffmann, H.: Zum gruppendynamischen Ansatz des Gruppenunterrichts in der BRD, in: *Meyer, E.* (Hrsg.): Einführung in die Praxis schulischer Gruppenarbeit, Heidelberg 1973.
Graumann, C. F.: Social Perception, in: Zeitschrift für experimentelle und angewandte Psychologie, Nr. 3 (1955/1956).
Grinberg, L., Langer, M., Rodrigué, E.: Psychoanalytische Gruppentherapie, München 1972.
Güntner, N., und *Schwieger, C.:* Non-verbales Interaktionstraining, in: dj 1/1974, S. 30.

Habermas, J.: Erkenntnis und Interesse, Frankfurt 1968.
Habermas, J.: Technik und Wissenschaft als Ideologie, Frankfurt 1970 (4).
Habermas, J.: Theorie der Gesellschaft oder Sozialtechnologie, Frankfurt 1971 a.
Habermas, J.: Der Universalitätsanspruch der Hermeneutik, in: Hermeneutik und Ideologiekritik, Frankfurt 1971 b.
Habermas, J.: Theorie und Praxis, Frankfurt 1971 c.
Habermas, J.: Zur Logik der Sozialwissenschaften, Frankfurt 1971 d (2).
Habermas, J.: Legitimationsprobleme im Spätkapitalismus, Frankfurt 1973 a.
Habermas, J.: Erkenntnis und Interesse (Neuauflage mit Nachwort), Frankfurt 1973 b.
Habermas, J.: Können komplexe Gesellschaften eine vernünftige Identität ausbilden?, in: Zwei Reden, Frankfurt 1974.

Hardach-Pinke, J.: Voraussetzungen einer antikapitalistischen Jugendarbeit, in: dj, Heft 8/1970.
Hartig, M., und *Kurz, U.:* Sprache als soziale Kontrolle, Frankfurt 1971.
Hartley, E. u. *R.:* Die Grundlagen der Sozialpsychologie, Berlin 1969 (2).
Haug, F.: Kritik der Rollentheorie, Frankfurt 1972.
Hecheltjen, K.-G., und *Mertesdorf, F.:* Entwicklung eines mehrdimensionalen Stimmungsfragebogens (MSF), in: GD 2/1973, S. 110.
Heigl-Evers, A.: Prägruppale Bezogenheiten in der analytischen Gruppenpsychotherapie, in: Gruppenpsychotherapie und GD, Heft 1; 1968.
Heigl-Evers, A., und *Hering, A.:* Die „Spielregelung" einer Patientengruppe durch eine Supervisionsgruppe, in: Psychoanalyse und Gruppe, Göttingen 1971.
Heimann, R. A. und *H. M.:* Nichtverbale Kommunikation und Psychotherapeutenausbildung, in: GD 1/1974, S. 12.
Helbing, B.: Zielorientiertes Lernen und soziale Interaktion, in: „Westermanns Pädagogische Beiträge", Heft 9/1973, S. 471–475.
Held, P.: Die themenzentrierte interaktionelle Gruppenarbeit nach Ruth Cohn, in: „Schwalbacher Blätter", Heft 100, S. 107 (1973).
Heller, F. A.: Gruppen-Feedback-Analyse als Methode der Veränderung, in: GD, Heft 2/1972, S. 175.
Hentig, H. v.: Schule als Erfahrungsraum, in: Philologenverband NW (Hrsg.): Sozialisation und Erziehung, Bottrop 1972.
Higgin, G.: Die Skandinavier proben die Befreiung, in: GD, Heft 4/1972, S. 374.
Hinckley, R. G.: Gruppenbehandlung in der Psychotherapie, Zürich 1954.
Hjeholt, G.: Ziele des Mini-Society-Laboratoriums, in: GD, Heft 4/1972, S. 371.
Hofstätter, P. R.: Gruppendynamik, Hamburg 1957.
Hofstätter, P. R.: Einführung in die Sozialpsychologie, Stuttgart 1966 (4).
Hofstätter, P. R.: Sozialpsychologie, Berlin 1970.
Holzkamp, K.: Kritische Psychologie, Frankfurt 1972.
Homans, G. C.: Theorie der sozialen Gruppe, Köln und Opladen 1968 (6).
Horn, K.: Psychoanalyse – Anpassungslehre oder kritische Theorie des Subjekts? in: Sexpol II, Frankfurt 1972.
Horn, K.: Politische und methodologische Aspekte gruppendynamischer Verfahren, in: Das Argument, 50, Berlin 1969.
Horn, K.: Bemerkungen zur Situation des „subjektiven Faktors" in der hochindustrialisierten Gesellschaft kapitalistischer Struktur, in: Gruppendynamik und der subjektive Faktor, Frankfurt 1972 b.
Hüppauff, H.: Hilft Selbsterfahrungslernen zur Entwicklung politischen Bewußtseins? in: GD, Heft 1/1973, S. 5.
Huyghe, R.: Das Bild – seine Gefahr und seine Macht, in: Kunst vor dem Richter, littera Band 4, Frankfurt 1964.

Illich, I.: Entschulung der Gesellschaft, München 1972.

Joas, H.: Die gegenwärtige Lage der soziologischen Rollentheorie, Frankfurt 1973.
Jungblut, G.: Gestörte Kommunikation oder: Hilft die Interaktionsanalyse bei der Veränderung von Unterricht?, in: „pädextra", Heft 8/1974.

Karsten, A.: Das Verhältnis von Gruppendynamik und Gruppenpädagogik, in: Schwalbacher Blätter, Heft 1/1970.

Keim, W.: Soziales Lernen zwischen „angstfreier Erziehung“ und „politischer Sozialisation“, in: *Keim, W.* (Hrsg.): Gesamtschule, Bilanz ihrer Praxis, Hamburg 1973.

Kerbs, D.: Ästhetische und politische Erziehung, in: „Kunst und Unterricht“, Heft 1, S. 28 ff. (1968).

Kerbs, D.: Erziehung zum Anstand in einer unanständigen Gesellschaft, in: Das Ende der Höflichkeit, München 1970 a.

Kerbs, D.: Das Ritual und das Spiel, in: Ästhetik und Kommunikation, Heft 1/1970 (1970 b).

Kerbs, D.: Zum Begriff der ästhetischen Erziehung, in: „Die Deutsche Schule“, Heft 9/1970, S. 562 ff. (1970 c).

Kerbs, D.: Spiel und Freiheit, in: „Kunst und Unterricht“, Heft 9, S. 17 ff. (1970 d).

Kerbs, D.: Design, Kosmetik, Mode, Werbung – manipulierte Sinnlichkeit ohne Sinn?, in: „Kunst und Unterricht“, Heft 15, S. 45 (1972).

Keupp, H., und *Bergold, J. B.:* Probleme der Macht in der Psychotherapie unter spezieller Berücksichtigung der Verhaltenstherapie, in: *Bachmann, C. H.:* Psychoanalyse und Verhaltenstherapie, Frankfurt 1972.

Klafki, W.: Unterrichtsbeispiele der Hinführung zur Wirtschafts- und Arbeitswelt, Düsseldorf 1970.

Kohring-Andresen, F.: Rollenspiel kontra „Rolle“, in: dj, Heft 10/1973, S. 454.

Krappmann, L.: Lernen durch Rollenspiel, in: Kindertheater und Interaktionspädagogik, Stuttgart 1972.

Kuhlen, V.: Verhaltenstherapie im Kindesalter, München 1973 (2).

Kunze, J.: Staatliche Bildungsplanung und antikapitalistische Jugendarbeit, in: dj, Heft 8/1971.

Lapassade, G.: Gruppen, Organisationen, Institutionen, Stuttgart 1972.

Lapassade, G.: Von der Gruppendynamik zur institutionellen Analyse, in: GD, Heft 2/1970.

Lapassade, G.: Institutionsanalyse und Sozio-Analyse, in: GD, Heft 6/1973, S. 377 ff.

Lattke, H.: Sozialpädagogische Gruppenarbeit, Freiburg 1962.

Liebel, M.: Überlegungen zum Praxisverständnis antikapitalistischer Jugendarbeit, in: dj, Heft 1/1971.

Lindner, T.: Organisations-Laboratorien nach dem EIT-Modell, in: GD, Heft 4/1972, S. 391.

Lobrot, M.: Die Selbstbestimmung schulischer Gruppen, in: GD, Heft 2/1971.

Lorenzer, A.: Sprache, Verständigung und Psychoanalyse, in: Sprache – Brücke und Hindernis, München 1972 a.

Lorenzer, A.: Zur Begründung einer materialistischen Sozialisationstheorie, Frankfurt 1972 b.

Lorenzer, A.: Über den Gegenstand der Psychoanalyse oder: Sprache und Interaktion, Frankfurt 1973.

Lorenzer, A.: Kritik des psychoanalytischen Symbolbegriffs, Frankfurt 1970.

Lorenzer, A.: Sprachzerstörung und Rekonstruktion, Frankfurt 1971 a.
Lorenzer, A.: Symbol, Interaktion und Praxis, in: Psychoanalyse als Sozialwissenschaft, Frankfurt 1971 b.
Loschütz, G.: Sofern die Verhältnisse es zulassen. Drei Rollenspiele, Frankfurt 1972.
Lück, H. E.: Zum Begriff der Gruppendynamik, in: GD, Heft 1/1972, S. 123.
Lüscher, M.: Signale der Persönlichkeit, Stuttgart 1973.
Luft, J.: Einführung in die Gruppendynamik, Stuttgart 1971.
Luhmann, N.: Moderne Systemtheorien als Form gesamtgesellschaftlicher Analyse, in: Theorie der Gesellschaft oder Sozialtechnologie, Frankfurt 1971.
Luthe, H. O.: Interpersonale Kommunikation und Beeinflussung, Stuttgart 1968.
Lutz, M., und *Ronellenfitsch, W.:* Gruppendynamisches Training in der Lehrerbildung, Ulm 1971.

Maier, H. u. a.: Über ästhetische Erziehung mit Lehrlingen, in: dj, Heft 9/1972, S. 417.
Maier, H. u. a.: Theaterarbeit mit Lehrlingen, in: „Ästhetik und Kommunikation", Heft 13 (1973).
Mandel, A., und *Mandel, K. H.:* Einübung in die Partnerschaft durch Kommunikationstherapie und Verhaltenstherapie, München 1971.
Mannschatz, E.: Entwurf zu einer Methodik der Kollektiverziehung, Berlin 1970 (2).
Marcuse, H.: Ideen zu einer kritischen Theorie der Gesellschaft, Frankfurt 1969 c (2).
Marcuse, H.: Kultur und Gesellschaft I, Frankfurt 1970 c (9).
Marcuse, H.: Konterrevolution und Revolte, Frankfurt 1973.
Marcuse, H.: Über das Ideologieproblem in der hochentwickelten Industriegesellschaft, in: Ideologie, Neuwied und Berlin 1971.
Marcuse, H.: Der eindimensionale Mensch, Neuwied und Berlin 1969 a.
Marcuse, H.: Versuch über die Befreiung, Frankfurt 1969 b.
Marcuse, H.: Repressive Toleranz, in: Kritik der reinen Toleranz, Frankfurt 1970 a.
Marcuse, H.: Triebstruktur und Gesellschaft, Frankfurt 1970 b.
Marcuse, H.: Aggressivität in der gegenwärtigen Industriegesellschaft, Frankfurt 1968.
Mead, G. H.: Geist, Identität und Gesellschaft, Frankfurt 1968.
Merl, H.: Die Omega-Position in der analytischen Gruppe, in: Gruppenpsychotherapie und GD Heft 1; 1968.
Meyer, E.: Lehrertraining zur Initiierung von Gruppenaktivitäten im Unterrichtsprozeß, in: *Vopel, K. W.* (Hrsg.): Gruppendynamische Experimente im Hochschulbereich, Hamburg 1972.
Meyer, E. (Hrsg.): Gruppenpädagogik zwischen Moskau und New York, Heidelberg 1972 (Gruppenpädagogik – Gruppendynamik 1).
Meyer, E.: Das Modell einer Gruppendidaktik, in: Einführung in die Praxis schulischer Gruppenarbeit, Heidelberg 1973 (Gruppenpädagogik – Gruppendynamik 8).
Mills, T. M.: Soziologie der Gruppe, München 1969.

Mitscherlich, A.: Das soziale und das persönliche Ich, in: Kölner Zeitschrift für Soziologie und Sozialpsychologie Nr. 18; 1966.
Mitscherlich, A.: Die Unfähigkeit zu trauern, München 1968.
Möller, H. R.: Kunstunterricht und visuelle Kommunikation, in: „Ästhetik und Kommunikation", Heft 1, S. 13 (1970).
Möller, H. R.: Gegen den Kunstunterricht, Ravensburg 1971.
Mollenhauer, K.: Einführung in die Sozialpädagogik, Weinheim 1964.
Mollenhauer, K.: Erziehung und Emanzipation, München 1970.
Müller, C. W.: Kentler, Mollenhauer, Giesecke: Was ist Jugendarbeit? München 1967 (3).
Müller, C. W.: Entscheidungsspiele in der Jugendarbeit, in: dj Heft 3/1968.
Müller, P.: Die soziale Gruppe im Prozeß der Massenkommunikation, Stuttgart 1970.

Nahrstedt, W.: Plädoyer für einen Modellversuch „Demokratische Freizeitschule", in: dj 1973, S. 305.
Nahrstedt, W.: Freizeitinteressen von Schülern und Eltern, in: dj 1973, S. 308 ff.
Neidhardt, F.: Bezugspunkte einer soziologischen Theorie der Jugend, in: Jugend im Spektrum der Wissenschaften, München 1970.
Neidhardt, F.: Die junge Generation, Opladen 1970 b (3).
Nellesen, L., und *Svensson, A.:* Eine faktorenanalytische Beschreibung der Trainingsgruppe, in: GD Heft 1/1972, S. 80.
Nickel, H.-W.: Theaterrolle, Rollentheorie, Interaktionspädagogik, in: Kindertheater und Interaktionspädagogik, Stuttgart 1972 a.
Nickel, H.-W.: Grundformen des Kindertheaters und ihre didaktischen Forderungen, in: Kindertheater und Interaktionspädagogik, Stuttgart 1972 b.
Nickel, H.-W.: Interaktionstraining – vier Beispiele, in: „Kunst und Unterricht", Heft 21, S. 23 (1973).
Nickel, H.-W.: Versuch einer Systematisierung theaterpädagogischer Verfahrensweisen, in: Spiel mit Kindern – Theater mit Kindern, Stuttgart 1974.
Nolte, H., und *Staeuble, J.:* Zur Kritik der Sozialpsychologie, München 1972.
Nyssen, F.: Schule im Kapitalismus. Der Einfluß wirtschaftlicher Interessenverbände im Felde der Schule, Köln 1969.

Ohm, C.: Ziellosigkeit als Lernziel der Gruppendynamik, in: Das Argument 78, S. 94 ff. (1973).
Ortlieb, P.: Sozialpsychologische Grundlagen psychotherapeutisch vermittelter „Einsicht", in: GD Heft 3/1973, S. 204.

Pagès, M.: Bethel 1969, in: GD Heft 2/1971.
Pagès, M.: Die nicht-direktive Orientierung in der Sozialpsychologie, in: Ebd.
Pauls, A.: Theaterspiel mit Arbeiterkindern, in: Kindertheater und Interaktionspädagogik, Stuttgart 1972.
Peltner, I.: Das mündliche Planspiel, in: dj, Heft 10/1973, S. 460.
Peter, H.-U.: Die Schule als soziale Organisation, Weinheim und Basel 1973.
Petzold, H.: Gestalttherapie und Psychodrama, Kassel 1973.
Pörtner, P.: Spontanes Theater, Köln, 1972.

Pott, P.: Progressive, emanzipatorische und antikapitalistische Jugendarbeit, in: dj Heft 12/1971.

Preuss, H. G.: Analytische Gruppenpsychotherapie. Grundlagen und Praxis, Reinbek 1972.

Prior, H.: Gruppendynamik und politisches Lernen, in: *Vopel, K. W.* (Hrsg.): Gruppendynamische Experimente im Hochschulbereich, Hamburg 1972.

Prior, H.: Gruppendynamik in der Seminararbeit, Hamburg 1970.

Prior, H.: Gesamtschule – Sozialerziehung – Gruppendynamik, in: „Hamburger Lehrerzeitung", 1/1972, S. 1–9 (1972 b).

Prior, H.: Soziales Lernen und Tutorenarbeit an der Gesamtschule, in: „Hamburger Lehrerzeitung", 26/1973 (Heft 9), S. 317–326.

Prim, R., und *Reckmann, H.:* Das Planspiel als gruppendynamische Methode außerschulischer politischer Bildung, Heidelberg 1975 (Gruppenpädagogik – Gruppendynamik 19).

Prose, F.: Gruppendynamisches Training für Lehrer an Gesamtschulen, in: GD, Heft 3/1972, S. 275.

Prose, F.: Ziele und Grundlagen des gruppendynamischen Trainings im Schulbereich, in: „Westermanns Pädagogische Beiträge", Heft 8/1973, S. 431.

Quint, J.: Eine Gruppe erhält neue Mitglieder, in: Psychoanalyse und Gruppe, Göttingen 1971.

Rank, A.: Aspekte und aktuelle Problematik der Gruppendynamik, in: Neue Praxis Heft 1/1971, S. 27.

Rapoport, R. N.: Drei Probleme der Aktionsforschung, in: GD Heft 1/1972, S. 44.

Rave-Schwank, M., und *Kallinke, D.:* Das Rollenspiel in der Ausbildung von Schwestern und Pflegern, in: GD Heft 1/1973, S. 35.

Rehm, W.: Die psychoanalytische Erziehungslehre, München 1968.

Reiche, R.: Sexualität und Klassenkampf. Zur Abwehr repressiver Entsublimierung, Frankfurt 1968.

Reimann, H. L.: Collage als Kooperationsspiel. Ein gruppendynamisches Element pädagogischer Arbeit, in: dj, Heft 8/1973, S. 371.

Reimann, B. W.: Psychoanalyse und Gesellschaftstheorie, Darmstadt und Neuwied 1973.

Ricciardi, A.: Das Tavistock Modell des Human-Relations-Training, in: GD, Heft 4/1973, S. 238.

Rice, A. K.: Führung und Gruppe, Stuttgart 1971.

Richter, H. E.: Patient Familie, Reinbek 1970.

Richter, H. E.: Eltern, Kind und Neurose, Reinbek 1967 (2).

Richter, H. E.: Die Gruppe, Reinbek 1972.

Richter, H. E.: Über Gruppenarbeit mit Obdachlosen, in: GD, Heft 4/1973, S. 248.

Rioch, N. J.: Gruppenmethoden, in: GD Heft 2/1971.

Ritter, J. A., und *Ritter, U. P.:* Notwendigkeit und Möglichkeiten der Entwicklung gruppendynamischer Curricula, in: *Vopel, K. W.* (Hrsg.): Gruppendynamische Experimente im Hochschulbereich, Hamburg 1972.

Rohard, G., und *Martin, R.:* Das Simulationsspiel in der gewerkschaftlichen Jugendarbeit, in: dj Heft 2/1973, S. 85.
Rolff, H.-G., und *Tillmann, K.-J.:* Strategisches Lernen durch gesellschaftsverändernde Praxis, in: „Päd-extra", Heft 2/1974, S. 9.
Rosenwald, G. C.: Zum Objektivierungsproblem in der Gruppenpsychologie, in: *Horn, K.* (Hrsg.): Gruppendynamik und der subjektive Faktor, Frankfurt 1972.
Ruhloff, J.: Ein Schulkonflikt wird durchgespielt, Heidelberg 1970.
Rüttenauer, J. (Hrsg.): Persönlichkeit, Kollektiv, Gesellschaft, Mühlheim 1972.

Sachs, W., und *Scheilke, C. T.:* Lehrer und Curriculum, in: Thema Curriculum, Band 2, Lernziele und Lehrerrolle, Bebenhausen 1972.
Sader, M.: Psychologische Anmerkungen zur Theorie der Gruppendynamik, in: GD Heft 1/1972, S. 111.
Sader, M., und *Schäuble, W.:* Zur Zielexplikation bei gruppendynamischen Veranstaltungen, in: GD Heft 4/1972, S. 423.
Sbandi, P., und *Vogl, A:* Das dreidimensionale Gruppenmodell von R. F. Bales, in: GD Heft 3/1973, S. 181.
Sbandi, P.: Feedback im Sensitivity Training, in: Gruppenpsychotherapie und GD, Bd. 4, Heft 1, 1970.
Schäfer, K. H., und *Schaller, K.:* Kritische Erziehungswissenschaft und kommunikative Didaktik, Heidelberg 1971.
Schedler, M.: Kindertheater. Geschichte, Modelle, Projekte, Frankfurt 1972.
Schedler, M. (Hrsg.): Mannomann! 6× exemplarisches Kindertheater, Köln 1973.
Scherer, K. R.: Nonverbale Kommunikation, Hamburg 1970.
Scherf, E.: Aus dem Stegreif. Soziodramatische Spiele mit Arbeiterkindern, in: Kursbuch Nr. 34, S. 103 (1973).
Schiller, R.: Gruppenpädagogik als Methode der Sozialarbeit, Wiesbaden 1963.
Schindler, R.: Grundprinzipien der Psychodynamik in der Gruppe, in: Psyche Bd. 11 (1957/58).
Schindler, R.: Was lehrt uns die Gruppenerfahrung für das Verständnis der Psychodynamik bei schizophrenen Psychosen? in: Gruppenpsychotherapie und Gruppendynamik Bd. 1 (1968).
Schindler, R.: Die Soziodynamik in der therapeutischen Gruppe, in: Psychoanalyse und Gruppe, Göttingen 1971.
Schmid, B. A.: Schwierigkeiten mit dem Thema. Sachliche Diskussion im themenzentrierten Training, in: GD, Heft 4/1973, S. 261.
Schmid, B. A.: Gruppendynamische Betreuung lehrstofforientierter Arbeit, in: GD, Heft 6/1973, S. 408.
Schmidtbauer, W.: Sensitivitätstraining und analytische Gruppendynamik, München 1973.
Schmitt, R.: Das problembezogene Rollenspiel in der Vorschule, in: „Westermanns Pädagogische Beiträge", Heft 8/1973, S. 452.
Schreiner, G.: Soziales Lernen in der Schule, in: „Westermanns Pädagogische Beiträge", Heft 8/1973, S. 415.
Schreiner, G.: Schule als sozialer Erfahrungsraum, Frankfurt 1973 b.
Schreiner, G.: Soziales und politisches Lernen. Anspruch und Wirklichkeit einer Gesamtschule, in: „Die Deutsche Schule", Heft 1/1974 und 2/1974.

Schultz, W.: Zur Bedeutung des Rollenspiels in Kindergarten und Grundschule, in: Kindertheater und Interaktionspädagogik, Stuttgart 1972.

Schutz, W. C.: Freude, Reinbek 1971.

Schwärzel, W.: Nichtverbale Interaktionstrainings – ein neuer Markt für Symptomverwertung?, in: GD, Heft 1/1974, S. 25.

Schweppenhäuser, H.: Dialektische Theorie und Kritik der Gesellschaft, in: Tractanda, Frankfurt 1972.

Schweppenhäuser, H.: Das Individuum im Zeitalter seiner Liquidation, in: Sonderdruck des Archivs für Rechts- und Sozialphilosophie 1971, LVII/1.

Seitz, W.: Aktion als Lernprozeß im Rahmen kultureller Erziehung, in: dj Heft 8/1971.

Sievers, B.: Laboratorium als soziales System, in: GD, Heft 5/1973, S. 336.

Simon-Schaefer, R.: Dialektik. Kritik eines Wortgebrauchs, Stuttgart 1973.

Sjølund, A.: Lehrertraining in Gruppendynamik, in *Meyer, E.* (Hrsg.): Gruppenpädagogik zwischen Moskau und New York, Heidelberg 1972 (Gruppenpädagogik – Gruppendynamik 1).

Sjølund, A.: Der Kommunikationsprozeß im Unterricht, in: *Meyer, E.* (Hrsg.): Einführung in die Praxis der schulischen Gruppenarbeit, Heidelberg 1973 (Gruppenpädagogik – Gruppendynamik 8).

Sjølund, A.: Gruppenpsychologie für Erzieher, Lehrer und Gruppenleiter, Heidelberg 1974 (Gruppenpädagogik – Gruppendynamik 7).

Slater, P. E.: Mikrokosmos: Eine Studie über Gruppendynamik, Stuttgart 1970.

Spangenberg, K.: Chancen der Gruppenpädagogik, Weinheim 1969.

Stadter, E.: Philosophische Aspekte der Partnerbeziehung und der Kommunikationstherapie, in: *Mandel, A.:* Einübung in Partnerschaft durch Kommunikationstherapie und Verhaltenstherapie, München 1971.

Steinkamp, H.: Gruppendynamik und Demokratisierung, Mainz 1973.

Strotzka, H.: Fortschritte der Neurosentherapie, in: *Bachmann, C. H.* (Hrsg.): Psychoanalyse und Verhaltenstherapie, Frankfurt 1972.

Svensson, A.: Die Marathon-Methode nach Bach und Stoller, in: GD Heft 4/1972, S. 407.

Tausch, R. u. *A.*: Erziehungspsychologie, Göttingen 1970 (5).

Ulich, D.: Gruppendynamik in der Schulklasse, München 1970.

Vopel, K. W.: Themenzentrierte Interaktion, in: Schwalbacher Blätter, Heft 100, S. 98 (1973).

Vorwerg, M. (Hrsg.): Die Struktur des Kollektivs in sozialpsychologischer Sicht, Berlin 1970.

Vorwerg, M., und *Hiebsch, H.:* Einführung in die marxistische Sozialpsychologie, Berlin 1971.

Walz, U.: Soziale Reifung in der Schule, Hannover 1960.

Watzlawick, P., Beavin, H. J., Jackson, D. D.: Menschliche Kommunikation, Bern, Stuttgart, Wien 1972 (3).

Weber, G.: Lernen in Gruppen, München 1967.

Weiß, C.: Pädagogische Soziologie IV, Bad Heilbrunn 1970.

Wellendorf, F.: Schule und Identität. Thesen zur schulischen Sozialisation, in: betrifft: erziehung, Heft 5/1973, S. 26.
Wellendorf, F.: Schulische Sozialisation und Identität, Weinheim und Basel 1973.
Wellmer, A.: Kritische Gesellschaftstheorie und Positivismus, Frankfurt 1969.
Widlöcher, D.: Das Psychodrama bei Jugendlichen, Olten und Freiburg 1974.
Wieringa, C. F.: Gruppenpädagogik – Gruppendynamik, in: Schwalbacher Blätter Heft 1/1970.
Wieringa, C. F.: Problematik des gruppendynamischen Seminars, in: GD Heft 1/ 1971.
Wieringa, C. F.: Feedback, in: GD Heft 1/1973, S. 42.
Wieser, H., und *Bayer, J.:* Psychoanalyse, Kapitalmystifikation und Ideologie, in: Kursbuch Nr. 29 (1972).
Wulff, E.: Psychopathie? – Soziopathie? in: Das Argument 71, S. 62 (1972 a).
Wulff, E.: Psychoanalyse als Herrschaftswissenschaft, in: Kursbuch Nr. 29 (1972 b).
Wunberg, G.: Autorität und Schule, Stuttgart, Berlin, Köln, Mainz 1966.
Wutte, L.: Interaktions- und Rollenspiele mit 12- bis 13jährigen Mädchen, in: *Nickel, R.,* und *Nickel, H. W.* (Hrsg.): Spiel mit Kindern – Theater mit Kindern, Stuttgart 1974.

Zand, D. E.: Vertrauen und Problemlösungsverhalten von Managern, in: GD, Heft 5/1973, S. 294.
Zapotoczky, H. G.: Kindertheater und Psychodrama, in: Kindertheater und Interaktionspädagogik, Stuttgart 1972.
Zimmer, J.: Hypothesen über die Funktion von Kunst und Kunstunterricht in einem revidierten Curriculum, in: „Ästhetik und Kommunikation“, Heft 1, S. 53 (1970 a).
Zimmer, J.: Lust- oder Realitätsprinzip, in: „Kunst und Unterricht“, Heft 7, S. 42 (1970 b).
Zimmer, D.: Kommunikationstherapie und Verhaltensmodifikation. Eine wissenschaftstheoretische und sozialkritische Analyse, in: *Mandel, A.:* Einübung in Partnerschaft durch Kommunikationstherapie und Verhaltenstherapie, München 1971.
Zöchbauer, F., und *Hoekstra, H.:* Kommunikationstraining, Heidelberg 1974 (Gruppenpädagogik – Gruppendynamik 11).

Kommentiertes Sachregister

(Die Seitenverweise beziehen sich auf das vorliegende Buch)

„Action-research“: Sozialwissenschaftliche Forschungsrichtung, die eine enge Verbindung von Theorie und Praxis anstrebt. Wissenschaftliche Erkenntnisse (über Gruppenprozesse) werden durch selbstgemachte Erfahrungen (etwa durch Teilnahme an den Gruppenprozessen) gewonnen.
Literatur: Lück 1972, Haag, F. u. a.: Aktionsforschung, München 1972.
Seitenverweis: 7

Ästhetische Erziehung: umfaßt alle durch Wahrnehmung erschließbaren Phänomene, d. h. nicht nur sämtliche Künste, sondern z. B. auch die „Schönheit“ von Menschen, Landschaften, Gebrauchsgegenständen. Auch die Produkte der Massenkommunikation, das Wohnen und das Modeverhalten sind Gegenstand der Ästhetischen Erziehung. Dabei beschränkt diese Erziehung sich nicht auf das je eigene Schaffen und Machen, sondern erstreckt sich immer auch auf das Erkennen, Genießen, Beurteilen und Interpretieren von ästhetischen Phänomenen.
Literatur: Kerbs 1968, 1970 c, Möller 1970, 1971, Giffhorn 1971, Zimmer 1970 a, 1970 b.
Seitenverweis: 189 ff.

Aktion: politisches Verhalten zur Durchsetzung legitimer, aber unterdrückter Interessen über den Rahmen der Gruppe hinaus. Beispiele aus dem Bereich der Schule: Demonstration gegen Mängel, Solidarisierung mit Lehrern, Durchsetzen von politischen Interessen in „Selbstverwaltungsorganen“ von Gesamtschulen.
Literatur: Marcuse 1969 b.
Seitenverweise: 21, 45, 82, 108 f., 111, 154, 194 f.

Aktionsspiele: mögliche Form der Aktion, in der „spielerisch“ gesellschaftliche Situationen der Bevölkerung bewußt gemacht werden sollen.
Literatur: Erl und Renz 1970, Seitz 1971, Büttenbender und Rüttelmeyer 1971.
Seitenverweis: 154

Angst: als „Unsicherheit in neuen, ungewohnten Situationen“ definiert, wird sie in manchen T-Gruppen-Konzepten benötigt, um Verhaltensänderungen zu erreichen.
Literatur: Bradford, Gibb, Benne 1972.
Seitenverweis: 11

Anpassung: Fähigkeit des Individuums, auf veränderte oder neue Situationen durch Verhaltensänderungen (und Bewußtseinsänderungen) zu reagieren.
Literatur: Skawran: Psychologie der Anpassungsprozesse, Freiburg und München 1965.
Seitenverweise: 14, 32

Antizipation: Vorwegnahme befriedigender Beziehungen und Genußmöglichkeiten einer künftigen freien Gesellschaft im Rahmen der bestehenden gesellschaftlichen Strukturen.
Literatur: Wellmer 1969, Horn 1972 b, Habermas 1971 a, Kerbs 1972.
Seitenverweise: 21, 34, 45, 48, 82, 95, 108 f., 111, 190, 193 ff., 203
s. auch: unfreezing.

Anwendungsgruppen: Arbeitsform in gruppendynamischen Seminaren, die der Übertragung des Gelernten auf die Praxis dient.
Literatur: Rice 1971.
Seitenverweis: 18

Assoziationsübungen: pädagogische Verfahren, um Wahrnehmungsschemata bewußt zu machen und die Unterschiedlichkeit zwischen verschiedenen Individuen in den Wahrnehmungen deutlich zu machen.
Literatur: Büttenbender und Rittelmeyer 1971 b, Antons 1973.
Seitenverweis: 48

Autorität: personelle und institutionelle Überlegenheit.
Literatur: Peter 1973, Wunberg 1966, Adorno 1971, Fromm 1970 a.
Seitenverweise: 61, 68 ff., 72, 83, 148

Axiome der Kommunikation: erfahrene Beschaffenheit von Kommunikation; Kommunikationsprinzipien; Grundsätze der Kommunikation, die eines Beweises nicht bedürfen noch fähig sind.
Literatur: Watzlawick u. a. 1972, Baacke 1972.
Seitenverweise: 43 ff.

Begegnung: „Alles wirkliche Leben ist Begegnung" (Buber, Werke, Band I, S. 85, München und Heidelberg 1962). In der Zuwendung zum Anderen, in der Erfahrung der Gegenseite gestalten sich die positiven Momente einer Begegnung.
Seitenverweise: 69 ff., 79

„Beratungsstunde": institutionell gewährte, formalisierte Form, „Selbstbestimmung" der Schüler zu trainieren.
Seitenverweis: 120

Beziehungsaspekt der Kommunikation: in der Interaktion bestimmen die Partner durch die Art, *wie* sie etwas sagen bzw. sich verhalten, wie sie zueinander stehen (z. B. gleichberechtigt, unterlegen/überlegen).
Literatur: Watzlawick u. a. 1972, Baacke 1972, Argyle 1972.
Seitenverweis: 54 ff.
s. auch: Inhaltsaspekt der Kommunikation.

Beziehungsstrukturen: eingeschliffene Muster, in denen Interaktionen ablaufen und in denen die Beziehungsaspekte der Kommunikation „festgeschrieben" sind.
Seitenverweise: 24, 47, 49, 51, 62 f., 69 f., 97, 115, 118, 136

„Brechungen" der Totalität: die gesellschaftliche Situation legt fest, was im Rahmen der gesellschaftlichen Strukturen möglich ist. Dieser gesellschaftliche Einfluß setzt sich jedoch nicht unmittelbar durch, sondern ist vermittelt über gesellschaftliche Systeme und gewinnt dadurch erst seine konkrete Gestalt. Diese Vermitteltheit der gesellschaftlichen Situation ist mit der Metapher „Brechung" umschrieben worden.
Seitenverweise: 43, 105
s. auch: Totalität, gesellschaftliche.

Bürokratie: Herrschaftsform, die Entscheidungsfreiheit und Initiative der Menschen unter dem Mantel „Verantwortung", „Fürsorge" und „Wohl" verhüllt.
Literatur: Lapassade 1972, Illich 1972.
Seitenverweise: 23, 86 f.

Curriculum: Lernplan; methodische Vorstellungen u. Angaben über die Erstellung und Durchführung eines derartigen Lernplanes.
Seitenverweise: 33, 79, 81, 83 ff.

„Design“: konkrete Planungsergebnisse für ein gruppendynamisches Seminar (Ziele, Art und Zusammensetzung der Teilnehmer, Auswahl der Methoden, Funktionen und Verhalten der Trainer, Inhalte).
Literatur: Bradford, Gibb, Benne 1972, Spangenberg 1969, Cierce 1970.
Seitenverweise: 11, 17, 18

Digitalisierung: „Übersetzung“ von nonverbalen Zeichen in sprachliche (z. B. Du schaust so traurig aus; du blickst mich so an, als wenn du mir nicht folgen kannst).
Literatur: Mandel und Mendel 1971.
Seitenverweis: 60

Doublen: Methode des Psychodramas, bei der der Therapeut die Rolle des Akteurs gleichzeitig mit diesem spielt. Diese Rollenverstärkung dient der Angstbewältigung.
Literatur: Zapotoczky 1972, Widlöcher 1974.
Seitenverweis: 141 f.

Emanzipation: individuelle und gesellschaftliche Veränderung zur Befreiung von asymmetrischer gesellschaftlicher, d. h. ökonomisch-technologisch-politischer Abhängigkeit – und von gesellschaftlich vermittelten psychischen Einengungen, Beschränkungen und Determinierungen von Wahrnehmungen, Bewußtsein und Handlungen.
Literatur: Marcuse 1969 b, 1969 c, Adorno 1970.
Seitenverweise: 21, 65, 95 f., 111

Empirische Forschung: als methodisches Prinzip fordert sie die Überprüfbarkeit aller Einsichten durch Erfahrung (Beobachtung, Experiment, Messung, Umfrage, statistische Erhebung).
Literatur: Adorno u. a. 1972, Holzkamp 1972, Habermas 1971 d, Argyle 1972.
s. auch: Kleingruppenforschung.
Seitenverweise: 8, 40 ff.

Entwertung: Form der Sprachzerstörung, in der eigene oder fremde Aussagen – absichtlich oder unabsichtlich – einer klaren Bedeutung beraubt sind bzw. die menschliche Wirklichkeit des Interaktionspartners negiert wird.
Literatur: Watzlawick u. a. 1972.
Seitenverweise: 46, 57

Entscheidungsprozesse, demokratische: erfordern die Mitwirkung und Mitbestimmung aller Beteiligten; meist handelt es sich jedoch nur um „formaldemokratische“ Abstimmungsprozeduren, bei denen der Meinungsbildungsprozeß kaum zustande gekommen ist. Es gilt, den demokratischen „Scheincharakter“ derartiger Entscheidungsprozesse bewußt zu machen und zu Veränderungen in Richtung auf tatsächliche Mitwirkung und Mitbestimmung zu gelangen.
Seitenverweise: 15, 177
s. auch: Selbstbestimmung.

Epiphänomen: Erscheinungsform, die nicht das Wesen einer Sache bezeichnet; Begleiterscheinung einer Sache.
Seitenverweis: 34

Erkenntnisrahmen: Möglichkeit, unterschiedliche Erkenntnisse zueinander in Beziehung zu setzen; Struktur unterschiedlicher zu einem Erkenntnisgegenstand gemachter Erkenntnisse und Erfahrungen.
Seitenverweise: 22, 34, 35, 65, 96, 103 ff.

face-to-face-group: Kleingruppe, in der die Mitglieder sich von Angesicht zu Angesicht kennen und miteinander Interaktionsprozesse eingehen.
Seitenverweise: 8, 114
s. auch: Gruppe.

feedback: bewußte „Rückspiegelung" von Verhaltensweisen. Die Interaktionspartner teilen einander mit, wie sie ihr gegenseitiges Verhalten und ihre Beziehung erfahren und wahrnehmen.
Literatur: Wieringa 1973, Sbandi 1970.
Seitenverweise: 13 ff., 32, 38, 60, 63, 118, 129, 163, 175, 176

Freizeitgruppen: Möglichkeit an Schulen (insbesondere Gesamtschulen), mit Schülern Freizeit gemeinsam zu verbringen. Freizeitgruppen sind teilweise in den Unterrichtsplan der Schule integriert. In den Freizeitgruppen sollen soziale Lernziele angestrebt werden.
Literatur: Nahrstedt 1973, Keim 1973.
Seitenverweis: 155 ff.

Freizeitinteressen: Empirische Untersuchungen von Nahrstedt (1973) und Buddrus (1973) erbrachten sowohl Diskrepanzen zwischen Schülerinteresse und Wunsch der Eltern für ihre Kinder als auch erhebliche Diskrepanzen bei den Lehrern zwischen Eigeninteresse und praktischer und theoretischer pädagogischer Einschätzung von Freizeitgebieten. Eine Freizeitpädagogik im Rahmen der Schule ist darauf angewiesen, die Schülerinteressen ernst zu nehmen und auf sie einzugehen.
Seitenverweis: 155 ff.

Fremdbestimmung: Der Mensch bestimmt sich in letzter Konsequenz nie selbst, sondern ist auf Interaktionen verwiesen, in denen wechselseitige Bestimmungen stattfinden. Diese Interaktionen sind jedoch durch die gesellschaftlichen Verhältnisse überformt, und zwar in der Weise, daß die an den Interaktionen beteiligten Individuen diese Bestimmungen nicht durchschauen. Diese Bestimmungen (die ja auch von Menschen gemacht sind) treten den Interaktionspartnern als etwas Fremdes, Undurchschautes gegenüber und sind so „Fremdbestimmungen". Fremdbestimmung vermittelt sich über Rollen.
Literatur: Haug 1972, Joas 1973.
Seitenverweis: 24

„Gesetzmäßigkeiten": durch empirische Untersuchungen festgestellte „Gleichförmigkeiten" im menschlichen Erleben und Handeln. Diese „Gesetzmäßigkeiten", von Menschen gemacht, sind Ergebnis der historisch gewordenen allgemeinen Struktur der Regelung menschlicher Lebensumstände, von denen die einzelnen Menschen unvermerkt bis in ihre scheinbaren privaten Verhaltens- und Erlebnisweisen geprägt sind.
Literatur: Holzkamp 1972.
Seitenverweise: 7, 12, 21, 35, 40 ff., 65 f., 106

Gestaltungsspiele: Übungen im Rahmen des Interaktionstrainings, in denen die Teilnehmer bestimmte Tätigkeiten mimisch, gestisch und teilweise auch verbal unter Beachtung der Details vorspielen (z. B. „einen Brief schreiben").
Literatur: Wutte 1974.
Seitenverweis: 137 f.

Großgruppenveranstaltung: ergänzende Veranstaltung im Rahmen eines gruppendynamischen Seminars, die aus sämtlichen Seminarteilnehmern besteht und die dem Studium der Interaktionsprozesse in einer großen Gruppe dient.
Literatur: Rice 1971.
Seitenverweis: 17

Gruppe: soziales System aus mehr als zwei Personen, das Interaktionsprozesse ermöglicht.
Literatur: Dietrich 1969, Hartley 1969, Homans 1968.
Seitenverweis: 7

Gruppenarbeit: gemeinsame Arbeit einer Klasse, einer Gruppe oder mehrerer Gruppen; Arbeitsform im Rahmen des Klassenverbandes, in der Gruppen von Schülern wesentliche Träger der unterrichtlichen Bildung und Sozialerziehung sind.
Literatur: Dietrich 1969, Walz 1968, Sjølund 1973, Meyer 1973.
Seitenverweis: 122 ff.

Gruppendynamik: bezeichnet sowohl einen Forschungsbereich, der Gruppen zum Gegenstand hat (Kleingruppenforschung) als auch Methoden und Verfahren, um gruppendynamische Prozesse für die Beteiligten sichtbar zu machen (gruppendynamische Methoden). In der Verbindung zwischen Gruppendynamik als Forschung und Wissenschaft und Gruppendynamik als Methode ist unter dem Begriff „gruppendynamisches Training" versucht worden, sowohl die Interaktionsprozesse Lehrer-Schüler und die sie bestimmenden Kräfte darzustellen, als auch Methoden und Verfahren zu entwickeln, mit deren Hilfe Schüler diese Prozesse und die sie bestimmenden Kräfte bewußt an sich erfahren, durchschauen und verändern lernen.
Literatur: Cartwright und Zander 1968, Spangenberg 1970, Sader 1972, Lück 1972.
Seitenverweise: 7 ff., 110 ff.

Hedonismus: philosophische Richtung, die die allseitige Entfaltung und Erfüllung der individuellen Bedürfnisse des Menschen, die Verwirklichung der Idee des Glücks anstrebt.
Literatur: Marcuse 1970 c, Kerbs 1970 d, 1970 c, 1972.
Seitenverweise: 190 ff., 198

Hier-und-Jetzt: Geschehen, wie es gerade in der Gruppe abläuft. Die unmittelbaren Erfahrungen bilden die Grundelemente gruppendynamischen Trainings.
Literatur: Bradford, Gibb, Benne 1972.
Seitenverweise: 10, 12, 13, 35 ff., 115 ff.

Identifikation: meist unbewußtes „Sichhineinversetzen" in einen anderen Menschen, z. B. weil dessen Vorteil mit dem eigenen eng zusammenhängt oder weil man dessen „Größe", Macht, Einfluß nicht besitzt und so daran „teilnehmen" kann.

Literatur: Freud: Massenpsychologie und Ich-Analyse, Frankfurt 1967, Lapassade 1972.
Seitenverweise: 24, 87, 89

Identität: Bewußtsein seiner selbst. Identität mißt sich an der Wahrnehmung und dem Bewußtsein einer Übereinstimmung zwischen lebensgeschichtlicher und aktueller „Selbstbestimmung", „Selbstwahrnehmung", „Selbsterfahrung". Zum anderen wird Identität auch durch die Übereinstimmung bzw. Nichtübereinstimmung mit den Standardisierungen und Fremdwahrnehmungen aus dem sozialen Bezugsfeld bestimmt. Durch intensive feedback-Prozesse ermöglicht gruppendynamisches Training Veränderungen von Identitäten.
Literatur: Rosenwald 1972, Brocher 1969.
Seitenverweise: 13 f., 63, 71, 73, 76 f., 79 ff., 82 ff., 99 ff., 164, 167 ff.

Improvisationen: relativ offene Form des Rollenspiels. Die Teilnehmer spielen eine Szene aufgrund eines äußeren Spielanreizes (Requisiten, thematische Festlegung usw.).
Literatur: Wutte 1974.
Seitenverweis: 138
s. auch: Rollenspiel.

Inhaltsaspekt der Kommunikation: inhaltliche Mitteilung einer Kommunikation, z. B. Aussagen über eine Sache (im Gegensatz zum Beziehungsaspekt der Kommunikation).
Literatur: Watzlawick u. a. 1972, Baacke 1973.
Seitenverweis: 54 ff.

Institutionen: offizielle gesellschaftliche Gruppen (Betriebe, Schulen, Gewerkschaften usw.) sowie Regelsysteme, die das Leben dieser Gruppen bestimmen. Sie sind das eingerichtete Ganze aus Handlungen und Gedanken, das die Menschen vorfinden und das sich ihnen vermittelt, also Gewohnheiten, Bräuche, Vorurteile, aber auch politische Verfassungen und juristische Organisationen. So gesehen ist die Selbsterfahrung im gruppendynamischen Training das Erleben einer strukturierenden, institutionellen Ordnung, die in den Interaktionen der Gruppe oder der Schulklasse die Organisation der Gesellschaft, und vor allem ihre politische Organisation, nämlich die der Produktion, widerspiegelt.
Literatur: Lapassade 1972.
Seitenverweis: 24

„Institutionelle Pädagogik": in Frankreich entwickeltes pädagogisches Modell, das im Rahmen einer Bürokratismuskritik gruppendynamische Methoden, Verfahren und Erkenntnisse einbezogen hat. Das Prinzip der Nichtdirektivität und das der Nachfrage sowie eine veränderte Rolle des Lehrers stehen im Mittelpunkt und kennzeichnen das Modell.
Literatur: Lapassade 1972, Lobrot 1971.
Seitenverweis: 23 ff.

„Instrumente" der Beobachtung: Hilfsmittel der Wahrnehmung, um die feedback-Prozesse zu erweitern. Im „strengen" Sinne zählen hierzu Interaktionsanalysen, die Aussagen über den Gruppenprozeß ermöglichen, ferner Aufzeichnungen auf Video-Recorder oder TB-Gerät. Ähnliche Funktionen haben Einschätzungsverfahren (Prozeßanalysen, Soziometrie, Verhaltenseinschätzungen usw.), die jedoch

eher Bewertungs- als Beobachtungsdaten erfassen.
Literatur: Bales 1968, Fittkau 1973, Brocher 1967, Antons 1973, Meyer 1973.
Seitenverweis: 36 ff.
s. auch: Wahrnehmung.

Interaktion: Jedem Gespräch, ja jeder menschlichen Zusammenkunft liegen Reiz-Reaktions-Schemata zugrunde; Menschen „stellen sich aufeinander ein". Dieses sich wechselseitig bedingende Verhalten, in dem die Aktivität des einen Partners der des anderen folgt bzw. von ihr angeregt wird, nennen wir Interaktion.
Literatur: Homans 1968, Baacke 1973.

Interaktionspädagogik: methodisch orientierte Richtung der Pädagogik, die den interaktionalen Aspekt menschlichen Verhaltens zum Gegenstand ihrer Bemühungen macht; eine Erziehung, die darauf gerichtet ist, den Austausch von und die wechselseitige Reaktion auf Zeichen im direkten Verhalten der Menschen zueinander wahrzunehmen, zu verstehen und zu verbessern (zu trainieren).
Literatur: Nickel 1974.
Seitenverweis: 109 ff.

Interaktionstraining: Methode der Interaktionspädagogik, die grundlegende Interaktionserfahrungen vermittelt. Unter bewußter Absehung von der Komplexität menschlichen Verhaltens werden Übungen und Spiele in einer didaktisch geplanten Abfolge mit einer Gruppe durchgeführt, die sich regelmäßig trifft.
Literatur: Nickel 1973, Wutte 1974.
Seitenverweis: 133 ff.

Intergruppenveranstaltung: Veranstaltungsform auf gruppendynamischen Seminaren, in denen die Interaktionsprozesse in und zwischen Gruppen (Probleme der Delegation) Gegenstand der Selbsterfahrung und Reflexion sind.
Literatur: Rice 1971.
Seitenverweis: 17

Interpunktion: Struktur, die hilft, die Interaktion zu verstehen; Interpretation des Geschehens.
Literatur: Watzlawick u. a. 1972, Baacke 1973, Jungblut 1974.
Seitenverweis: 61 ff.

Kleingruppenforschung: empirische Forschung, die die Interaktionen in einer face-to-face-Gruppe zum Gegenstand hat. Es geht dieser Forschung z. B. um die Erforschung von Gruppenstrukturen, Gruppennormen, der Zusammenhänge von Gruppenproduktivität mit Gruppengröße und Gruppenstruktur.
Literatur: Sader 1972, Argyle 1972.
Seitenverweise: 8, 40
s. auch: empirische Forschung.

Kommunikation: In dem Verhalten der Menschen zueinander werden Zeichen (Sprachsymbole, „Körpersprache") verwendet, wahrgenommen und interpretiert. Wir haben diesen Anteil im zwischenmenschlichen Verhalten Kommunikation genannt.
Literatur: Baacke 1973.
s. auch: Interaktion.

Kompetenz, kommunikative: ursprüngliche, im Menschen verankerte Regelstruktur für Sprache, Interaktion und Kommunikation mit universellem Charakter.

Die Regeln besitzen einen grundsätzlichen Allgemeinheitsgrad, der nicht nur die Fähigkeit zum Erwerb mehrerer Sprachen erklärt und bestimmte Grundgesetzlichkeiten aller Sprachen, sondern auch die Fähigkeit, unterschiedliche Verhaltenssysteme zu verstehen und zu übernehmen.
Literatur: Habermas 1971 a, Braake 1973.
Seitenverweise: 44 f., 65 f.
s. auch: Performanz, kommunikative.

Komplementarität in der Kommunikation: wechselseitige Unterschiedlichkeit in der Kommunikation (z. B. Mutter und Kind).
Literatur: Watzlawick u. a. 1972.
Seitenverweis: 50 ff.
s. auch: Symmetrie in der Kommunikation.

Labilisierung: Wirkung des gruppendynamischen Trainings auf die Teilnehmer. Da Ziel, Methoden, Struktur des gruppendynamischen Seminars für die Teilnehmer zunächst offen erscheinen, tritt eine Verunsicherung in den Erwartungen ein. Die Verhaltenssicherheit wird labilisiert.
Literatur: Bradford, Gibb, Benne 1972.
Seitenverweise: 11 f., 29, 33

Laboratorium, gruppendynamisches: Fortbildungskurs, ein- bis mehrwöchiges Seminar, in dem die Teilnehmer Selbsterfahrungen machen können.
Literatur: Bradford, Gibb, Benne 1972, Rice 1971.
Seitenverweis: 10

Lehrerrolle: Erwartungs- und Verhaltensstruktur des Lehrers, als Ergebnis gesellschaftlicher und institutioneller Determinierungen, interaktionsdynamischer Prozesse (mit Vorgesetzten, Lehrern, Schülern, Eltern) und Übertragungen aus der individuellen Sphäre.
Literatur: Dreitzel 1968 und 1972, Joas 1973.
Seitenverweise: 26, 27 ff., 86 ff.

Metakommunikation: Kommunikation *über* Kommunikation. Feedback wäre eine mögliche Form dieser Kommunikation.
Seitenverweise: 57, 62, 64, 78

Metakomplementarität: Kommunikationsabläufe, in denen ein „überlegener" Partner den anderen auffordert oder zwingt, seine Rolle zu übernehmen oder eine symmetrische Beziehung zu entwickeln.
Literatur: Watzlawick u. a. 1972, Jungblut 1974.
Seitenverweis: 52 ff.

Modell-Lernen: Form des Lernens, in der z. B. der Lehrer durch sein Tun seinen Schülern ein Verhaltensmodell zur Imitation anbietet.
Literatur: Tausch und Tausch 1970.
Seitenverweise: 16, 19, 160

Monolog: methodische Möglichkeit im Rahmen des Psychodramas (evtl. auch Soziodramas), in die Konfliktstruktur einzuführen (ein Teilnehmer erzählt die problematische Situation) oder auch aufgetretene Zweifel, Gedanken, Gefühle deutlich werden zu lassen.
Literatur: Zapotoczky 1972, Widlöcher 1974.
Seitenverweise: 142, 145

„National Training Laboratories" (NTL): Erster Organisator gruppendynamischer Seminare, der auch heute noch in den USA unterschiedliche Trainings anbietet.
Literatur: Spangenberg 1969.
Seitenverweis: 9

Neukalibrierung: Umstrukturierung, Veränderung von Interaktions- und Beziehungsstrukturen.
Literatur: Watzlawick u. a. 1972.
Seitenverweise: 163, 186

Nicht-Direktivität: Therapeutisches Prinzip (z. B. bei Rogers und Tausch), das den Therapeuten verpflichtet, sich zunächst zurückzuhalten und so dem Patienten die Möglichkeit einräumt, im Rahmen gezielter und subtiler therapeutischer Interventionen (z. B. Verstärkungen, Verständnis) „selbst" zu sich zu finden, sich neu zu organisieren und „gesund" zu werden. Dieses Prinzip ist von der „Institutionellen Pädagogik" übernommen worden und meint dort, daß der Lehrer auf seine institutionelle Macht verzichtet – d. h. auf die Anwendung von Zwang – und sich damit begnügt, seine Unterstützung anzubieten.
Literatur: Lobrot 1971, Lapassade 1972.
Seitenverweise: 26 f., 32 f.

Paarinterviews: Organisationsform im Rahmen des gruppendynamischen Trainings, in der die in Zweiergruppen eingeteilten Gruppenmitglieder einander Fragen zu den Schwierigkeiten und Problemen stellen, die aufgetreten sind.
Literatur: Bradford, Gibb, Benne 1972, Rice 1971, Antons 1973.
Seitenverweis: 17

Performanz, kommunikative: aktuelle Realisierung der sprachlichen Fähigkeiten in kurzfristigen Situationen oder überdauernden Verhaltensmustern – nicht nur bedingt durch die allgemeine Sprachfähigkeit, sondern auch durch situative, persönliche, soziale, kulturelle Einflüsse.
Literatur: Habermas 1971 a, Baacke 1973.
Seitenverweis: 44
s. auch: Kompetenz, kommunikative.

Permanenzaxiom: grundlegendes Axiom der Kommunikationstheorie, das besagt, daß man nicht *nicht* kommunizieren kann.
Literatur: Watzlawick u. a. 1972, Baacke 1973, Jungblut 1974.
Seitenverweis: 45 f.

Planspiel: Simulation gesellschaftlicher Realität in Form eines Spieles. Ursprünglich als „Stabsmanöver" und „Unternehmerspiele" praktiziert, hat das Planspiel Eingang in die pädagogische Praxis gefunden und soll als Methode der politischen Bildung gesellschaftliche Konflikte verdeutlichen und Handlungsalternativen erproben.
Literatur: Ruhloff 1970, Baer 1969, Beck 1970, Rohard und Martin 1973, Prim und Reckmann 1975.
Seitenverweise: 18, 152 ff., 180

Plenumsbesprechungen: Organisationsform im Rahmen eines gruppendynamischen Seminars, in der alle Teilnehmer zusammen sind, Erfahrungen austauschen und ggf. auch den Verlauf des Seminars planen.

Literatur: Rice 1971.
Seitenverweis: 17

Projektarbeit: Lernverfahren, das die Lernaktivitäten um bestimmte ganzheitliche und mit praktischer Tätigkeit verbundene Arbeitsvorhaben gruppiert und eine gemeinsame Planung der Schüler mit dem Lehrer voraussetzt.
Literatur: Bossing 1967, Rolff und Tillmann 1974, Klafki 1970, Projektgruppe „Textinterpretation und Unterrichtspraxis": Projektarbeit als Lernprozeß, Frankfurt 1974 (ES 675).
Seitenverweise: 127 ff., 195 ff., 198 ff., 203 ff.

Psychodrama: von Moreno entwickeltes Verfahren zur Behandlung psychischer Störungen mit Hilfe eines Rollenspiels. In einer Art „Selbstdarstellung" spielt der Teilnehmer in selbstgewählten Rollen die Gestalten seiner eigenen privaten Welt.
Literatur: Zapotoczky 1972, Widlöcher 1974.
Seitenverweise: 140, 172

Reduktion von Komplexität: von Luhmann (1971) geprägter systemtheoretischer Begriff, der die Fähigkeit von Systemen bezeichnet, aus einer ungeordneten Fülle (Komplexität) Bestimmtes als sinnvoll auszugliedern. Durch Reduktionsleistungen wird Wahrnehmung überhaupt möglich.
Seitenverweise: 63, 90 f.

Reduktionsprinzipien: Grundsätze, nach denen Komplexität von Systemen reduziert wird (z. B. technische Verfügbarkeit, Funktionalität).
Seitenverweise: 91 ff., 94 ff.

Rekonstruktion der Sprache: von Lorenzer (1971 a, 1971 b) geprägter Begriff, der beinhaltet, daß vom Bewußtsein abgetrennte (verfälschte und verdrängte) Impulse („Klischees") durch die analytische Therapie wieder ins Bewußtsein gehoben werden. Allgemein ist der Begriff „Rekonstruktion der Sprache" verwendet worden für einen Lernfortschritt im Rahmen gruppendynamischen Trainings, der zunehmend Unbewußtes, Ungewußtes, Undurchschautes, Dysfunktionales abbaut und dem Schüler die Möglichkeit gibt, sich in seinen Abhängigkeiten und Bestimmtheiten zu erfahren.
Literatur: Fritz 1974 a.
Seitenverweise: 47, 106 f.
s. auch: Sprachzerstörung, Selbstreflexion.

Rituale, schulische: institutionell eingebundenes, nach bestimmten Regeln ablaufendes, wiederholbares, inszeniertes Geschehen zwischen mehreren Menschen oder Gruppen. Rituale haben eine integrative Funktion und erzwingen Verhaltensnormierungen bei den Beteiligten. Schulische Rituale lassen den Sinnzusammenhang schulischer Interaktionsprozesse beispielhaft sichtbar werden, grenzen Bestimmungen der Interaktionen aus und bezeichnen den Rahmen schulischer Aktivitäten.
Literatur: Wellendorf 1973, Kerbs 1970 b.
Seitenverweise: 67, 71 ff., 101 f.

Rollendistanz: Fähigkeit des Individuums, aus dem Insgesamt unterschiedlicher Rollenerwartungen ein für dieses Individuum mögliches Rollenhandeln zu entwickeln.

Literatur: Dreitzel 1968, 1972, Joas 1973, Wellendorf 1973.
Seitenverweis: 76 ff.

Rollenspiel: im engeren Sinne ein Training von bestimmten Verhaltensweisen für tatsächlich bestehende Situationen (z. B. Training professioneller Verhaltensmuster: Verkaufstechniken, Verhalten von Krankenschwestern). Im Rahmen der Interaktionspädagogik ist das Rollenspiel eine Methode des miteinander Handelns, sei es zur Erforschung von Rollen, zur Lösung von Konflikten, zur spielerischen Improvisation anhand von inhaltlichen, gegenstandsbezogenen oder dynamischen Vorgaben.
Literatur: Argyle 1972, Shaftel/Shaftel: Rollenspiel als soziales Entscheidungstraining, München 1973; Kochan (Hrsg.): Rollenspiel als Methode sprachlichen und sozialen Lernens, Kronberg 1974.
Seitenverweise: 18, 146 ff., 154, 170
s. auch: Improvisationen.

„Rückgriffe“: Methode im Soziodrama, die Ursachen für das Verhalten im Spiel zu untersuchen.
Literatur: Scherf 1973.
Seitenverweis: 144

Selbstbestimmung: methodischer Bestandteil gruppendynamischen Trainings, der den Teilnehmern die (Quasi-) Verantwortung für Ziele, Inhalte, Methoden des gruppendynamischen Seminars auferlegt. Im Rahmen der Schule ist Selbstbestimmung eine im Interaktionsprozeß Lehrer/Schüler denkbare (und teilweise auch realisierbare) Möglichkeit der Beteiligung von Schülern an der Auswahl, Planung und Durchführung von Unterricht (insbesondere im Rahmen von Projekten).
Seitenverweise: 10, 24, 27, 66, 85, 119 ff., 126
s. auch: Entscheidungsprozesse, demokratische.

Selbsterfahrung: sich selbst in den Interaktionen (an den Reaktionen, dem feedback der Anderen) kennenlernen, erforschen, erfahren.
Seitenverweise: 3, 13, 20, 32, 64, 111, 189
s. auch: Selbstreflexion.

Selbstreflexion: von Habermas (1968, 1970, 1973b) geprägter Begriff, der die Fähigkeit der Menschen bezeichnet, sich in den sie bestimmenden Abhängigkeiten und Bedingungen zu erkennen. Über Selbstreflexion sind die Menschen in der Lage, sich über die Bedingungen einer Lösung aus der Abhängigkeit von verdinglichten Gewalten Klarheit zu verschaffen.
Seitenverweise: 20 f., 32, 34, 35 f., 38, 42 f., 45, 47, 66, 70 f., 78 ff., 82, 85, 87, 89 f., 91, 96, 99, 105 ff., 108 f., 111, 120 f., 129, 140, 172, 190
s. auch: Selbsterfahrung, Rekonstruktion der Sprache.

Soziales Lernen: bewußt initiiertes, organisiertes und in seinem gesellschaftlichen Sinnzusammenhang reflektiertes Lernen von Verhaltensweisen, emotionalen Reaktionsbereitschaften und Einstellungen gegenüber einzelnen Interaktionspartnern, face-to-face-Gruppen und größeren gesellschaftlichen Gruppen, aber auch Einleitung von Selbstreflexionsprozessen im Rahmen der Sozialformen der Schule.

Literatur: Schreiner 1974, Keim 1973.
Seitenverweise: 108 ff., 114, 117

Soziodrama: Methode der Interaktionspädagogik, in der gesellschaftliche Verhältnisse durch ein Netzwerk von Stegreifspielen den Beteiligten bewußt gemacht werden sollen.
Literatur: Scherf 1973.
Seitenverweise: 139, 143 ff., 171 f.

Spiele: grundlegende Methode der Interaktionspädagogik, zeichnet sich durch Regelgebundenheit aus. Spiele sind *die* Form motivierten Lernens für Kinder schlechthin. Ein breites Spektrum von Spielen ermöglicht die Entwicklung grundlegender Interaktionserfahrungen.
Literatur: Schwalbacher Spielkartei, Daublebsky 1973, Flitner 1973.
Seitenverweis: 131 ff.

Sprachzerstörungen: von Lorenzer (1971 a, 1971 b) geprägter Begriff, der die Entfremdung in der Kommunikation anspricht. Durch Verdrängung (oder andere Abwehrmechanismen) werden unannehmbare Triebimpulse aus dem bewußten Sprachgebrauch entfernt, üben aber weiterhin – unbewußt – ihre verhaltensregulierende Funktion aus. Allgemein gefaßt, beinhaltet der Begriff „Sprachzerstörungen" jedwede Formen der Kommunikation, in denen sich Unbewußtes und Ungewußtes „blind" durchsetzt und durch die Menschen hindurch verhaltensregulierend wirkt.
Seitenverweise: 46 f., 48, 51, 59, 92, 101 ff., 119, 129
s. auch: Rekonstruktion der Sprache.

Symmetrie in der Kommunikation: Spiegelbildlichkeit in den Kommunikationsabläufen. Die Kommunikationspartner streben eine Gleichheit an (z. B. Schüler zu Mitschüler).
Literatur: Watzlawick u. a. 1972.
Seitenverweis: 50 ff.
s. auch: Komplementarität in der Kommunikation.

Systemkompetenz: Kenntnis und Beherrschung der Kräfte und Bedingungen eines Systems (z. B. des Systems der Schulklasse).
Literatur: Baacke 1973.
Seitenverweise: 64, 78 f.
s. auch: Selbstreflexion, Kompetenz, kommunikative.

„Themenzentrierte interaktionale Methode" (TZI): von Ruth Cohn entwickelte Methode, die ein Lernen in Arbeitsgruppen ermöglicht, das vom Lernenden als anregender und engagierter Prozeß erlebt wird. Die TZI beabsichtigt eine Verbindung von Persönlichkeitsentwicklung und Sachlernen.
Literatur: Cohn 1974, Vopel 1973, Held 1973, Genser u. a. 1973.
Seitenverweis: 123 ff.

Totalität, gesellschaftliche: Inbegriff der gesellschaftlichen Verhältnisse der Individuen untereinander.
Literatur: Adorno 1970, 1972, Luhmann 1971.
Seitenverweise: 90 ff., 105

Trainer: pädagogisch/therapeutischer Fachmann im Rahmen des gruppendynamischen Trainings. Aspekte seiner Funktion sind Beobachter und Analytiker,

Sprachkritiker, Modell und Verstärker, Berater und Helfer.
Literatur: Bradford, Gibb, Benne 1972.
Seitenverweise: 10, 11, 18 f.

Trainingsgruppen (T-Gruppen): Kleingruppen von ca. 6–15 Teilnehmern, die in der Regel von Experten (Trainer, Co-Trainer, geschulte Beobachter) begleitet werden. Die minimal vorstrukturierte Gruppe hat die Aufgabe, sich über die Hier-und-Jetzt-Situation klar zu werden, die laufenden Gruppenprozesse zu reflektieren und neue Formen sozialen Verhaltens zu üben.
Literatur: Bradford, Gibb, Benne 1972, Rice 1971.
Seitenverweise: 10 ff., 16, 17, 25 f., 130 ff.

Tutor: Pädagoge oder Sozialpädagoge an Schulen (insbesondere Gesamtschulen), der neben den Funktionen des bisherigen Klassenlehrers insbesondere als Bezugsperson für seine Schüler und als Initiator für gezielte Sozialerziehung angesehen wird.
Literatur: Fuhrmann 1973, Keim 1973.
Seitenverweis: 157 ff.
s. auch: Tutorengruppe, Soziales Lernen.

Tutorengruppen: Kleingruppen an Schulen (insbesondere Gesamtschulen), die zwischen 15 und 20 Schülern umfassen, von sogenannten Tutoren zwischen 2 und 4 Stunden wöchentlich betreut werden. Die Tutorengruppen ersetzen den durch Differenzierungsmaßnahmen zerschlagenen Klassenverband und dienen insbesondere dem „Sozialen Lernen".
Literatur: Fuhrmann 1973, Keim 1973.
s. auch: Tutor, Soziales Lernen.
Seitenverweis: 157 ff.

Übertragung: „Erwartungsphantasien", die die Interaktion bestimmen. Gelernte Interaktionen werden auf neue Situationen übertragen. So bringen z. B. Schüler ihre Erfahrungen aus der familialen Sozialisation und aus Interaktionen mit Lehrern in die ablaufenden Interaktionen Lehrer/Schüler ein und strukturieren damit die konkrete Beziehung.
Literatur: Wellendorf 1973.
Seitenverweise: 12, 35, 96 ff., 99 ff., 141

unfreezing: Auflockerung erstarrter Verhaltensweisen und Erproben neuer Verhaltensmöglichkeiten; Abbau von Angst und Mißtrauen, „Abrüsten" von „Schutzpanzern".
Seitenverweise: 15 ff., 48, 119 ff., 140, 190, 202 f.
s. auch: Antizipation.

Verstärkungslernen: Lernen durch Bekräftigung gewünschten Verhaltens. „Positives" Verhalten wird gewürdigt, herausgestellt, belohnt, verstärkt.
Literatur: Tausch und Tausch 1970.
Seitenverweis: 16

Vertrauen: Grundbedingung für das Lernen im Rahmen des gruppendynamischen Trainings und allgemein für Selbsterfahrungen. Vertrauen erhöht die Aussprachefähigkeit, mindert die Ängste, ermöglicht optimale feedback-Prozesse.
Seitenverweise: 14 ff., 78, 119

„Visuelle Kommunikation": neue Bezeichnung für das Unterrichtsfach „Kunst"

bzw. „Bildende Kunst". Unter Ausweitung der Fachinhalte (insbesondere Massenmedien, Mode) wird angestrebt, die Analyse der gesellschaftlichen Verhältnisse in den Bereich der Erkenntnisse einzubeziehen.
Literatur: Möller 1970 und 1971, Giffhorn 1971.
Seitenverweis: 189

Vorführtheater: Möglichkeit, im Rahmen der Interaktionspädagogik verschiedene Erkenntnisse und gelernte Verhaltensweisen in der Konfrontation mit dem Publikum verdichtend zusammenfließen zu lassen.
Literatur: Pörtner 1972, Nickel 1972b, Schedler 1972 und 1973, Pauls 1972, Maier u. a. 1972 und 1973.
Seitenverweis: 149 ff.

Vorträge: „konventionelle" Methode im Rahmen des gruppendynamischen Trainings, dem Lernprozeß in anderen Veranstaltungen intellektuelle Substanz zu geben und ein begriffliches Bezugssystem für die Lernerfahrungen anzubieten.
Literatur: Rice 1971.
Seitenverweis: 17

Wahrnehmung: Art der Strukturierung der Umweltseindrücke im Bewußtsein. Wahrnehmung meint nicht schlechthin die Aufnahme der Gesamtheit der jeweils tatsächlich erlebten Eindrücke, sondern bezeichnet die Fähigkeit der Auswahl aus diesen Eindrücken und deren Strukturierung, also die Selektionsfähigkeit des Individuums.
Seitenverweise: 36 ff., 39, 48, 78, 133 ff., 174 ff.

Wertschätzung: Selbstwertbestätigung als menschliches Bedürfnis in Interaktionen. Wertschätzungen erleichtern emotionale Lernprozesse und schaffen ein optimales Lernklima.
Literatur: Mandel und Mandel 1971.
Seitenverweise: 16, 119

Verzeichnis der erläuterten Spiele und Übungen

Zum Buch: „Gruppendynamisches Training in der Schule“

(1) Anregungen	a b c d e	
(2) neue Gesichtspunkte	a b c d e	
(3) verständlich	a b c d	
(4) wichtig	a b c d	
(5) entbehrlich	a b c d	
(6) praxisbezogen	a b c d e	
(7) Theorie	a b c d e	
Zutreffendes bitte ankreuzen Erläuterung der Antwortmöglichkeiten: Vorwort S. 2 und 3		Zusätze

Bitte Postkarte ausschneiden!

Bitte
40-Pfennig
Briefmarke

POSTKARTE

Quelle & Meyer Verlag
Z. H. Herrn Fritz/Herrn Benze

6900 Heidelberg 1
Postfach 104 480

Absender: ______________________

____

____

____

Beruf: ______________________

____

Weitere Anmerkungen zum Buch: